上市风云

我亲历的中概股上市潮

雷建平——著

两年飞行60多万公里
往返纽约20多趟

全景记录中国科技公司的上市历程及
上市背后的故事

机械工业出版社
CHINA MACHINE PRESS

自 2017 年 10 月以来，中国科技公司在中国香港和海外掀起了一波上市潮，前后多达几十家。作者有幸在现场见证了小米、美团、爱奇艺、哔哩哔哩、搜狗、拼多多、趣头条、腾讯音乐、映客、尚德机构、360 数科、京东健康、京东物流、百度、小鹏汽车、理想汽车、贝壳找房、BOSS 直聘、知乎、京东集团、创梦天地、111 集团、新东方在线、老虎国际、富途控股等几十家科技企业上市。在这一系列的上市活动中，作者大多数时候都是一个默默的观察者，并在角落里静下来记录这一切；同时，作者与企业创始人及合伙人进行了深入的交流，挖掘其取得成功、经历挫折背后的故事，给读者以启发。

图书在版编目（CIP）数据

上市风云：我亲历的中概股上市潮／雷建平著.—北京：机械工业出版社，2021.10（2022.1 重印）
ISBN 978‑7‑111‑69591‑2

Ⅰ.①上… Ⅱ.①雷… Ⅲ.①上市公司‑研究‑中国 Ⅳ.①F279.246

中国版本图书馆 CIP 数据核字（2021）第 233140 号

机械工业出版社（北京市百万庄大街 22 号 邮政编码 100037）
策划编辑：解文涛　　　　　　　　责任编辑：解文涛
责任校对：刘雅娜　王　莹　　　　责任印制：李　昂
北京联兴盛业印刷股份有限公司印刷
2022 年 1 月第 1 版·第 2 次印刷
145mm×210mm·11.375 印张·3 插页·251 千字
标准书号：ISBN 978‑7‑111‑69591‑2
定价：88.00 元

电话服务　　　　　　　　　网络服务
客服电话：010‑88361066　　机 工 官 网：www.cmpbook.com
　　　　　010‑88379833　　机 工 官 博：weibo.com/cmp1952
　　　　　010‑68326294　　金 书 网：www.golden-book.com
封底无防伪标均为盗版　　　机工教育服务网：www.cmpedu.com

大咖赞誉

建平是这个时代优秀的科技行业观察者,这本《上市风云》记录了近年来中国科技公司关键的进化瞬间。本书是快速通览过去十年间移动互联网风起云涌的极佳读本,是这个时代的创业者前进历程的精彩注脚。

——小米创始人、CEO 雷军

建平创办的"雷递"已经成为一个专注于 IPO、财报以及产经行业报道的权威品牌,他写的《上市风云》再现了这个时代创业者的艰辛创业历程及企业上市过程。走创业路,读雷建平,是我从事创投事业以来最愉悦的事情之一。

——真格基金创始人 徐小平

过去两年,中概股掀起了一波上市潮,建平不仅参加了新东方在线的上市活动,也参加了一大批新经济企业的上市活动,他是中国新经济的见证者。

——新东方创始人 俞敏洪

建平是中国新经济的记录者,分众则是中国新经济的引爆者和传统企业在新时代的品牌引爆力。我们一同见证这个美好的时代。

——分众传媒创始人、CEO 江南春

我在纳斯达克交易所敲钟现场多次见证建平现场实时报道中国企业上市，纳斯达克一如既往地全力支持中国企业并为维护资本市场的生态健康而不懈努力。

——纳斯达克中国区首席代表 郝毓盛

建平是科技企业的"老朋友"，他长期客观地记录着中国互联网企业成长发展中的重要时刻，见证了中国新经济企业的重要资本事件，成为最出色的上市报道自媒体人之一。

——老虎国际创始人 巫天华

建平作为一名观察者和参与者，清晰地把握了中国互联网企业"出海"的历程全貌，更直接推动了武汉市互联网产业的发展。他是中国互联网最优秀的媒体人之一。

——斗鱼联合创始人 张文明

建平身上有很多标签，比如 IPO 报道第一人、武汉光谷招商大使，但我更喜欢他的理想国，热情、执着、相信长期主义，并且构建了一套属于他自己的独特视角和方法论。

——高途集团创始人、CEO 陈向东

推荐序一　好公司中国造

创新工场董事长、CEO　李开复

如何为中国当代企业崛起的浪潮留下一个记录？凝聚着鲜花与汗水的 IPO 无疑是最好的剖面。这十年，移动互联网席卷全球，一二级市场资本助推中国互联网公司开启了百年难遇的黄金时代，不少弄潮儿抓住机遇，鲤鱼跃龙门完成 IPO。

我跟建平认识的机缘源自于知乎。十年前在深圳，我首次接受建平采访，宣布创新工场作为第一个机构股东投资知乎。十年里，创新工场逐步扩大为全周期布局的专业基金，连续投资了知乎五轮，陪伴着知乎从萌芽到壮大。十年后在北京，在某个周五的夜晚，我和建平在现场见证了知乎在纽交所敲钟的高光时刻。

十年弹指一挥间，建平从互联网巨头离职独立创业，完成了这部《上市风云》。在书中，建平用老辣的文字，以全景视角剖析了中国企业 IPO 的梦想与浮沉，以及独特的时代意义。我们不仅可以看到大时代下激情燃烧的创业者，更能看到东方大国史诗般的崛起之路。

过去十年，中国新一代技术公司完成了从"拷贝到中国"（Copy to China）向"从中国拷贝"（Copy from China）的跃迁。

十几年前，依靠"学习"起步的中国互联网初创公司从美国互联网公司的商业模式中获得灵感，激烈地相互竞争，为中国用户的"个性"进行调整和优化。在这一阶段，在国外创新技巧的基础上，中国企业家开发出独具特色的产品，比如微博、美团和知乎等，并在大量市场反馈的基础上进行微创新，如今早已迭代超越了各自领域的海外对标产品。

微创新的下一步是颠覆式创新，近年来中国企业已陆续自主研发出颠覆行业的世界级创新产品。当年我在谷歌工作的时候，团队花了很多年的时间去研究定制化新闻，但是今日头条比谷歌更早实现了这一功能。现在，无论是抖音、快手、Snaptube 等风靡全球的短视频 App，还是好未来、传智教育等融合 OMO 模式（线上线下融合）的在线教育企业，都开创了全球领先的商业模式，让"从中国拷贝"从梦想照进现实。

诚然，中国过去十年最大的创业机会来自于 To C 的消费互联网。坐拥移动互联网渗透和下沉红利，不管是腾讯、阿里巴巴，还是小米、美团、拼多多，都靠巨大的用户市场完成了爆发式增长，并在二级市场的助跑下成为世界级巨头。

随着移动互联网红利逐渐见顶，中国将迎来以科技创新驱动为主的 To B 企业的"黄金十年"。如果说 To C 企业是以互联网平台为主战场，那么 To B 企业就是用自动化、AI、智能化等平台技术来帮助中国传统产业转型升级，降本提效，从而创造巨大的经济价值。

在新基建的东风下，中国基础建设转向数字化、智能化。中国创业者不仅能在更强大的技术平台上施展才华，还能大大降低创业成本。而注册制和科创板等上市管道更是打通了一二级市场之间的"任督二脉"，能反过来拉动一级市场上优秀的硬科技 To B 企业在资本化道路上茁壮成长，进而改写被欧美称霸 20 多年的全球 To B 科技企业版图。

如今国际形势犬牙交错,中国也站在关键节点——解决硬科技"卡脖子"的问题。大时代要求中国创业者重塑格局:在公司迈过上市里程碑后,新时代的商业领袖不仅要有伟大梦想,更要有企业家精神,有时代赋予的紧迫感和使命感。

创新工场刚成立的时候,有人问我:你们十年后想实现什么目标?我们做投资不仅创造商业价值,更重要的是帮助一批年轻、优秀的中国创业者成长,打造出了世界级的公司。我也真心期待,更多敢打敢拼的创业者不断涌现,蜕变为让人尊敬的世界级企业家,在建平的下一本书中续写属于自己的创业传奇。

推荐序二　风云际会 潜龙出渊

富途控股创始人、董事会主席、首席执行官　李　华

自 2000 年互联网泡沫破灭之后，中国科技公司最集中上市的时间就是 2017 年之后的这几年。在中国香港市场，从小米、美团到红透半边天的快手，在美国市场，从拼多多、腾讯音乐、斗鱼到 2020 年的造车新势力，这些我们耳熟能详的科技公司纷纷在港交所或纳斯达克又或纽交所上市，它们的创始人和合伙人经历了各自从创业以来的高光时刻。

幸运的是，富途也身列其中，富途控股（FUTU: Nasdaq）在 2019 年 3 月 8 日以中国互联网证券第一股的身份登陆美国纳斯达克股票市场。富途控股上市的时候市值为 14 亿美元，在短短两年不到的时间内，已经成长为一家市值超过 150 亿美元的公司，成为这个赛道的龙头企业。

作为一家互联网券商，富途控股也有幸深度参与了这些科技公司赴港或者赴美上市的历程，为这些企业提供了从股票分销到员工长期激励的服务。在参与这些公司上市的过程中，我看到有一个年轻人常常作为贵宾被请到了这些公司上市的典礼之中，这个人就是雷递的创办人——雷建平先生。他出镜次数之多，可能是中国媒体人参与科技公司上市之最。慢慢地，我发现，如果有哪家公司上市，没有雷建平先生的参与，好像就缺了一点什么。

创业可谓九死一生，一个企业从创建走到 C 轮融资，大概也

就是万分之几的概率,而要从 C 轮融资走到上市,那就更是凤毛麟角了。应该说,这些能上市的企业,不管最后市值高低,在我来看,都是行业内的佼佼者,他们的很多经验和教训都值得每一位创业者学习和思考。

在这些企业创业和上市的过程当中,我们也会看到各种各样的人性以及天意或是运气的奇巧安排,使得创业这个本来就充满艰辛和残酷的历程更平添了很多偶然性。而雷建平先生作为一个冷静的旁观者,既见证了他们的高光时刻,也深刻地总结了这些企业在创业和上市过程中的成败得失。虽然是一家之言,但也为大众提供了一个极好的视角去审视和反思,特别是他对于中国创业圈中人物、典故的熟悉,也使得这本书有很大的可读性。

当然,在富途控股上市近两周年之际,我回望上市后的这段经历,更深刻地认识到,对于一家创业公司而言,上市只是起点。上市以后才是真正挑战的开始,对创始人和管理团队的要求更为严苛。坚持长期价值,坚持谦虚谨慎,才能带领团队一直向前。

希望越来越多的中国科技公司能上市,为中华民族伟大复兴做出更多更大的贡献,也希望雷建平先生能写出更多更好的内容,见证这些奇迹的发生。

推荐序三　价值观决定企业的命运

高榕资本创始合伙人　张　震

前两年见到建平，都是在公司上市的敲钟现场。2020年因为新冠肺炎疫情的影响，更多是"见字如面"建平用动态报道，翔实记录了中国创新企业登陆资本市场的一个个关键时刻，并基于这些关键时刻，穿透企业发展的生态要素，也串联出上市潮背后中国创新企业的发展脉络。

建平这本新书，将近年来重要创新公司的上市故事进行了全景式的记录，格外有意义。IPO绝不是一家企业的终点，而是全新的起点。透过这些跌宕起伏的故事，我们得以更深入地思考中国企业的未来。

尽管新冠肺炎疫情和宏观环境变化都给企业的发展带来了很多的不确定性，但哪怕在惊涛骇浪中也要奋力航行的企业也因此变得更加坚韧和顽强。成功登陆资本市场的优秀的中国企业也获得了更多投资者和用户的认可。

当中国坚定地走在现代科技文明之路上时，未来中国企业如何迎接变化与挑战，并真正创造长期价值？自2014年成立至今，高榕资本有幸陪伴多家投资或参股企业成功上市，其中有很多企业成长为各自行业的领军者。从这些企业的身上，我也有三个非常深刻的感受。

第一个感受是，企业的发展规模和为股东创造的价值，与企业承担的使命和价值观密切相关。纵观商业史，百年企业都有自己清晰的使命、愿景和价值观，这是企业发展的灵魂所在。拼多多秉持"普惠、人为先、更开放"的理念，通过创新的商业模式和技术应用，对现有商品流通环节进行重构，为用户创造价值的同时，也推动了农业和制造业的发展，今天已经成为中国最大的农产品上行平台。2020年新冠肺炎疫情爆发后，诸多企业也利用平台和技术助力抗疫，比如依图科技就将AI技术运用到新冠肺炎影像诊断上，辅助一线医生精准高效诊断。我们相信，这种利他的初心会在企业所有动作里都起到关键的指导作用，也因此让企业敢于在很多底层基础设施和"重要不紧急"的事情上坚持投入，从而拥有螺旋式上升发展、长期创造价值的不竭动力。

第二个感受是，未来技术将成为企业发展的核心竞争力。技术发展是不可阻挡的趋势，国家也明确提出把科技自立自强作为未来发展的战略支撑，加快建设科技强国。尤其是注册制和科创板的推出，为中国科创企业带来全新的机遇。我们看到科创板开板以来，已经有一批人工智能、半导体、医疗科技等领域的创新生力军登陆，包括高榕资本投资的石头科技、致远互联等。各行各业也都需要与科技进行更加紧密的结合，实现数字化、在线化、自动化的升级改造。我们见证了过去20年中国互联网波澜壮阔的创新，也期待在新一轮科技发展和产业变革的浪潮中，发现和陪伴更多世界级的创新公司。

第三个感受是，我们越来越发现，今天的创业者天然成长在一个国际化的环境里，从做公司的第一天起就有机会站上国际舞台去比较和发展。尤其在中国提出加快构建以国内大循环为主体、国内国际"双循环"相互促进的新发展格局下，除了扩大内需，也要提高供给侧的创新力和竞争力。这就要求创业者敏锐洞察新需求，充分利用国际产业链、技术链、价值链的协同配合，在更大的舞台合作与竞争。比如在国际巨头林立的消费创业赛道，这几年涌现的完美日记、元气森林等国货新品牌，通过整合中国供应链与全球研发创新能力，不断打造符合世界一流品质的产品，有能力去服务中国乃至全球的年轻消费者。

当下，中国是全世界创投生态最为活跃的国家之一，并且将资源倾注到科技和创新创业大潮中是毫无疑问的主旋律。中国作为世界工厂拥有完整的产业链基础，以及微信生态这样全世界独一无二的基础设施，这都为创业提供了坚实的土壤。加上创业者们所具备的国际视野与创新能力、不断与全球一流水平比肩的技术水平，我们相信未来将诞生更多扎根中国的世界领先的优秀公司。

相信建平所书写的故事还将继续上演。中国企业的创新力量正如一座正在喷发的火山，无人可以准确定义；但能够与企业共成长，见证创业者不断绽放、不断创造价值、帮助人们实现更美好的生活，已足够幸运！

前 言

为何写《上市风云》这本书

自 2017 年 10 月以来,中国科技公司在中国香港和海外掀起了一波上市潮,前后多达几十家。

我有幸在各大交易所现场见证了包括小米、美团、爱奇艺、哔哩哔哩、搜狗、拼多多、趣头条、腾讯音乐、映客、尚德机构、360 数科、创梦天地、111 集团、新东方在线、老虎国际、富途控股等在内的几十家科技企业上市。

最夸张的是 2018 年 7 月,我连续一周在香港经历了小米、映客等公司的上市,而在 7 月 12 日,一共有 8 家公司上市,每两家敲一个锣,以至于外界感叹锣不够用。

最紧凑的是 2018 年 9 月,我三次飞赴美国,还去了一趟中国香港,既走访了一趟美国好莱坞,还在纽约参加了一系列 IPO,美团在香港的上市也没错过。每次回北京就是过周末,生活就像在打仗。其中,2018 年 9 月 24 日,正值中秋节,很多人都是赶赴美国和亲人团聚,我则是赶过去参加云米的 IPO。

这些企业上市的过程中,伴随着中美贸易摩擦和股市的起起伏伏,给了每个人都很不一样的感受。

新冠肺炎疫情之下的 2020 年,科技企业上市一度停滞,但

2020年5月以来又开始提速，甚至开启了一轮牛市。我也相继参与了金山云、蓝城兄弟、京东集团、理想汽车、贝壳找房、小鹏汽车、福禄控股、名创优品、一起教育科技、泡泡玛特、京东健康、容联云通讯、百度、知乎、水滴、百融云创、京东物流、万物新生（爱回收）、BOSS直聘、满帮、每日优鲜、叮咚买菜等企业举办的上市活动。

最近几年我在现场参加了几十家科技企业的上市活动，由此我也萌生了一个想法，就是记录这一段波澜壮阔的科技企业上市浪潮。我从2019年5月就开始筹划本书，原计划是2019年年底就可以写完，中间因为疫情、蚂蚁集团上市推迟等原因，书上市的时间也一再推迟，也因此加入了2020年这段跌宕起伏的上市历程。

关于本书的书名一度困扰了我半年的时间，没想到，小米创始人雷军的一席话点醒了我。那是2020年12月4日的晚上，我在一起教育上市活动的现场见到雷军，雷军说："建平，看你写了不少上市报道，你以后干脆直接做IPO报道好了。"我说："我还在写一本关于上市的书，但一直想不到合适的书名。"雷军马上就说："我给你起一个，就叫《上市风云》吧。"

上市本来就是起起伏伏，"上市风云"这4个字就能最好地体现上市的不确定性。对于部分企业来说，上市就是辉煌的顶点，但对于大部分企业来说，上市就是一次修炼内功的开始。我有幸经历了这个上市浪潮，并记录了很多难忘的瞬间。

纽约街头采访于刚：这是很珍贵的记忆

在这么多上市企业中，1药网的母公司111集团不是做得最

前 言
为何写《上市风云》这本书

大的,也不是最知名的,却是给我留下印象最深的。

其创始人于刚与刘峻岭的创业故事在中国互联网圈是一段佳话,两人从一起创办1号店,到离开1号店创办1药网,再将111集团带上市,风风雨雨十多年。中国无数创业搭档散伙,甚至闹得反目成仇,于刚与刘峻岭却始终保持着非常友好、紧密的关系,双方家庭关系也非常好,经常一起活动。

在1药网母公司111集团上市的酒会上,于刚说,要感谢的非常重要的人就是合作伙伴刘峻岭。于刚对着台下的刘峻岭说:"我的老弟这么多年,容忍我的脾气,我们两人1+1>2,1+1>10,可以说,没有他,我不可能有1号店,也不可能有后面创业的精彩,谢谢你。"

我对于刚的采访是从纳斯达克证券交易所返回于刚住的酒店的路上完成的。于刚对我说:"若干年后,你可能忘记上市的那些高光时刻,但你会记得今天我和你在纽约街头的这段对话。"

王小川不带女友而是带妈妈来敲钟

搜狗上市的时候,搜狗CEO王小川[一]没有带女友,而是带妈妈来敲钟,引发了大家的关注。

实际上,很多人可能一辈子也无法在纽交所现场敲钟,或者是观看敲钟,对很多人来说,能来一次已经是很大的幸运。

参加上市的过程中,难忘的细节还有很多,比如,映客创始人奉佑生是个实在人,一直被认为不善言辞,映客上市的当天中午,奉佑生还和我们一起吃盒饭,随后接受采访。奉佑生身边的

[一] 2021年10月,王小川卸任搜狗CEO的职务。

工作人员说:"你请我吃过最多的饭是盒饭。"奉佑生也风趣地说:"你陪我走过最多的路是套路。"引得周围一片笑声。

上市的过程中也会出现意想不到的事情,比如蚂蚁集团的 IPO,只差临门一脚,就会超过沙特阿美成为世界上最大的 IPO,却在上市前两天被喊停,而当时,蚂蚁集团的科创板上市站台已经搭好,最终不少人空欢喜。

深耕产业互联网及海外掘金

小米、美团、爱奇艺等这一批企业上市,是中国移动互联网快速发展的一个缩影,从成立到上市,普遍都经历了 8 到 10 年的时间。

这些企业的成功上市,也意味着中国消费互联网市场的成熟,以及移动互联网人口红利的消失,这引起了很多人的焦虑。

但这并非意味着中国的科技产业就没有新的机会,中国的产业互联网浪潮才刚刚开始兴起。

这可以从美国企业上市的轨迹看到未来趋势。

如果说 2018 年是中国互联网企业上市比较频繁的一年,那么 2019 年则是美国科技企业上市比较频繁的一年,除了大家耳熟能详的 Uber、Lyft、Pinterest 外,还有一大批 To B 的企业上市,比如,视频会议软件 Zoom、"邮件杀手" Slack、企业安全公司 Crowdstrike、云端应用监控服务商 Datadog 等。2020 年,云计算企业 SnowFlake 上市,股神巴菲特的加持更是引爆了全球云计算市场。

从美国企业的发展趋势看,中国在企业级市场还有非常大的空间,但需要时间去精耕细作;另一方面,随着人口老龄化以及消费升级,类似生物医药等领域的企业在中国也大有可为。此

前 言
为何写《上市风云》这本书

外，中国经济过去很多年的发展都非常粗犷，用新的技术去改造很多相对传统的产业，在新消费等领域也会诞生很多新的机会。

我国年轻人的学历和见识都比以前更高，在未来也会有无穷的潜力，只要发挥聪明才智及吃苦耐劳的精神，也会抓住众多的机会。

启明创投前主管合伙人、漠策资本创始合伙人甘剑平说，中国的经济体量已经很大，机会会越来越多。比如，10年前大家会说整个互联网市场被百度、阿里巴巴、腾讯控制，未来没机会，但今天的中国互联网已变成底层架构，任何企业如果不使用互联网技术，不使用人工智能、大数据技术，都会被淘汰。

甘剑平指出，中国每年有200万科技类的大学生毕业，其中有几十万人可以做软件工程师或电子工程师，可以马上去写代码。即便中国企业出海，研发中心依然会放在中国，为海外市场服务。而且，这几年是创业的黄金时代，社会对失败的包容性也比之前强很多。现在企业的退出通道也比10年前多了很多，科创板推出不到一年时间就有100多家企业上市。创业板也有了注册制，对于创业者和投资者而言，境遇好了很多。

当然，现在不再是21世纪前10年那段互联网黄金岁月，早期的互联网企业也已成为行业巨头，反垄断成为新经济企业的新话题，时代也提出了更高的要求。

《人民日报》社论就指出，掌握着海量数据、先进算法的互联网巨头，理应在科技创新上有更多担当、有更多追求、有更多作为。别只惦记着几捆白菜、几斤水果的流量，科技创新的星辰大海、未来的无限可能性，其实更令人心潮澎湃。

从2020年开始的10年，应该是中国真正的科技投资的时代。

这个时代的机会绝对不比前10年少,只不过是领域迁移了。对于中国来说,硬核时代来临了。未来10年,不管是芯片领域、人工智能领域、生物科技领域,还是产业互联网领域,都能够产生新一代的巨头。

其原因是,当前中国GDP排世界第二,且依然每年保持高速增长,机会会层出不穷,只不过是从一个领域迁移到另一个领域。

还有一批中国创业者走出国门,在海外掘金。中国的很多资本也已经走出国门,在世界范围内进行投资布局。当然,在走向海外的过程中,字节跳动这些公司都交出了不少学费,前路依然需要探索。

CONTENTS

目　录

大咖赞誉
推荐序一　好公司中国造
推荐序二　风云际会 潜龙出渊
推荐序三　价值观决定企业的命运
前　言　为何写《上市风云》这本书

滴滴在纽交所上市
程维奋斗9年终敲钟 / 001

快手在港交所上市
首日市值破万亿港元 成短视频第一股 / 007

小鹏、理想、蔚来上市
三英美股战特斯拉 / 016

贝壳找房上市
房地产服务业被深度重构 / 033

房多多上市
创业起于戈壁 当年没签协议曾李青就投资600万元 / 037

阿里巴巴二次上市
张勇接班后首场资本秀　2020年风波不止 / 043

全球最大IPO被叫停
马云的支付宝劫 / 056

嘉楠科技在美国上市
成区块链第一股 比特大陆却陷入内斗 / 063

网易有道上市
周枫迎来高光时刻 让孩子以后来敲钟 / 071

斗鱼上市
湖北诞生首家大型互联网企业 / 086

盛趣游戏装入 A 股
世纪华通接棒陈天桥 / 098

瑞幸咖啡争议中上市
一朝坍塌后黯然退市 / 113

开心汽车低调上市
陈一舟：我现在更喜欢稳健赚钱 / 130

富途控股与老虎证券
争夺互联网证券第一股 / 139

新东方在线上市
俞敏洪时隔 13 年再敲钟 / 150

跟谁学上市
创始人出自新东方 大战香橼、浑水 / 168

腾讯音乐上市
多年苦熬 对手变亲密伙伴 / 181

小牛电动 IPO
四年跌宕起伏 李一男圆梦 / 186

美团奋斗 8 年终上市
王兴在白热化竞争中杀出血路 / 192

目 录

于刚激情创业
连续创业 联手刘峻岭送 111 集团上市 / 208

触宝上市
从小办公室起步 5 个联合创始人来敲钟 / 220

拼多多上市
五环外经济崛起 市值超千亿美元 / 227

小米奋斗 8 年终上市
世界默默奖赏勤奋厚道的人 / 241

爱奇艺上市
本是男儿身 只在必要时"砸钱" / 260

百度回归香港上市
即便只有 1 元钱 也要投到技术上 / 267

360 回归 A 股
周鸿祎携夫人敲钟 与齐向东分家 / 271

搜狗登陆纽交所
王小川不带女友而是带妈妈来敲钟 / 281

互联网金融行业高峰过后留下不少风波 / 290

他山之石
美国科技公司掀上市潮 / 301

科创板设立
科技企业新出路 / 321

后 记
两年飞行超 60 万公里去了 20 趟纽约 写下这本上市宝典 / 337

滴滴在纽交所上市

程维奋斗 9 年终敲钟

2021年6月30日,滴滴在美国纽交所上市,发行价为14美元,募资超过40亿美元。以发行价计算,滴滴市值约670亿美元。

滴滴的上市显得非常低调,公司内部并未举办庆祝活动或上市仪式。不过,滴滴从成立走到上市也不容易,一路上经历了不少风雨。

从成立到上市,滴滴也历经了9年的发展历史。

滴滴创始人、CEO程维说,2012年北京的那个冬夜,下着鹅毛大雪,外套根本挡不住寒风。"我和好多人一起站在长长的队伍里等出租车,浑身冻透,瑟瑟发抖,大家都越来越焦虑。我一直没有驾驶证,这种经历对我和很多北京人来说都是司空见惯的。不过,对于我来说,那天晚上很特殊,我其实没那么沮丧,因为我已经有了一个计划。"

程维说,那一年,滴滴出行App上线了,目标很简单,就是为了减轻大家打车时的痛苦。到2012年年底,每天有10余万人次乘客在滴滴的帮助下叫到出租车,不需要挨冻就能轻松踏上回家的旅程。

柳青说:"2012年,我带着三个孩子从香港搬回北京。孩子们很快就融入了新环境,交了新朋友,学会了新游戏,还有好多新鲜的事情做。他们总是要在城里来回穿梭,但在前几个月,我没有摇到车牌,买不了车。那个时候,我们经常会因为打不到车,在大雨或雪夜里手足无措。正是在那时,我遇到了程维,听他介绍了滴滴,我确信这就是我想追寻的事业和生活。后来我认识了程维的家人,确定他不仅是个聪明的人,而且还是个心地善良的人。我辞掉了当时的工作,一起开始了我们在滴滴的旅程。"

当然,滴滴成立之初也面临着极大的竞争,对手包括摇摇招车、快的打车等。当时,天使投资人王刚给滴滴投资了70万元。王刚说,滴滴在早期的时候融资很困难,把主流风投机构都找遍了,但都没有结果。这不能怪投资人没眼光,主要是滴滴当时融资经验不足,要的价格跟公司阶段不匹配。之后,尽管程维绞尽脑汁压缩成本,还是花完了当时的出资。

"我记得程维给我打电话,请求资金上的帮助,我的回应也很坚定:'这是我们孵化的第一个项目,宁可后面不投资其他公司,也会扛下去。'后来我就又借给公司几十万元。直到几个月后,金沙江创投的合伙人朱啸虎通过微信找上门来,我们一拍即合,几乎答应了我们的所有条件,滴滴这才完成A轮融资。"

如今,王刚这笔投资获得了巨额回报。这是王刚在2021年6月收获的又一家公司的IPO,另一家是满帮,满帮上市当天市值突破200亿美元。当年,也是王刚促成了运满满和货车帮的合并,还一度担任满帮董事长,等到满帮内部整合完毕后,王刚功成身退，并获得巨额回报。

2013年，滴滴的发展迎来很好的时间窗口，那就是腾讯做移动支付，腾讯加大了对滴滴的投资和扶持力度。

腾讯投资管理合伙人李朝晖在滴滴上市当天说："2013年4月24日B2轮投资滴滴（当时还叫嘀嘀），是腾讯进入O2O领域的第一个标杆项目，从此一个线上平台真正开始助力千家万户的线下生活。滴滴打车和微信支付的早期相互拉动是互联网史上不朽的合作案例。"

那个时候，阿里巴巴也在支持快的打车。最夸张的时候，滴滴和快的都在疯狂烧钱，邀请全国人民打车。这场大战持续到2015年2月14日，滴滴和快的宣布合并，这场大战过后，类似摇摇招车等企业已经出局。

之后，Uber又虎视眈眈地杀了进来，滴滴与Uber又掀起了补贴大战。程维曾说，与Uber的补贴大战是由滴滴发起的，"我觉得这是在大环境之下的一个必然现象。这件事情有利有弊，它是一个竞争的武器，就跟原子弹、导弹一样。但也是七伤拳，用不好也会反伤自身"。

最终，滴滴在中国逼退了Uber，并收购了Uber在中国的业务。Uber原计划向中国市场再投入10亿美元"烧钱"，但投资者阻止了这一计划。Uber的幕后资本不会允许Uber如此持续疯狂地烧钱。回忆这段历史时，程维曾说："来不及喘口气，每天都感觉坐在一辆飞驰而过的车里，车轮就要飞出去，却又要踩油门，天天惊心动魄。"

安全是滴滴发展的基石

在 2018 年之前，滴滴的声势要超过美团和字节跳动，甚至被认为是在出行领域无所不能。但在 2018 年，滴滴的发展遭遇到了重挫，发展速度逐渐慢于美团和字节跳动。

原因是，2018 年 5 月初，空姐李某在郑州搭乘滴滴顺风车，途中遭司机残忍杀害，短短三个月后，又发生了"8·24"温州恶性事件，引起社会各界的广泛关注。

造成这一后果的原因是，滴滴顺风车的产品设计理念出现了很大的问题。顺风车业务应该是一个方便乘客和司机的业务，而不是一个陌生人交友平台。

两次悲剧发生后，程维、柳青开始道歉，称"我们的内心再一次陷入了无比的沉痛和煎熬。仅仅三个多月，在平台进行安全整改的过程中，悲剧再一次发生，作为公司创始人和总裁，我们非常悲痛和自责。尽管在逝去的生命面前，一切的言语都苍白无力，我们还是要郑重地向受害者，向受害者家属，向所有人道歉。对不起，我们辜负了大家"。

"在短短几年里，滴滴靠着激进的业务策略和资本的力量一路狂奔，来证明自己。但经历的悲剧让我们意识到自己是缺乏敬畏之心的。因为我们的无知自大，造成了无法挽回的伤害。我们知道，归根结底是我们的好胜心盖过了初心。"

程维、柳青在滴滴递交招股书时给投资人的信中表示，2018 年滴滴遭遇至暗时刻，一切都是天翻地覆。"我们意识到滴滴业务同其他互联网平台有本质不同，我们不只是连接消费者和商品与服务，还要面对复杂的社会和多变的人性。我们平台承载的对象是人，他们是母亲、父亲、爷爷、奶奶和孩子。我们对他们的生命安全负有责任。"

程维、柳青说，滴滴做出困难而正确的决定。"我们不惜以全年的增长为代价，把精力和重心都放在一件事上——做我们所能做的一切去搭建安全保护体系，保障司机和乘客的安全。"

滴滴上市前夕，程维柳青获巨额股权激励

经过两年的刻骨疗伤后，2020年以来滴滴又恢复了发展。

截至2021年3月，滴滴在包括中国在内的15个国家约4000多个城镇开展业务，提供网约车、出租车、顺风车、共享单车、共享电单车、代驾、车服、货运、金融和自动驾驶等服务。

滴滴2018年、2019年、2020年营收分别为1353亿元、1547.86亿元、1417.36亿元，滴滴2018年、2019年、2020年净亏损分别为149.79亿元、97.33亿元、106.08亿元。

滴滴前两次大规模的融资还是发生在2017年。其中，2017年4月，滴滴完成超过55亿美元融资。2017年12月，滴滴再次宣布完成新一轮超40亿美元股权融资。这两轮融资的主要投资人都是软银，软银第一笔投资是50亿美元，第二笔是30亿美元。

2020年以来，滴滴旗下业务的资本动作又多了起来，滴滴自动驾驶公司、社区团购业务橙心优选、青桔、滴滴货运等业务也相继获得独立融资。

滴滴上市前夕，还给了管理层很大一笔股权激励，约占滴滴4%~6%股权，主要是给了程维和柳青。这使得IPO前，软银持

股 21.5%，Uber 持股 12.8%，腾讯持股 6.8%，程维持股 7%，柳青持股 1.7%。IPO 后，程维、柳青和朱景士合计持有 9.8% 股权，合计投票权超 50%。

随着此次滴滴上市，程维、柳青也晋升到国内顶级富豪行列。

但是，滴滴此次抢跑上市造成的后果也极其严重[①]。2021 年 7 月 9 日，国家互联网信息办公室发布关于下架"滴滴企业版"等 25 款 App 的通报。通报指出，根据举报，经检测核实，"滴滴企业版"等 25 款 App 存在严重违法违规收集使用个人信息问题。

---

① 2021 年 12 月初，滴滴称，经认真研究，公司即日起启动在纽交所退市的工作。

快手在港交所上市
首日市值破万亿港元 成短视频第一股

2021年2月5日，快手在港交所上市，募资超过400亿港元。

在快手上市过程中，基石投资者包括 The Capital Group Funds、Aranda Investments、GIC、Invesco、富达国际、BlackRock、CPP Investments、Sunny Festive、MSAL 及 MSIM Inc.、ADIA 等11家，一共认购24.5亿美元。

快手此次上市受到疯狂追捧。在外界的一片惊呼声中，快手开盘后大涨超过190%，市值突破1.3万亿港元，市值超过京东、小米，成为仅次于腾讯、阿里巴巴、美团、拼多多的国内第五大互联网上市公司。

成立以来，快手曾多次获得融资：2017年3月，宣布完成3.5亿美元的融资，腾讯领投；2018年3月，完成10亿美元融资，估值为118亿美元；2019年9月，完成1.8亿美元 E-1 系列融资，估值为130.97亿美元；2020年1月初，完成 F 系列总金额30亿美元的融资，估值223.56亿美元。这意味着仅仅一年左右的时间，快手的估值就增长到了原来的近10倍。

在北京现场，快手联合创始人、CEO 宿华以及联合创始人、首席产品官程一笑都不约而同地提到，快手最在意的始终是人，是对人的尊重，对劳动和创造的尊重。快手将一如既往坚定地与用户站在一起。

宿华表示，快手选择1024作为股票代码，是因为1024代表了科技的力量和先进的生产力。快手希望用科技的力量，让劳动和创造释放更大的能量，让价值创造者得到更好的回报。

宿华还说，在快手很早期的时候，他就想象过快手上市的情形。"今天这一刻，和我曾经的想象，有些一样，也有些不一样。在我的想象中，敲钟的应该是快手的忠实用户，而我和一笑则会留在工位上写代码。"

占领了直播电商赛道

最近几年，快手加快转型，并且商业化。快手是2020年《春节联欢晚会》独家互动合作伙伴，2020年新冠肺炎疫情之初，快手也是第一家向武汉捐款的企业，第一时间捐款1亿元。从最初的野蛮生长到上市，快手拥有了数亿的互联网用户，用户年轻化是快手平台用户的最大特征，40岁以下用户占比近90%，其中24岁以下用户占比达到48.4%。

快手还形成了"老铁"文化，而且基本盘稳固，其特点是，男性老铁价值突出、地域分布下沉+靠北、购买商品更注重性价比；且在快手"老铁文化"的影响下，男性用户的购物需求得到不断挖掘。

2020年以来，快手更是大力发展广告及电商业务，并迅速抢占直播电商赛道。截至2020年11月30日，快手在2020年前11

个月的总收入为525亿元,毛利209亿元,毛利率为39.9%。同时,快手电商GMV总额达3326.82亿元。快手主应用程序平均日活跃用户从2020年前9个月的2.624亿上涨到了2020年11月30日的2.638亿,日活用户的使用时长继续上涨至86.7分钟。

两位80后晋升顶级富豪行列

随着快手上市,快手联合创始人、CEO宿华以及联合创始人、首席产品官程一笑也晋升到顶级富豪行列。宿华和程一笑均为80后,两人最大的特点就是都醉心于产品,且程序员特征明显,连公司的股票代码都是很有代表意义的"1024"。

创立快手前,宿华曾在谷歌和百度工作过,程一笑曾在惠普担任软件工程师兼开发工程师,还曾在人人网任职。2011年,程一笑推出原创移动应用程序"GIF快手"(快手的前身),该产品为一款供用户制作及分享动图的移动应用程序。

程一笑与宿华第一次见面时就相谈甚欢,两人从下午聊到深夜。从此,宿华和程一笑成了搭档。在共同奋战的岁月里,程一笑和宿华经常下班后一起吃螺蛳粉,然后晚上八九点钟结伴步行回家。当然,宿华和程一笑都不善言辞,网上有段子说,两人开会到最后,程一笑一声不吭,宿华忍不住了:"一笑你要有意见就赶紧说,说完我们就过了。"然后,程一笑慢吞吞地说了两句话。

快手投资人曹曦说,他是于2014年5月在长安街边的一个咖啡厅里第一次和宿华、程一笑见面的。宿华和程一笑都具有工程师和产品经理的背景,而其在做投资之前也是产品经理,所以在两个多小时里他们聊的都是产品。当时曹曦对快手的第一直觉是：这件事情做对了。之后红杉中国也很快给出了投资意向。

曹曦对宿华、程一笑最深刻的印象是：简单直接，务实，朴实，看待问题本质、深刻，对产品、内容、用户充满了热爱。两个人就像互联网界的巴菲特和芒格，配合默契，互相成就。

快手的上市也成就了五源资本及其合伙人张斐。五源资本合伙人刘芹曾谈及投资快手的故事。2011年，晨兴资本（五源资本的前身）内部做了很多战略讨论，认为从摄像头的角度来看，智能手机是最有可能产生带有富媒体特征的社交媒体。他们注意到一个特别小的应用，叫GIF快手，于是就给GIF快手的创始人程一笑写了封邮件，没想到，这一次伟大的创新的实验就被这一封邮件点燃了。

刘芹说，宿华于2012年加入公司，把机器学习推荐算法的能力引入快手。早期的GIF快手非常粗糙，那个时候还是照片最流行的时候，可是GIF快手虽然看起来很粗糙，但承载的信息量却很大，表达的故事也很丰富。

"那个时代是窄带互联网的时代，GIF也许是最适合当时的一个媒体形态。而今天的快手已经升级成为短视频平台，这个是快手公司的原创，它引爆了整个移动互联网的社交，成为今天最主流的产品形态。"

这笔投资给晨兴资本带来了巨大的回报，这应该是晨兴资本继投资小米之后，又一个巨大的成功案例。直到快手上市前，五源资本持股比例高达16.65%，在机构中仅次于腾讯持股比例的21.567%。

当然，快手上市后不到一个月时间，资本市场开始出现急剧动荡，各公司股价大幅回调，到 2021 年 8 月底，快手进入解禁期，市值一度跌破 3000 亿港元，较上市当天蒸发上万亿港元。

2021 年 10 月 29 日，快手宣布宿华辞去 CEO 一职，并批准程一笑接任。程一笑作为 CEO 负责公司日常运营及业务发展，向董事长宿华汇报。

下一个巨头——字节跳动撼动腾讯和阿里巴巴

当前，抖音的用户数据早已超过快手。

在快手上市之际，外界传闻字节跳动正在筹备新一轮的融资，估值 1800 亿美元，并酝酿将抖音和今日头条等资产打包在香港上市，这会是比快手更大的 IPO[一]。

字节跳动已快速成长为中国顶级的互联网企业，腾讯、阿里巴巴、百度这些互联网巨头都要惧它三分，字节跳动也是国内少有敢于向腾讯叫板的企业。

2021 年 2 月，抖音在北京知识产权法院向腾讯提起反垄断诉讼，称自 2018 年 4 月起，腾讯旗下的产品微信、QQ 以"短视频整治"为由，开始对抖音等产品长达三年的持续封禁和分享限制。这侵犯了抖音的合法权益，损害用户利益。向法院提起诉讼是抖音合法正当的权利。

腾讯回应称，字节跳动是在"恶意构陷"。抖音则称，腾讯封禁抖音等相关产品达三年之久，涉及数亿用户。微信封禁最初的理由是"短视频整治"，而在整治期间，腾讯自己却推出十几款短视频产品。互联网是有记忆的，这样的事实基础，不容腾讯

[一] 2021 年 4 月，字节跳动发布声明，称经认真研究，公司暂不具备上市条件，目前无上市计划。

公司抵赖，腾讯所谓的"恶意构陷"没有任何依据。

张一鸣将主要精力聚焦于全球

2020年3月，在字节跳动创立八周年之际，公司管理层进行了大幅的调整，分别任命张利东和张楠为字节跳动（中国）董事长和CEO，整体负责字节跳动中国业务的发展。

其中，张利东担任字节跳动（中国）董事长，作为中国职能总负责人，全面协调公司运营，包括字节跳动（中国）的战略、商业化、战略合作伙伴建设、法务、公共事务、公共关系、财务、人力；抖音CEO张楠担任字节跳动（中国）CEO，作为中国业务总负责人，全面协调公司中国业务的产品、运营、市场和内容合作，包括今日头条、抖音、西瓜视频、搜索等业务和产品。两人均向张一鸣汇报。张一鸣在任命邮件中说："作为字节跳动全球CEO，接下来我会花更多时间精力在欧美和其他市场。"

这一变化的背后是字节跳动从最初的今日头条这样一款产品，成长为给全球用户提供多个产品服务的大平台，全球员工人数超过10万人。为了应对业务的变化，字节跳动一直在公司组织和合作方式上不断优化调整。比如，明确主要业务的CEO和管理团队；建立各业务虚拟的P&L，帮助各业务更好地做决策；绩效管理和OKR工具也不断更新。

但如何建立好一个超大型全球化企业，对于字节跳动来说，还是新的课题。

张一鸣说，管理一个在30个国家、180多个城市有超过10万名员工的公司并不容易。字节跳动的目标不仅是建立全球化的业务，更是建立全球化的多元兼容的组织。通过更好的组织，激发每个人的潜能和创造力，服务全球用户。"我们一直说要像做一个产品一样去做公司，理解公司这个产品的本质是什么对改进管理很重要。"

字节跳动的管理文化受杰克·韦尔奇的影响很大。张一鸣在字节跳动八周年致员工信中说："《字节范》中的坦诚清晰，来源于我试图理解杰克·韦尔奇在《赢》中反复强烈的强调——坦诚降低组织交易成本。"

"在知识型组织中，每一个人都是管理者。"这是德鲁克关于管理者的重新定义。他对于目标管理的思考，启发了字节跳动对于组织有效性的重视和 OKR 的实践。他和科斯的想法促使张一鸣思考企业边界是什么，以及如何从外部视角衡量组织内部的交易成本。字节跳动坚持的"情景管理而非控制管理"的理念是受到奈飞的直接影响。张一鸣也认识到信息透明、分布式决策和创新的重要性。

而将中国区业务交棒给张利东和张楠之后，张一鸣思考更多的是如何建立一个全球的、多元的、超大型的企业。

2021 年 11 月，伴随着字节跳动新一轮组织升级，张一鸣正式卸任字节跳动 CEO 职务，由字节跳动联合创始人梁汝波接任字节跳动 CEO，全面负责公司的整体发展。

字节跳动还设立了 6 个业务板块：抖音、大力教育、飞书、火山引擎、朝夕光年和 TikTok，并将今日头条、西瓜视频、搜索、百科以及国内垂直服务业务并入抖音，该板块负责国内信息和服务业务的整体发展。

2021 年的字节跳动已经告别了张一鸣时代的持续扩展战略，进入了梁汝波的裁员增效阶段，也就是说，字节跳动告别了野蛮生长时期。

TikTok——风波不止的2020年

当然,2020年是字节跳动发展最受挫的一年,TikTok树大招风,在美国和印度市场相继遭遇严重波折。受印度政府宣布永久封禁TikTok等中国App事件的影响,字节跳动裁撤了大量在印度的团队,大量投资付之东流。

在美国市场,TikTok的日子更不好过。美国前总统特朗普在2020年多次发出赤裸裸的恐吓,威胁"封禁TikTok",要求TikTok必须卖给美国公司,否则必须关门。特朗普曾说:"我不在乎是微软买或是谁买,只要是一家大公司,一家安全的公司,一家非常美国的公司买下来就行,而且买整件东西可比只买其中30%要容易。"Facebook则趁机对TikTok进行打击。

字节跳动前期对美国的妥协引发了大量中国民众的不满,认为是直接给"跪"了。TikTok在美国的拉锯战也让字节跳动不少高管备受煎熬。

2020年8月,张一鸣发布内部信,称"因为传闻公司将出售TikTok美国业务,很多人在微博里骂公司和我。我看到头条圈里有人说半夜被微博评论气哭,有人替我和人吵架怼到手酸,也很多同事加油鼓励。感觉不平凡的日子,像一段特别的旅程"。

张一鸣说,TikTok美国业务面临被CFIUS(美国外资投资委员会)强制要求出售的可能性,或因行政命令让TikTok产品在美国被封禁。"考虑到当前的大环境,我们须面对CFIUS的决定和美国总统的行政命令,同时不放弃探索任何可能性。我们尝试与一家科技公司就合作方案做初步讨论，形成方案以确保TikTok能继续服务美国用户。"

在TikTok美国业务最困难的8月，加盟仅3个月的字节跳动首席运营官（COO）兼TikTok全球首席执行官凯文·梅耶尔（Kevin Mayer）就宣布离职。

也就是说，在斗争最关键的时刻，字节跳动在美国最重要的高管并未选择和张一鸣在同一个战壕战斗，而是选择了逃走。

梅耶尔的解释是："近几周，因为宏观环境突变，公司可能需要因此做出一些结构调整，同时我的岗位会受到影响，我深深思考了一番。在这一形势下，我们预计很快会有解决方案，但与此同时，我也要怀着沉重的心情告诉大家，我决定离开了。我的离职与公司、公司前景以及公司愿景无关。""一鸣理解我的决定，我也很感谢他的支持。"

终于，TikTok熬到了特朗普的下台，也算是获得了喘息的机会。TikTok甚至还在美国推出电商业务，正面对抗Facebook。

可以说，字节跳动在全球化过程中交了不少学费，也给中国企业出海探索出了很多的经验。从趋势来看，字节跳动的实力不可小视。

小鹏、理想、蔚来上市
三英美股战特斯拉

2020年8月17日，小鹏汽车在美国纽交所上市，募集资金总额约15亿美元。小鹏汽车此次上市认购很火爆，其中，小鹏汽车的股东阿里巴巴准备认购2亿美元，Coatue认购1亿美元，Qatar Investment认购5000万美元，小米认购5000万美元，上述4家机构一共认购总金额达到4亿美元。特斯拉现有股东PRIMECAP认购1亿美元。

小鹏汽车的开盘价为每股23.1美元，较发行价上涨54%；收盘价为每股21.22美元，较发行价上涨41.47%。以收盘价计算，小鹏汽车市值149.6亿美元。

小鹏汽车上市现场来了很多"鹏友"，此次小鹏汽车上市，小米不仅加持，雷军也亲临现场捧场。业务繁忙的雷军很少参加小米和金山系之外企业的上市活动，尤其是还要飞到另一个城市。雷军还送给小鹏汽车CEO何小鹏1公斤金砖作为礼物。

何小鹏说，雷军和嫂子能一起过来参加小鹏汽车的上市活动，自己特别感谢。雷军是非常注重兄弟感情的人。相信在雷军身边会有越来越多的好兄弟和好的创业公司，大家都能做得更大。"以前很羡慕永福拿到一块金砖，现在我总算也拿到了一块，我觉得还挺开心的。"何小鹏说,最开始时雷军更像导师,现在更像大哥,给其很多建议、指导,并给了很多帮助,雷军需要帮忙时,兄弟们也会力所能及地出力。

到目前为止,雷军已经送出多块金砖,前 UC CEO 俞永福有一块、欢聚集团创始人李学凌有一块、拉卡拉 CEO 孙陶然有一块,金山办公前董事长葛珂有一块,还有几位雷军系的兄弟有几块。

雷军送金砖的原因是,跟兄弟们约定,谁做出一个 10 亿美元的上市公司,就送谁一块 1 公斤金砖。何小鹏的公司市值 160 亿美元,远远满足这一条件。

何小鹏表示,UC 浏览器当年卖给阿里巴巴是个很好的选择,但是唯一的遗憾就是没有带当年 UC 的投资人去敲钟,包括雷军、刘芹、符绩勋等人,如今终于通过小鹏汽车补上了。

何小鹏在致辞中提到 3 个词,其中一个词是梦想。何小鹏说感谢雷军让自己拥有了梦想。"在企业家中,会省钱的有我,做产品的有我,但有梦想的一开始没我。从 UC 到小米,雷军说互联网人做硬件也行,人因梦想而伟大,有梦想并且把梦想实现是他最喜欢的事情。"

符绩勋也是"忽悠"何小鹏拥有梦想的人。何小鹏说:"在我的小儿子出生一个小时后,符绩勋给我打电话,说小鹏你应该有梦想,应该出来自己做。我以后也要有这样的梦想,'忽悠'另一个创业者这样做。我依然很感谢符绩勋。"

当年,何小鹏的兄弟朱顺炎说,现在我们做这些事,就是当我们老了之后有可以吹牛的事情。何小鹏则说:"很开心可以和一群有情有义的兄弟们一起,为追逐梦想而折腾自己,期望到老后还可以一起,一边喝茶一边笑谈下曾经吹过的牛。"

不到一年时间,小鹏汽车持续拿到融资,其中:

2019 年 11 月,小鹏汽车宣布签署 C 轮融资,总金额为 4 亿美元,小米参与此次投资,何小鹏在 A、B 轮的基础上再次加持。

2020 年 7~8 月,小鹏汽车短短两周时间内完成超 9 亿美元 C+轮融资,阿里巴巴继续重仓加持,Aspex、Coatue、高瓴资本和红杉中国等投资机构参与,卡塔尔主权财富基金和阿布扎比基金则作为中东主权基金首次投资中国新造车企业。

2020 年 8 月 27 日,小鹏汽车上市募集资金总额约 15 亿美元。

何小鹏对我说,造车需要很多钱,一方面用于长期的研发和产品布局,另一方面用于长线的品牌与销售布局,目前小鹏汽车的这些融资依然不够。智能汽车企业要真正做好研发,做好全球市场,就需要非常多的资金,多拿弹药非常重要,这样才能赢得长跑。如果可能，小鹏汽车后续还将继续开启融资。

果然，2020年12月，小鹏汽车进行了上市以来首次增发募资，募资总额超过21亿美元。

理想汽车上市：李想连续创业 王兴重金加持

小鹏汽车上市前不到一个月，理想汽车也在美国纳斯达克上市，募集资金14.7亿美元。这是继汽车之家后，"80后"创业者李想再一次带领自己创办的企业在美国敲钟。李想40岁前两度带领所创企业敲钟，这在年轻创业者中很少见。

2020年11月，李想在理想汽车的一场媒体交流会上说，自己不关心股价，也不打算卖理想汽车的股票，所以股价跟其个人关系不大。"我还是想把企业经营好、把产品做好，这是核心。""我早就实现财富自由了，我在意的不是钱，而是要做一个自己心中值得骄傲的企业，这在我看来是最重要的事情，没有任何东西比做好产品更重要。"

这之前，李想曾说，任何投资人的LP会议和各种年会，理想汽车今年都不参加，也不允许任何同事去参加。李想的理由是：

第一，理想汽车正在艰难地打"反围剿"的战斗，战场的惨烈和残酷程度是一般人想象不到的。团队所有人都必须全力作战，不得有丝毫的懈怠。

第二，理想汽车对于股东的义务是：长期赚大钱。这个我们有信心，股东们其余的需求就为这个核心需求让位了。

第三，IPO以后的12个月，不做任何财务投资和对外投资，避免贪心和诱惑。

李想说,理想汽车的所有资金都用于技术研发、用户服务、质量提升和人才引进,其余锦上添花的钱一律不花。

王兴是理想汽车和李想的关键先生

美团创始人王兴是理想汽车和李想的关键先生,原本造车新势力是蔚来、小鹏汽车和威马,但王兴携重金砸入,加上理想汽车快速的交付,一时之间改变了战局。

其中,2019年8月,理想汽车宣布完成5.3亿美元C轮融资,投后估值约为29.3亿美元,王兴个人出资3亿美元领投,李想个人投1亿美元。2020年6月,理想汽车获5.5亿美元D轮融资,其中美团领投了5亿美元,3000万美元由理想汽车创始人李想跟投,投后估值为40.5亿美元。

在理想汽车上市过程中,美团认购3亿美元,字节跳动认购3000万美元,王兴认购3000万美元,Kevin Sunny Holding Limited认购2000万美元。

这意味着,美团和王兴在理想汽车上的投入超过11亿美元。

招股书显示,IPO前,理想汽车创始人李想的持股比例为25.1%,拥有70.3%的投票权;美团CEO王兴个人的持股比例为8.9%,拥有3.5%的投票权;美团旗下Inspired Elite的持股比例为14.5%,拥有5.8%的投票权。

王兴个人和美团的持股比例比较高,主要是重金投入,这也并非心血来潮。2019年7月3日,王兴引用了索罗斯的一句话:"信心很足,却仓位很小,是毫无意义的。"王兴还在2020年7

月3日说："现在回想起来，对于智能电动车这波巨浪，我属于后知后觉的了，我在2016年买了一辆特斯拉Model S，一直开着，觉得挺好，但我并没有更深入去想这意味着什么，直到去年。"

在2020年美团第二季度的财报电话会议上，王兴谈及为何重仓理想汽车。他说，很多投资者还是低估了电动汽车和理想汽车的潜力，就像很多人一年前或几年前并没有真正看到特斯拉的潜力。因此，他相信理想汽车是值得投资的。因为这个市场巨大，并且李想也是一位非常有潜力的创业者。他们拥有好的产品，他们专注一款产品理想ONE。

"我每天都开这款车，也非常喜欢这款车。这是一个极好的项目，相信会取得巨大的成功。另外，我觉得很多人也低估了创始人李想。我相信，未来他会成为中国顶级的创业家，而且是从未上过大学的创业家。李想的想法与众不同。他了解创业，也了解汽车，更了解电动汽车，是一位有远见的创业者，脚踏实地的创业者。总之，我相信理想汽车会是一家成功的公司，所以我也看好这笔投资。"

王兴说，这笔投资对美团有两大好处：第一，移动；第二，长期。美团一直在重复长期这个词，也更看重长期。王兴所说的长期，不是几个季度，也不是一年或者两年，而是至少五年、十年或者更长久。

"我能理解不是每一个投资者都能够陪伴我们那么长时间，但那才是我们经营管理这家公司的方式。理想汽车正在研发自动驾驶技术，也在研究创新的人车交互，包括语音控制等。这些方面未来会与美团的业务产生协同效应。但不是现在，也不是下个季度，可能明年也不会。但在长远的未来，他们的工作会与我们的业务产生协同效应。"

王兴还说，美团的使命是帮助人们吃得更好，生活得更好。但美团不生产食物，也不制作食物，只是配送食物。所以，从本质上来说，美团是一家移动公司。所以，车辆对美团来说很重要。

"如今我们正处于一个关键时期，汽车从传统内燃机汽车向智能电动汽车转变。未来，电动汽车将是一大趋势，会改变每一个行业。未来将属于电动汽车，而美团希望能参与其中。所以我们选择毫不犹豫地投资理想汽车。我也希望大家能够理解我们做的这笔投资。"

李斌曾是 2019 年最惨的人

在小鹏汽车、理想汽车上市之前，蔚来汽车已经在美国上市。

2018 年 9 月 12 日，造车新势力蔚来汽车在美国纽交所上市，筹资约 10 亿美元。以发行价计算，蔚来汽车的市值为 64 亿美元。蔚来汽车由此也成为中国造车新势力上市第一股。

蔚来汽车董事长李斌当天表示，蔚来汽车成立不到 4 年，现在需要用更高标准要求自己，上市意味着企业要承担更多责任，上市能募集更多资金，可用来研发更好的产品，为用户提供更好的服务。"很高兴时隔 8 年又在纽交所开启上市旅程，上市只是一个里程碑，心情没上次那么激动，虽然还是很激动，日后还要创造更多成就。"

那是蔚来汽车的高光时刻。当天,李斌和妻子王屹芝在纽交所销魂一吻的视频在微信群和朋友圈被狂热转发。

李斌旗下业务获腾讯京东加持

蔚来汽车上市这一天非常热闹,所有投资了蔚来汽车的机构都不愿缺席,以至于超出了纽交所能接待的最高上限,一些小的机构及一些部门负责人不得不遗憾地缺席。

蔚来汽车是李斌打造的第三家上市企业。之前,李斌创办的易车㊀在美国上市,易鑫集团在中国香港上市,李斌也曾是摩拜单车的幕后操盘者,摩拜单车于2018年4月被美团点评以全资收购。

腾讯、高瓴资本、顺为资本、红杉中国、百度都是蔚来汽车发展过程中非常重要的股东,京东集团CEO刘强东也是蔚来汽车的股东,其他投资机构包括IDG、兴业银行、GIC、TPG、淡马锡、信中利、和玉资本、愉悦资本、春华资本、联想创投、招行银行、湖北科投、汉富资本等。

在这些投资人中,李斌与腾讯的关系一直非常密切,腾讯不仅是蔚来汽车的重要股东,也是易车、易鑫集团的重要股东。在摩拜单车被收购前,腾讯同样是摩拜单车的重要股东,是腾讯在背后促成了美团点评收购摩拜单车的交易。百度、京东与李斌关系也非常密切,百度和京东同时投资了易车和易鑫集团。

在蔚来上市之际,由王屹芝创立的项目还融资500万美元,

㊀ 易车在2020年11月完成私有化,并入腾讯报表。

由贝塔斯曼亚洲投资基金（BAI）、和玉另类投资基金（MSA）共同领投，华兴资本包凡、许彦清夫妇以及李斌跟投，这被外界认为是"妻以夫贵"。

不要指望 4 岁的孩子养家

当然，上市的荣光过后，蔚来汽车很快遭遇了各种烦恼，尤其是 2019 年，蔚来被曝光出来的问题更是一个接一个。

2019 年 1 月，一张吐槽蔚来汽车在长安街上升级的朋友圈截图在网络中流传。当时，蔚来 ES8 在长安街路口升级，黑屏 1 小时，警察来了都无奈。随后，蔚来发布微博称，是由于用户在试驾过程中恰逢堵车，在体验车机功能时不慎连续误操作启动了 FOTA 升级。

2019 年 2 月，蔚来被曝出 ES8 百公里烧 40 升柴油，一位名叫王铁根的网友称一直以为 2018 年 9 月那场"蔚来靠充电车充电，充电车靠五十铃板车搬运"的闹剧已是荒诞顶峰，但当这台改装过的柴油依维柯封闭货车真正出现在自己面前时，还是认识到自己想象力的局限。

更严重的事情发生在 4 月到 6 月，蔚来 ES8 在上海、武汉、西安等多地出现自燃现象。蔚来在调查上海自燃现象时表示，发现该事故车辆使用的电池包搭载规格型号为 NEV–P50 的模组，模组内的电压采样线束存在由于个别走向不当而被模组上盖板挤压的可能性。

"在极端情况下，被挤压的电压采样线束表皮绝缘材料可能发生磨损，从而造成短路，存在安全隐患。其他出现电池安全事故的 ES8 也采用了同一类型的动力电池包。"

一系列的自燃现象最终促使蔚来汽车自 2019 年 6 月 27 日起，召回部分搭载 2018 年 4 月 2 日到 2018 年 10 月 19 日期间生产的动力电池包的蔚来 ES8 电动汽车，共计 4803 辆。

蔚来汽车官方称，为所有召回车辆免费更换搭载规格型号为 NEV – P102 模组的电池包，以消除上述安全隐患。电池流通体系内所有 NEV – P50 模组电池包也会被全部更换。更换工作将在两个月内完成。蔚来承诺会对所有因电池质量安全事故造成的用户财产损失依法进行赔付。

李斌回应称，召回计划也将给相关用户带来诸多不便。"为此，我表示深深的歉意。一直以来，大家对蔚来汽车都抱有很高的期待和信任，出现这样的情况我很自责，也很难过。"

整个蔚来汽车的交付才 1 万多辆，却有近 5000 辆被召回，引发了不少人的质疑，甚至有人说，李斌是骗子，乐视控股创始人贾跃亭好歹只是骗投资人，FF 没有量产出来，但蔚来汽车却是既骗投资人，又骗消费者。另有人质疑李斌，出行领域都碰，却都不精心钻研，比如，易车与汽车之家的市值差距就很大。

这之后，蔚来副总裁庄莉从公司离职。

2019 年 8 月，蔚来汽车联合创始人兼执行副总裁郑显聪从日常业务上荣休。郑显聪在蔚来汽车高管列表中排在第四位，此前曾担任菲亚特中国全球采购中心副总裁、广汽菲亚特总经理。

郑显聪于 2015 年加入蔚来汽车，担任联合创始人及执行副总裁，与李斌、秦力洪一起搭建了蔚来汽车的核心团队。李斌说，创办蔚来汽车之初，他非常希望找到一位有创业激情的汽车行业资深管理者一起参与创业，郑显聪是其认识的最合适的人选。

此后,李斌发布内部信,称按照精益运营计划,9月底前公司将在全球范围内减少1200个工作岗位。调整后公司人员规模大概在7500人左右。"这次人员调整会影响不少同事,对此我表示十分抱歉。大家加入蔚来汽车的时候都有很多的期待,这次调整会让不少同事难过失望。"

李斌认为,从2019年开始,蔚来汽车真正进入了资格赛阶段。不会有速胜,不会有奇迹,蔚来汽车的征途是泥泞赛道上的马拉松。2019年以来,蔚来汽车的这些调整是因为公司内外部的环境发生了很大变化。为确保公司的生存发展,必须及时进行调整,控制支出,提升运营效率,把资源聚集在核心业务上。

面对蔚来汽车一系列不利的局面,李斌说,蔚来汽车是一家刚成立4年的公司,你不可能要求一个4岁的孩子养家。"投资者不了解我们的长期价值,我们相信我们的长期价值。"

已经在全国各地和地方政府合作的蔚来汽车,在2019年6月还与亦庄国投达成协议,蔚来汽车将在北京经济技术开发区设立新的实体"蔚来中国",并向"蔚来中国"注入特定的业务和资产。亦庄国投将通过其指定的投资公司或联合其他投资方对"蔚来中国"以现金方式出资人民币100亿元,以获取持有"蔚来中国"的非控股股东权益。

但蔚来汽车与亦庄的合作迟迟不能落地。此后,又传出蔚来汽车与湖州市吴兴区洽谈的融资规模超过人民币50亿元,与这笔融资配套的是,蔚来汽车将有一个20万辆年产能的工厂落户吴兴区。

但2019年10月16日,吴兴区委宣传部宣传负责人表示:

"我们没有跟蔚来汽车签订任何框架协议,并且我们已经跟相关媒体和记者联系了,这个是不实信息,可能是他们弄错了。"

遭遇至暗时刻 王屹芝炫富引发抨击

蔚来汽车 2019 年第二季度净亏损高达人民币 32.85 亿元,同比扩大了 83%。财报发布后,蔚来汽车的股价连续 8 天下跌,市值一度跌到只有 13 亿美元。在蔚来汽车被指 4 年亏损 57 亿美元,烧钱速度超过特斯拉之际,李斌的妻子王屹芝晒奢侈品引争议。

事情的缘起是,王屹芝在微博透露,出差图便宜坐了俄航转机,结果行李被落在莫斯科,这之后,在一段"人在巴黎,顺手拍个 Vlog"的微博中,王屹芝宣告她被俄航弄丢的行李找到了。王屹芝还晒出自己刚在巴黎买到的一系列香奈儿,有一个是全世界唯一的白盒香奈儿,还有她认为 2019 年买到的最漂亮的墨镜。

王屹芝晒奢侈品的行为,被外界指责为再亏也不能亏老板娘。当然,有网友称,李斌夫妇自身创业这么多年,本身也有钱,即便是买奢侈品,只要不花公司的钱,那也是自己的自由。还有网友说,蔚来汽车是在美国上市的,反正也不是亏 A 股股民的钱。

大概是意识到了网上的争议,王屹芝随后删除了这条微博。同时王屹芝还晒出了三张照片:第一张是几个人蹲在路边吃盒饭,第二张是在办公室吃盒饭,第三张是在一个布置简单的办公室里和同事交流的情景。

原本准备不开财报电话会议的蔚来汽车又举行了电话会议。蔚来汽车在电话会议上否认了 4 年亏损 57 亿美元的说法。

2019 年 10 月 28 日,蔚来汽车遭遇重击,蔚来首席财务官

(CFO)谢东萤辞职。在外界看来,蔚来汽车当时融资不畅,快到了山穷水尽的时候。

财报显示,蔚来汽车2019年营收人民币78.249亿元(约11.24亿美元),同比增长58%,同期,不包括股权奖励支出,调整后的净亏损为人民币109.622亿元(约15.746亿美元),同比扩大22.4%。

蔚来汽车2019年第四季度总营收为人民币28.483亿元(约4.091亿美元),同比下降17.1%。而截至2019年12月31日,蔚来汽车持有的现金、现金等价物、限制用途现金和短期投资总额为人民币10.563亿元(约合1.517亿美元)。

2019年绝对是蔚来汽车的至暗时刻。仅仅一年时间,李斌就从"出行教父"变成了"2019年最惨的人"。

对于被称为"2019年最惨的人"的说法,李斌在2019年12月进行了回应,称虽然负面新闻很多,但没有这么耸人听闻。"我问公关部门的同事,我说怎么又出一篇负面新闻。他说你先看一下。我一看好像还行,好像是正话反说的感觉。我说那是你们策划的吗?他说不是,我说怪不得别人说我们公关部门差。"

李斌说:"蔚来没那么惨,还是不错的。我最近经常收到好久不联系的朋友的问候,说你还好吗?我说挺好的,没什么不好的。在一个充满挑战的环境里,在一个非常多的挫折和困难的创业过程中,保持好心态是重要的,没有好的心态扛不过去。"

李斌还说:"我自己并没有花钱去买私人飞机,也没有去买豪宅,我觉得我们将钱用于研发和服务用户上,这是做长期投资。回到初心和常识去思考,回到这些原点,就会有更多的定力。"

2020年1月初,李斌发布内部信,称2019这一年蔚来汽车经历了太多的煎熬，热爱蔚来汽车的每位同事都经历了太多的揪心时刻。

李斌还说，要尽快提升毛利率。合理的毛利率是公司健康运营管理的起点，没有合理的毛利率，蔚来汽车就没有自我造血的能力。"请大家牢牢记住，在很长的时间内，我们都是一家求生存的创业公司。"

峰回路转 蔚来成 2020 年最受追捧的中概股

2020 年以来，蔚来汽车持续进行自救，多次融资，在 2 月 6 日、14 日及 3 月 5 日累计进行了 4.35 亿美元的融资。

2020 年 4 月底，蔚来汽车与合肥市建设投资控股（集团）有限公司、国投招商投资管理有限公司及安徽省高新技术产业投资有限公司等战略投资者签署关于投资蔚来中国的最终协议。根据投资协议，战略投资者向蔚来中国投资人民币 70 亿元。

从 2020 年 5 月开始，蔚来汽车的股价走出一波反弹行情，到 2020 年 12 月，市值反弹到 700 亿美元以上，网上出现不少买蔚来汽车股票暴富的故事。

蔚来汽车也继续开启融资步伐。其中，2020 年 6 月 11 日，蔚来宣布以每股 5.95 美元发行 7200 万股新股，比原计划多 20%，共筹得资金 4.28 亿美元（约人民币 30.26 亿元）。

2020 年 7 月，蔚来中国与中国建设银行安徽省分行等六家银行签约，获得人民币 104 亿元综合授信，以支持蔚来中国业务的运营与发展。

2020 年 8 月底，蔚来汽车趁着公司股价持续高涨之际，再度发债，募集资金超过 17 亿美元。2020 年 12 月，蔚来汽车再次募资超过26亿美元。

到2020年年底，小鹏汽车、理想汽车、蔚来汽车均已上市，且市值均超过数百亿美元，在美股市场形成三英战特斯拉的格局㊀。

我在小鹏汽车上市现场与何小鹏有一个交流，具体如下。

雷建平：现在小鹏、理想、蔚来三家造车新势力相继上市，在美股市场形成三英战特斯拉格局。而三家企业的掌舵人都曾经创业成功过，现在都做出了市值超百亿美元的企业。有这么多造车新势力，为什么最先做出来的是你们三个？

何小鹏：很多人问我这个问题，我觉得主要有几层原因：第一，我们在创造一家新公司，这家公司有智能的灵魂，但是有汽车的躯体。第二，我们三个人都曾经做过一家数千人甚至上万人的公司，对一家公司如何从0到1以及从1到10是有经验的，这个很重要。第三，我们三个人有点钱，都投了不少钱，可能我投的多一点，3亿多美元，李斌投了2亿多美元，李想也投了1亿多美元。你自己投了钱后，投资人会觉得你是全力投入，所以他们也会全力投入，这使得我们在资本层面的压力会得到一定程度的缓解。

我认为，如果一个有经验的汽车行业的人愿意学习，也有可能能把这件事情做好。所以我觉得后面第四名、第五名可能也有机会，但最终结果还是要看市场情况。

雷建平：在三家企业持续做大的过程中，最初的投资人都进行了加持，甚至是一路陪跑，您怎么看待过往这种成功对现在创

㊀ 小鹏汽车和理想汽车分别于2021年7月和8月在香港二次上市。

业的帮助？

何小鹏：这是一种信用和资源的积累，资源包括人脉和自己的现金。对于投资人来说，对人的信任度非常重要，如果过去的时间能认定一个人的综合能力，这个时候可能信心会更足。这一点很重要。相信他，信任他，而且如果这个创业者真的有过去的努力和实力，那创业成功概率会高很多。

雷建平：三家企业都融了很多钱，但行业里还有很多企业不断倒闭，您觉得格局会如何发展？

何小鹏：我觉得会是一个加速淘汰的过程。被投资过的企业会有更高的关注度，会融到更多钱，会招到更多好员工，会在研发和品牌建设方面投入更多。相对来说，后面的企业就会被越落越远。我觉得在下一个三年，会出现明显的分层，可能好的企业会更好，不好的企业会更差，就是因为整个社会资源的倾注度不同。

再次创业是有一颗骚动的心 喜欢折腾

雷建平：国内有很多创业者取得成功后就躺在舒适区了，而您在 UC 创业的时候已经很成功，后来把公司卖给阿里巴巴，在阿里巴巴做到高管位置，为何还要出来创业，这比以前更加辛苦。是什么样的动力驱动着自己继续奋斗呢？

何小鹏：再次创业可能是因为有一些梦想和一颗骚动的心吧，就是期望去折腾。

我觉得我是比较喜欢折腾的人，即使休假，也能够把休假的时间安排得比较满。我想做一些不一样的事情。而不一样的事情,无外乎就是大家说的投资和重新创业。

雷建平:在小鹏汽车这次上市过程中,来了很多的"鹏友"。为何这么多人能和您一路走了许多年,还始终如一都是好朋友?

何小鹏:我觉得可能人缘好吧,真的,我觉得如果你长期真诚待人,不要有功利心,那你就会收获很多好朋友。这就是我的待人之道,所以你也有看到我也有不认同的人,但我会直接告诉他,我不会在背后给他"抽棍子"。

雷建平:雷军很少参加非小米或金山旗下公司的上市活动,他这一次不仅来参加,还是专程飞过来参加,这很少见。您怎么看待雷军专门来参加上市活动这件事情?

何小鹏:这次雷总跟嫂子都过来,我觉得特别感谢。我觉得雷总是非常注重兄弟感情的。

雷建平:雷总给您送金砖的时候,您当时是怎么样的感觉?

何小鹏:有点懵,我当时有点喝多了。我打开一看,是金砖,我还去读了一下上面的字,但我当时没有联想到,原来雷总投资的公司过了 10 亿美元市值都会有。说实话,这个事情我知道,但我当时完全没有想到。

雷建平:雷军在您的创业过程当中扮演了重要角色,雷军既是您的贵人,也是您的投资人,您怎么看待这么多年的相处?另外,您从雷军身上学到了什么?

何小鹏:雷总对我的整个职业生涯都有巨大的影响,他激励我第一次创业,激励我有更高的梦想,激励我从一家互联网公司跨界到一家智能硬件和软件相结合的公司,给了我很多的指导。

贝壳找房上市
房地产服务业被深度重构

2020年8月13日,中国线上线下房产交易和服务平台贝壳找房在纽交所挂牌上市,贝壳找房本次共发行1.06亿美国存托股,另可行使1590万美国存托股超额配股权。贝壳找房上市首日大涨87.2%;以首日收盘价计算,贝壳找房市值达422亿美元。

贝壳找房创始人兼董事长左晖在上市仪式上说:"希望所有贝壳人永远记住居住服务产业的艰难,永远记住我们是如何坚持做难而正确的事情,创造一个又一个价值才走到今天的。也请大家永远相信自己。虽然每个人都很渺小,但只要在一起,就能创造巨大的价值,可动山林。"

左晖19年磨一剑

贝壳找房是由拥有十几年历史的房地产经纪品牌"链家",以及拥有两年历史的线上+线下房产交易及服务综合平台"贝壳",结合而成的一家机构。走到上市这一天,左晖可谓是19年磨一剑。

左晖说,从最初的链家,到今天的贝壳找房,也许上市有点慢,主要有两个原因:第一,产业。想把产业互联网做深本身就比较难。第二,能力。需要花这么长的时间才能感觉自己已经做好准备。这么多年,做难而正确的事不容易。中国的商业环境很有意思,尤其在很多垂直的比较复杂的服务业中,都会有三件事情同时在发生:(1)产业的体验非常不好。(2)产业的效率非常低。(3)有很多的组织都实现了快速的成长。

"但过去,组织的成长好像跟提升消费者体验和改善行业效率没太大关系。过去就是高速成长的阶段,如果有组织能踏踏实实坐下来想想长远的事,想给行业、消费者提供价值,都是很不容易的。"

在此前的公开信中,左晖说,其团队的独特性在于,坚定选择长期利益,选择做正确的事情而不是能快速成功的事情,他对走捷径有天然的反感。他也意识到正确的事情往往比较艰难,需要长期对行业基础设施进行改造,从而提升效率和消费者体验,然后再获得长期的商业回报。做难而正确的事是贝壳理解并相信的成功之道。而最困难的就是,一个正确的决定往往带来的不是收益的增长而是下降,当然这种下降是阶段性的,过了这个阶段自然会进入长期增长的通道,但就是这个下降的阶段会让组织不得不面对大量的考验,这个下降的阶段被称为"无产出期"。

从链家到如今的贝壳找房,最大变化是,左晖带领团队将公司打造成了一家线上线下一体化房产交易服务平台,运营逻辑发生了重大变化。

贝壳找房CEO彭永东指出,当前,行业互联网化往线上搬的场景只有30%,未来还有很长的路要走,贝壳在重构、设计、线上化,通过数据驱动整个流程的过程中,是按自身节奏逐步进行迭代的。

贝壳找房在一路走下来的过程中也得到了资本的支持。此前，在贝壳找房曝光的 D 轮融资中，腾讯作为战略投资人领投 8 亿美元，贝壳也顺理成章地入驻了微信"九宫格"。随后，软银、腾讯、高瓴、红杉追加了超过 24 亿美元的投资。

贝壳找房上市募集资金约 24.4 亿美元。其中，腾讯认购 2 亿美元，高瓴和红杉分别认购 1 亿美元；Fidelity 认购 2 亿美元，与 Fidelity 关联的实体认购 2 亿美元。

2020 年 11 月，在上市 3 个月后，贝壳找房发行了 3540 万股 ADS（美国存托股份），定价为每股 58 美元，募集资金超过 20 亿美元。

左晖说，坚持长期主义的一个核心问题是要有足够的资金，如果没有足够的资金，则市场上一旦有风吹草动，企业的心就会处在不定的状态。"如果你的组织是长期主义的组织，运气比较好，又碰到一波比较聪明的，抱着一种长期主义思维的资本，这是非常好的事情。我们可以看到，贝壳找房历史上的投资者，每轮都有退出机会，但几乎都没有投资者退出，几乎每轮都在追加投资。"

左晖说，希望有更多的竞争者进入这个产业，这对贝壳找房总体来说是好事，这意味着有更多的资源和人才进入这个产业。

可惜的是，贝壳找房上市不到一年，左晖便过世了。

2021 年 5 月 10 日，贝壳找房发布讣告，称公司怀着深切的悲痛宣布，公司创始人兼董事长左晖因疾病意外恶化于 2021 年 5 月 20 日去世。

就在 2021 年 5 月 13 日发布的"2021 新财富 500 富人榜"

中，左晖刚刚以人民币2220.3亿元财富排名第8位，成为地产行业新首富，超越了碧桂园控股的杨惠妍、万达集团的王健林和王思聪父子等人。

贝壳找房在讣告中称，贝壳失去了一位奠定我们事业和使命的创始者，居住产业失去了一位始终在探索和创新的引领者。从链家到贝壳，极其有幸和左晖一起共事，一起奋斗拼搏，一起推动行业进步的我们，失去了一位亲密的伙伴和智慧的师长。左晖曾经讲过：我们这个时代企业经营者的宿命，就是要去干烟花背后的真正提升基础服务品质的苦活、累活。左晖的精神永远激励我们，坚持做难而正确的事！

彭永东表示："我们对左晖的去世感到非常难过，并向左晖先生的家人表示最深切的同情。左晖先生为贝壳、链家和过去20年的行业做出了重要的贡献。他坚定不移地坚守正确做事以取得长期成功的信念，我们将继续执行我们的战略和增长计划，继续为行业创造价值。我们对客户、员工、股东和业务合作伙伴的承诺仍一如既往，即使遇到困难，也将继续做正确的事。"

房多多上市

创业起于戈壁 当年没签协议曾李青就投资600万元

在贝壳找房上市前的2019年11月1日,在线房地产交易平台房多多在美国纳斯达克上市。

房多多创始人兼CEO段毅、联合创始人曾熙和李建成携公司管理层及董事代表等在纽约纳斯达克正式敲响开市钟声。

房多多成立于2011年,利用移动互联网技术,建立了一个开放的、数据驱动型的房地产交易服务平台,连接和服务房产经纪商户、购房者和卖房者、开发商及居住领域的其他服务提供商。房多多的业务涵盖新房、二手房、租房、增值服务等与居住服务相关的多个领域。

房多多于2012年9月获得来自德迅投资的人民币600万元天使轮融资;2013年7月完成A轮融资,鼎晖投资、分享投资等共投资人民币6000万元;2014年7月,完成B轮融资,嘉御基金、光速安振中国创业投资基金以及鼎晖投资共投资5250万美元;2015年9月完成C轮融资,由方源资本领投,总金额为2.23亿美元。

房多多成曾李青最得意的天使投资项目

房多多的上市,使得最早投资房多多的德迅投资成为大赢家,房多多也成为德迅投资创始人曾李青最得意的天使投资项目。段毅接受我专访时表示,当年还没签协议,曾李青就投资了600万元。

以下是我在纽约现场采访段毅的部分实录。

段毅:选投资人就是要选一路同行的人

雷建平:您说8年前找到您的合伙人,当时是在戈壁的场景下找到的?

段毅:我们确实起源于戈壁,戈壁在房多多的历史上是有特殊意义的,正好存在于我的第一次创业和第二次创业中间。当时为什么我和治国(房多多合伙人)、建成(房多多联合创始人、CTO)一起上戈壁?很多人觉得是属于吃饱了撑的,10天跑120公里,还到那么远的地方去跑。但在戈壁你真的会有一种完全不同的体验。

在那种环境下你会想未来到底做什么。因为我做了10年的经纪公司,所以当时我想我应该做一件对这个行业有价值的实事。

还没签协议 曾李青就投了600万元

雷建平:房多多于2012年9月就获得了来自德迅投资的600万元天使轮融资。德迅投资的创始人曾李青是怎么发现房多多,并且很快下决心投资的?

段毅:曾总是建成的老领导,当我们创业的时候,曾总就一直要求我们去讲讲,在和曾总交流以后,曾总当场就决定给我们钱，在当时没有签协议的情况下，第二天就把钱打过来了。这让我们非常意外。

我们当时就认为，比投资多少钱更重要的是能否同行，不管是创业伙伴还是投资人。我们觉得曾总应该是可以和我们同行的人。7年后的今天，在我们IPO的时候，曾总还去买了我们很多股票。我觉得这就是代表了一种信念，也印证了曾总确实是能和我们一路同行的人。

未来20年房地产行业会进入服务红利期

雷建平：房多多刚出来时在行业里的音量很大，大家觉得可能它会颠覆房地产行业，但上市前几年突然在行业里没有声音了，甚至有传言说房多多不行了，但房多多的业绩还是很好的。为什么有这样的转变？

段毅：房多多刚起步的时候声音大都是别人喊的。这几年声音小也不是我们不让喊。对于我们来说，这几年房多多在行业中的声音小是件好事。

声音小能让我们非常安静地做事。我觉得有一些负面消息对房多多来说也是好事，能让我们去反思自己，因为没有人是完美的，也没有公司是完美的。我们碰到负面消息的时候，永远都是反思自己。

这两年的市场环境让我们活在一个非常舒服的状态，房多多有现在的收入规模和利润，我觉得是市场给的。

雷建平：当前房地产行业面临很大挑战，房多多面临着怎样的机会和挑战？

段毅：我觉得中国房地产行业的调整在于价格、土地供给方式和融资端的调整。这3件事房多多都不做，我们做的是一个为经纪人服务的平台。我们看到调整的背后是房产的价格上涨得到抑制，但整个交易量还是很大的。我们认为，相比于20年的房地产开发红利，未来20年一定会进入房地产服务的红利期。

雷建平：从创立一直到上市，房多多在这个过程中还是遇到了很大的挑战，您觉得最难的时候是什么时候，是怎么渡过的？

段毅：最难的时候就是亏损的时候，因为做企业就应该实现盈利。虽然因为研发投入导致企业暂时亏损，但是你还是要知道为什么要亏损，什么时候能实现盈利。所以，我们在不断问自己什么时候能实现盈利的过程是个挺痛苦的过程。因为既要坚持在研发方面进行投入，又要争取早日实现盈利。

以下是我专访嘉御基金创始合伙人卫哲的部分实录。

卫哲：作为投资人，陪企业上市的时候最开心

雷建平：您第一次见到房多多团队的时候对他们有什么样的印象？

卫哲：我是跟海龙一起去的。那时候房多多也就几亿美元的估值，我们去房多多办公室的人多了一点，当时他们要凑8个颜色一样的椅子都凑不出来，我们坐的是三种不同颜色的椅子，很破，我们就喜欢这样的公司，把钱花在用户身上和"打仗"上。有些公司融资没融多少，办公室却富丽堂皇，我们一去就觉得不舒服。他们务实的风格让我们第一次见面就印象很深。

雷建平：几年以前，您作为CEO带领阿里巴巴的B2B公司上市，现在作为房多多的投资人身份在纽约参加上市，分别是怎样的感受？

卫哲：我不止两次参加上市活动，阿里巴巴B2B公司上市是一次，后面还有好多次参加其他公司的上市活动。以前我是做投行的，也陪别人来上市。你的问题我转换一下，其实是三种。

一是作为投行陪客户来上市，二是自己作为CEO来上市，三是作为投资人来上市。三种心情都不一样。最没劲的是投行，那真是连伴郎都谈不上，就是个丫鬟一样的角色，就觉得回去可以收钱，没感觉，真是替人做嫁衣。作为CEO来上市，那真是有一种苦尽甘来的特别感觉，特别是在海外上市过程中经历两三个星期高强度的路演，我的印象很深刻，运作阿里巴巴B2B公司上市的时候，我们一共进行了126场路演。

在阿里巴巴B2B公司上市的那天，我觉得是一种解脱，回去

可以好好干活了。我真没有觉得那是一种快乐，因为是有压力的。那时候我的心情很矛盾，股价低了觉得没面子，股价暴涨也有压力，因为这批买进的人肯定有期望值。

现在参加房多多的上市活动，可能是我心情最好的一次。因为作为投行有责任，有压力，万一上市不成功怎么办？作为CEO也有压力。我现在是既有一定的利益在里面，又没有到生死存亡、有太大压力的时候。

我们四五年前投资房多多的时候，也是希望有这一天。我们投资每家企业都希望有这一天，但真来的时候是真的开心，这个开心还是那种没有太多负担的开心，作为投资人来说，应该是相对最轻松的。

阿里巴巴二次上市
张勇接班后首场资本秀 2020 年风波不止

2019 年 11 月 26 日，在推迟数月后，阿里巴巴终于在港交所二次上市，这意味着阿里巴巴成为中国互联网巨头中首家同时在香港和纽约上市的企业。

阿里巴巴在香港的发行价为每股 176 港元，募资超过千亿港元，首日开盘价为每股 187 港元，较发行价上涨 6.25%，市值超过 5000 亿美元。

阿里巴巴为此次香港上市已筹备了很长时间，原计划是在阿里巴巴集团创始人马云卸任阿里巴巴集团董事局主席之前上市，但中间推迟了几个月。这成为马云退休前留下的一件憾事，也成为阿里巴巴集团董事局主席、CEO 张勇接班后的首场资本秀。

阿里巴巴与香港其实非常有渊源，当年阿里巴巴 B2B 公司就是在香港上市，又私有化，阿里巴巴集团上市最初的首选也是香港，后放弃。此次阿里巴巴集团在香港上市，马云本人并未出席，而是通过视频亮相。张勇和执行副董事长蔡崇信等人出席。

张勇在上市致辞中表示："在阿里巴巴 20 周年之际，我们迎来了一个重要的里程碑：就是回家，回香港上市。"张勇说："过去几年香港的创新、香港资本市场的改革，使我们在 5 年以前错过的遗憾在今天得以实现,实现我们 5 年前曾经做出的承诺:如果条件允许,香港,我们一定会回来。"张勇指出,在香港上市是 20 岁的阿里巴巴面向未来的一个新起点,很高兴从香港开启这段创造未来的新旅程。

分析认为,阿里巴巴筹备此次香港上市,主要是集团生态已非常庞大,利益遍及全球,在中美贸易紧张的情况下,阿里巴巴未雨绸缪,寻找第二个安全落脚点,同时也更容易吸引中国投资者的青睐。

马云卸任阿里巴巴董事局主席后放飞自我

当前,阿里巴巴集团的体系非常庞大,其核心商业板块包括天猫、淘宝、盒马生鲜、银泰百货、阿里健康、考拉海淘等。

阿里数字及娱乐板块包括优酷土豆、UC、阿里音乐、阿里文学等;创新业务板块包括高德地图、钉钉、天猫精灵等;生活服务板块包括饿了么、口碑。此外,阿里巴巴还有菜鸟、阿里云及蚂蚁金服[一]等资源。

阿里巴巴在中国甚至全世界都投资了众多资产。其中,2019 年 9 月,阿里巴巴以总对价 18.25 亿美元的现金和股份收购考拉 100% 的股权。2019 年 9 月,在满足 2014 年交易协议及该等相关修订协议所载交割条件后,阿里巴巴已取得蚂蚁金服新发行的 33% 股份。此次发行交割后,与蚂蚁金服的利润分成安排亦即终止。2019 年 10 月,阿里巴巴与蚂蚁金服以总对价 67 亿

[一] 蚂蚁金服现已更名为蚂蚁集团。

元(9.37亿美元)购入美年大健康的新增及现有股份。

2019年11月,阿里巴巴以33.25亿美元的总对价,与菜鸟网络的若干现有股东在其股权融资交易中共同认购了菜鸟网络新发行的普通股,并向一名菜鸟网络的现有股东购买若干股权。随着这些交易的完成,阿里巴巴在菜鸟网络的股权从约51%增加至约63%。

此次上市之前的9月10日,马云正式卸任董事局主席职务,交棒给张勇。在阿里巴巴20周年的晚会上,马云在台下热泪盈眶,还跟唱了《追梦赤子心》。马云登台发言时表示:"今天不是马云的退休,而是一个制度传承的开始。今天不是一个人的选择,而是一个制度的成功。"

"15年前,阿里巴巴决定把这家公司做到102年,横跨3个世纪。我一直在思考,如何能做到。"马云说,"全世界基本有两条路,要么交给下一代,要么交给职业经理人。第三条路,很少有人尝试,但我们觉得这是一条对的路,就是发现、培训、支持新的领导团队,用文化、用制度、用人才来保证公司的传承。"

"这不是一个心血来潮的决定,为了这一天,我认真准备了10年。"马云给企业家提出建议,"如果有一天,你也希望用制度、文化和人才来保障公司的传承,你至少今天就要开始去想,至少准备10年时间。"

当然,马云并未真正退休,阿里巴巴B2B公司前CEO卫哲就说,马云在过去10年一直休而不退,马云的休不见得真的是休息,他只是在不断减少对公司具体事务和战略的参与。"马云现在只有阿里巴巴首席合伙人的身份,但这个首席合伙人理论上也是继续对阿里巴巴的干部、未来合伙人、下一代接班人的培养。"

卫哲表示,马云亲自带的风清扬班就是在培养阿里巴巴的未来合伙人和下一代接班人。所以,马云是把时间花在人上面,并没有真正退休。

马云依靠合伙人制仍牢牢掌控着阿里巴巴生态的发展

这里有必要提及阿里巴巴的合伙人制,合伙人制是阿里巴巴集团很成熟的人才选拔机制。早期的27人名单中,包括了阿里巴巴创始团队18罗汉中的7人:马云、蔡崇信、吴泳铭、彭蕾、戴姗、金建杭和蒋芳;阿里巴巴内部培养提拔的9人:陆兆禧、姜鹏、彭翼捷、童文红、王帅、吴敏芝、张建锋和张宇、程立;以及相当比例的外援和引进人才,包括阿里巴巴总法律顾问石义德等11人。

阿里巴巴集团合伙人的数量并非保持不变,比如,陆兆禧曾是阿里巴巴集团CEO,金建杭曾是阿里巴巴集团总裁,均为合伙人,均已退休。

其中,金建杭是唯一一个早期是合伙人,还退出的阿里巴巴创始团队18罗汉成员。曾鸣曾任阿里巴巴集团执行副总裁、参谋长,也不在阿里巴巴合伙人行列。曾任阿里巴巴集团CTO的姜鹏与陆兆禧一起被宣布退休,成为荣誉合伙人,不再行使合伙人的权利。

因此,早期27位合伙人中有4名已不在合伙人名单。截至2019年6月,阿里巴巴集团拥有38位合伙人,其中,蒋凡是2018年以来的阿里巴巴新星,也是最年轻的合伙人,蒋凡同时兼任淘宝、天猫总裁职务。

阿里巴巴的这一套合伙人制度始于 2009 年，2010 年正式开始试运营，直到 2013 年才随着上市临近对外公布。

要成为阿里巴巴的合伙人，必须满足几个硬条件：首先，必须在阿里巴巴工作 5 年以上，具备优秀的领导能力，高度认同阿里巴巴的公司文化和价值观；其次，候选的合伙人必须由现任的合伙人一人一票选出，每年选拔一次，不设名额上限，候选人必须获得 75% 以上的人同意才能当选。当选后的阿里巴巴合伙人并无任期的限制，直到该合伙人从阿里巴巴离职或退休。

在做出重大决策（如提名董事、吸收新的合伙人等）时，阿里巴巴的合伙人都遵守"一人一票"的平等决策机制。而在阿里巴巴的合伙人中，只有马云和蔡崇信是永久合伙人，且不需要遵守 60 岁时自动退休的条款。阿里巴巴的这些合伙人基本都跟随马云多年，早习惯被马云指挥，且经过阿里巴巴的公司文化和价值观的熏陶，即便马云不担任阿里巴巴的任何职务，依然可以掌控着整个阿里巴巴生态的发展。

比如，阿里巴巴生态最核心的两大板块阿里巴巴集团和蚂蚁金服的两大掌门人都在阿里巴巴待了超过 12 年之久。其中，张勇是 2007 年 8 月加入阿里巴巴的，到 2019 年已跟了马云 12 年。当年，马云为让张勇任阿里巴巴集团 CEO，还让一批阿里巴巴元老退出了核心管理层。

井贤栋是 2007 年年初加入阿里巴巴的，负责财务和运营方面的工作。2009 年 9 月，井贤栋出任支付宝首席财务官。此后，井贤栋又取代彭蕾出任蚂蚁金服董事长、CEO 职务。

接任井贤栋出任蚂蚁金服 CEO 的胡晓明[一]在阿里巴巴待的时间比井贤栋更久。2019 年 12 月，蚂蚁金服宣布全面提速全球化、内需、科技三大战略。蚂蚁金服总裁胡晓明接任蚂蚁金服 CEO，井贤栋继续担任蚂蚁金服董事长。

这是蚂蚁金服成立以来，公司第三次更换 CEO。胡晓明 2005 年 6 月加入阿里巴巴，先后在阿里巴巴、蚂蚁金服多个关键岗位担任重要职务，任蚂蚁金服 CEO 职务后，向井贤栋汇报。

阿里巴巴的这批职业经理人已经与以马云为首的创始团队高度融合，使得阿里巴巴在如此大体量下依然保持着整个业态的高速成长。对于马云来说，只是从阿里巴巴董事局主席职务上退下来，解除一些事务性责任，像当年卸任阿里巴巴集团 CEO 职务一样，反而有了更多空间。

2018 年 9 月，蔡崇信曾向投资人阐释了阿里巴巴合伙人制度的三大特征：树立道德标准，解决接班人问题，避免关键人风险。蔡崇信指出，阿里巴巴的合伙人制度首先为全公司树立道德上的高标准。确保公司的操守文化，是合伙人群体最重要的责任之一，而在考察和选举合伙人的时候，道德品质也是非常重要的因素。

合伙人制度可以解决公司选拔接班人和培养人才的难题，还能以集体决策避免少数关键人员变动给公司带来的管理风险。在谈及合伙人制度和 AB 股制度的差异时，蔡崇信说，AB 股制度保障的是创始人个人，它解决不了创始人离开后公司后续发展的问题，而合伙人制度可以解决公司管理权长期可持续接替的问题。

[一] 2021 年 3 月，胡晓明卸任蚂蚁金服 CEO。

阿里巴巴的合伙人还拥有董事提名权，如果阿里巴巴的合伙人提名的候选人没有被股东选中，或选中后因任何原因离开董事会，则阿里巴巴的合伙人有权指定临时过渡董事来填补空缺，直到下届年度股东大会召开。阿里巴巴还阐明：在任何时间，不论因任何原因，当董事会成员人数少于阿里巴巴的合伙人所提名的简单多数时，则阿里巴巴的合伙人有权指定不足的董事会成员，以保证董事会成员中的简单多数是由合伙人提名。

不仅有合伙人制度，阿里巴巴集团还有班委及轮岗制度，通过不断调岗，既锻炼了管理团队，也能保障公司内部不形成小团队，保障公司的发展。

比如，阿里巴巴的合伙人樊路远于2007年加入支付宝，曾任蚂蚁金服集团支付宝事业群总裁、财富事业群总裁，现任阿里大文娱事业群总裁，负责优酷、阿里影业、大麦、互动娱乐等业务，这之前，阿里大文娱事业群总裁的职务已经经历了俞永福、杨伟东两任的轮岗。

阿里巴巴在2018年还进行了一次架构调整，对VIE的架构进行了一次大的修补。截至2018年3月31日，阿里巴巴在中国有约500个子公司和分公司，在海外有约420个子公司和分公司。

阿里巴巴的主要业务公司有6个，分别是淘宝（中国）软件有限公司、浙江天猫技术有限公司、浙江阿里巴巴云计算有限公司、阿里巴巴（中国）技术有限公司、浙江菜鸟供应链管理有限公司、优酷网络技术（北京）有限公司。这些公司通过VIE架构被注册在开曼和英属维尔京群岛的5个VIE公司控制，马云和谢世煌控制了5个公司中的4个。

只有优酷是例外，马云和谢世煌通过阿里风险资本有限公司控制优酷实体66.67%的股份,另外33.33%被阿里巴巴另外两个员工持有。通观阿里巴巴的VIE架构可以看出,创始人、董事局主席马云和谢世煌是阿里巴巴的名义控制者,这也造成阿里巴巴股权的一个深层隐患:关键人风险。阿里巴巴被马云和谢世煌两个人控制,一旦两人去世、离婚或者失踪,他们的继承者不一定就信守VIE的承诺。

为了应对关键人风险,阿里巴巴集团改变VIE的架构,马云和谢世煌不再是主要的控制者,这5个实体公司被阿里巴巴的在职高管控制。这5家实体VIE公司被一家中国投资持股公司控制,这家投资持股公司又被两个有限合伙企业各控制50%的股份。阿里巴巴的合伙人或者高管分别控制有限合伙企业。

在2018年9月的投资者大会上,阿里巴巴的核心管理层最大规模地集体亮相,也是对阿里巴巴"良将如潮"人才梯队和未来布局的集中展示。马云在会上表达了对张勇团队的信任,称"他们都是新一代年轻领导人,他们证明在年轻人身上花时间是最好的投资""很多创始人不敢离开公司,我可以潇洒离开,因为我知道继任者会比我做得更好"。

马云在职务卸任方面以身作则,保障了阿里巴巴集团、蚂蚁金服高层的调整顺利进行。比如,张勇从陆兆禧手中接下阿里巴巴集团CEO职务,井贤栋从彭蕾手中接下蚂蚁金服CEO和董事长职务,胡晓明从井贤栋手上接棒蚂蚁金服CEO职务,都非常顺利。

从阿里巴巴内部退下来的元老,也可以有新的人生。蔡崇信在卸任阿里巴巴战略投资部负责人职务后,在2019年变身为NBA篮网队的老板,还大手笔签下NBA球星凯文·杜兰特,合同为 4 年 1.64 亿美元，同时签下凯里·欧文和德安德烈·乔丹等球星，也算是活出了人生的新境界。

阿里巴巴风波不止的 2020 年

当然，2020 年的阿里巴巴风波不断。先是阿里巴巴的合伙人制度遭遇挑战。2020 年 4 月，蒋凡陷入与网红张大奕的绯闻之中，当时蒋凡的夫人在微博对网红张大奕喊话。尽管该微博很快被删除，但蒋凡与张大奕的绯闻却在行业闹得沸沸扬扬。

蒋凡与张大奕的绯闻，不仅仅是彼此之间的私德问题，更牵涉阿里巴巴与依附阿里平台的网红电商如涵控股⊖。因为张大奕是如涵控股的头牌带货主播，而早在 2016 年，阿里巴巴还斥资 3 亿元投资了如涵控股。

作为阿里巴巴旗下最核心的平台淘宝和天猫的掌舵人，蒋凡与阿里系商家的关系不清不楚，甚至被外界怀疑存在利益输送。

不到 10 天的时间，阿里巴巴公布对天猫总裁蒋凡事件的调查处理结果。调查组认为，蒋凡在公司重要的岗位上，因个人家庭问题处理不当，引发严重舆论危机，给公司声誉造成重大影响。

经阿里巴巴管理层讨论，决定对蒋凡作以下处分：第一，管理层提议并得到合伙人委员会批准，即日起取消蒋凡阿里巴巴合伙人的身份。第二，记过处分。第三，降级，职级从 M7（集团高级副总裁）降级到 M6（集团副总裁）。第四，取消其上一财年度所有奖励。

⊖ 受蒋凡与张大奕风波冲击，如涵控股于 2021 年 4 月完成私有化退市。

这意味着蒋凡在不到一年的时间，就经历了入选阿里巴巴最年轻合伙人，到除名的全过程，也是阿里巴巴历史上对高管个人私生活层面进行的最高程度处罚。

当时，阿里巴巴在与美团、京东、拼多多的竞争正处于白热化的状态，各方都在紧锣密鼓地排兵布阵，所以阿里巴巴还是选择保住了蒋凡，因为如果蒋凡被拿掉，像拼多多、美团点评、京东这样的竞争对手会最高兴。

阿里巴巴做出了自己的判罚。而"85后"的蒋凡⊖，能否在今后谨慎修身，再创战功，重新创造新的奇迹，答案只在他自己身上。

然后是2020年11月，轰轰烈烈的蚂蚁集团上市戛然而止，阿里巴巴也受到波及。

2020年12月24日，国家市场监督管理总局又根据举报，依法对阿里巴巴集团实施"二选一"等涉嫌垄断行为立案调查。

人民日报发表评论称，此次立案调查，并不意味着国家对平台经济鼓励、支持的态度有所改变，恰恰是为了更好地规范和发展平台经济，引导、促进其健康发展，以期为中国经济高质量发展做出更大贡献。相信通过加强反垄断监管，能够消除影响平台经济健康发展的障碍，平台经济也将迎来更好的发展环境。

港交所曾遗憾错过阿里巴巴

早前，港交所遗憾错过阿里巴巴，导致阿里巴巴放弃在香港上市的核心原因就是港交所不支持阿里巴巴的合伙人制度。

⊖ 2021年12月初，阿里巴巴对蒋凡的职务进行了调整，其不再负责天猫和淘宝业务。

当时，蔡崇信还曾发表日志《阿里巴巴为什么推出合伙人制度》，蔡崇信特别为合伙人的公司治理机制辩白，称这个机制可使阿里巴巴的合伙人，即公司业务核心管理者，拥有较大的战略决策权，减少受资本市场短期波动的影响，从而确保客户、公司以及所有股东的长期利益。这个制度不会威胁到香港监管机构所倡导的"一股一票"原则。

"我们从未提议过采用双重股权结构（Dual Class）方案。一个典型双重股权结构，是允许那些拥有更高投票权人在公司任何事务投票上享有这种权利。而我们的方案则充分保护股东的重要权益，包括不受任何限制选举独立董事的权利、重大交易和关联方交易的投票权等。"

蔡崇信说，合伙人制度可以让阿里巴巴基业长青：合伙人是平等的，他们会摒弃官僚作风和等级制度，而通过合作解决问题。合伙人不仅仅是管理者，他们同时也是企业的拥有者，有着极强的责任感。合伙人制度通过每年接纳新的合伙人为公司注入新鲜血液使公司不断焕发活力。蔡崇信还对港交所喊话，想问香港资本市场的监管，是被急速变化的世界抛在身后，还是应为香港资本市场的未来做出改变，迅速创新？！

港交所还是不同意阿里巴巴坚持的合伙人制度，即拥有13%股权的少数高管及创始人可提名董事会大部分成员的股权结构。历史上，港交所也非常注重"一股一票"的原则，以保护中小投资者的利益。这导致阿里巴巴集团选择了"备胎"纽交所，让港交所懊悔了很久。

最终，港交所在2017年12月迎来了成立以来的最大变更，正式放开"同股同权"的上市限制，并在2018年收获了小米、美团这些大盘股的上市。

当然，2019年对港交所来说，其实日子并不好过。受香港本土的影响，2019年的夏天，港交所相当冷清，不仅一天8家公司敲锣的盛况不再，就连小米、美团等一大堆公司密集上市的现象也不再，7月到9月更是陷入冰点，只有极少公司上市。

港交所在2019年9月向伦敦证券交易所集团董事会提议，将港交所及伦交所两家公司合并，总价格是366亿美元，这是李小加上任港交所行政总裁以来第二笔大型的并购。

李小加还发表声明，称此举意义深远，可谓"一字值千金"。因为这不仅体现了香港交易所20多年来发展历史上再一次踏上国际收购征途的巨大决心，更是香港国际金融中心不断深化提升连接东西方桥梁作用的标志性举措。

但港交所这一收购提议遭到伦交所无情拒绝。伦交所称，董事会一致拒绝港交所主动提出的有条件并购建议，认为没进一步接洽的必要。

"我们认识到中国机遇的规模，并重视我们在那里的关系。然而，我们不相信香港交易所为我们提供亚洲最佳长期定位或中国最佳上市/交易平台。我们重视与上海证券交易所的互利合作伙伴关系，这是我们与中国接触的众多机会的首选和直接渠道。"

在出席阿里巴巴香港上市仪式后，李小加表示，港交所仍然在这里等着大家，今天的香港尤其困难，但在自2010年以来，香港最大的IPO在这样最困难的时候还是诞生了，说明这个市场多么坚韧，多么坚强，多么有未来。

李小加还说，港交所要把家里一切都打扫好、安顿好，等待那些很多浪迹天涯、周游世界的公司回家，阿里巴巴都回家了，没理由不相信那些漂泊在外的中国公司不回来。

不过，李小加本人可能不太愿意等了。2020年12月底，李小加提前卸任港交所行政总裁职务。

尽管港交所在2019年遭到重创，但除阿里巴巴在香港二次上市之外，港交所还有其他斩获。2019年9月的最后一天，百威亚太在港交所上市，募资50亿美元，首日市值超过3800亿港元。

2020年6月，网易、京东、也相继实现在香港二次上市。

在互联网公司上市浪潮之外，生物医药领域算是港交所的一个亮点。2019年6月14日，翰森制药在港交所上市，募集资金净额为76.4亿港元（约10亿美元）。翰森制药的基石投资者包括GIC、Boyu、上海医药、高瓴资本、Vivo Funds等。

翰森制药上市首日收盘价为每股19.5港元，较发行价上涨36.75%，总市值达1113亿港元，成为H股医药龙头。让人称奇的是，翰森制药董事局主席、CEO为钟慧娟为恒瑞医药实际控制人、董事长孙飘扬的妻子。恒瑞医药在A股市值超过人民币3000亿元，为A股医药龙头。

孙飘扬、钟慧娟夫妻因此被称为中国最牛医药夫妻档，这个家族也被称为中国药王家族。

2020年2月，胡润研究院发布《胡润全球富豪榜》，其中，阿里巴巴创始人马云为中国首富，腾讯CEO马化腾为第二名，恒大创始人许家印排名第三。排名第四的就是孙飘扬夫妇与老牌华人首富李嘉诚，孙飘扬夫妇的身价也超过网易CEO丁磊以及顺丰创始人王卫。

全球最大 IPO 被叫停
马云的支付宝劫

只差临门一脚，蚂蚁集团轰轰烈烈的造富运动暂时熄火。

2020 年 11 月 3 日晚上 9 点，不少媒体人刚在上海下飞机，打开手机一看，无数的弹窗跳出来，大家一脸囧样，感觉自己好像进入了美剧《行尸走肉》的场景——世界还是那个世界，但一切已经完全不同。

这些媒体人是来上海参加蚂蚁集团在科创板上市的，按照原计划，蚂蚁集团会于 2020 年 11 月 5 日在科创板和港交所同时上市，募资超过 340 亿美元，估值达人民币 2.1 万亿元。如果成功，蚂蚁集团的募资金额会超过沙特阿美，成为当时世界上最大的 IPO。

媒体人之所以会提前两天来到上海，是因为在新冠肺炎疫情期间，要进入科创板现场观礼，就必须先在上海进行核酸检测。与此同时，蚂蚁集团的相关人士在紧锣密鼓地筹备，科创板的上市站台已经搭好。

这一切的改变来自当天晚上临近 9 点时上交所的一则公告。公告称：蚂蚁集团原申请于 2020 年 11 月 5 日在上海证券交易所科创板上市。近日，发生蚂蚁集团实际控制人及董事长、总经理被有关部门联合进行监管约谈，蚂蚁集团也报告所处的金融科技监管环境发生变化等重大事项。该重大事项可能导致蚂蚁集团不符合发行上市条件或者信息披露要求。上交所决定蚂蚁集团暂缓上市。

此后，蚂蚁集团在港交所的上市也暂缓。

蚂蚁集团随后发布官方回应，称接到上海证券交易所的通知，暂缓在上海证券交易所A股上市计划。受此影响，蚂蚁集团决定于香港联交所H股同步上市的计划也将暂缓。"对由此给投资者带来的麻烦，蚂蚁集团深表歉意。我们将按照两地交易所的相关规则，妥善处理好后续工作。"

蚂蚁集团的重要股东阿里巴巴也发布公告，称会和蚂蚁集团一起，积极配合监管。"社会希望我们更好，我们也必须用一如既往的努力实现和超越社会的期望，这是我们的责任。"

一夜之间，阿里巴巴集团股价重挫8%，市值蒸发超过670亿美元。蚂蚁集团位于上海地铁的"花呗"广告也被连夜拆除。此次蚂蚁集团暂停上市，直接导致公司业务进行调整，公司估值出现重大变更。

为了蚂蚁集团，阿里巴巴集团创始人马云之前就曾搭上自己的声誉。

2011年6月，支付宝VIE事件爆发，即马云为取得支付宝作为国内合法第三方支付平台的资历，将原来阿里巴巴集团旗下的重要核心资产"支付宝"划归马云个人控股的公司名下，此举没有经过阿里巴巴董事会审批通过。这之前，支付宝接近70%的股权被雅虎和软银控制。

在当时，马云触犯了国际国内契约合同法的主旨精神，严重损坏了其信誉形象，也撕开了契约合同并无实质约束的先例，一时引发轰动。而此次蚂蚁集团暂缓上市，也被称为马云的"滑铁卢"。

马云被约谈 金融峰会上刀光剑影

关于蚂蚁集团此次推迟上市,不得不提及 2020 年 10 月 24 日在上海举办的那场外滩金融峰会。马云在现场说,蚂蚁集团已经确定发行价,这是第一次科技大公司在纽约以外的地方定价,这是 3 年前连想都不敢想的,但是今天发生了。

马云在现场还提及了多个观点,包括:

做没有风险的创新,就是扼杀创新,这世界上不存在没有风险的创新。很多时候,把风险控制为零才是最大的风险。

金融的本质是信用管理,抵押的当铺思想是不可能支持未来 30 年世界发展对金融的需求的。必须借助今天的技术能力,用以大数据为基础的信用体系来取代当铺思想,这个信用体系不是建立在 IT 的基础上,不是建立在熟人社会的基础上,必须是建立在大数据的基础上,才能真正让信用等于财富。

马云还痛批"巴塞尔协议",称其像一个老年人俱乐部。不过,马云批判"巴塞尔协议"的观点,众多金融圈人士并不认同,他们反而普遍认为,巴塞尔协议从诞生起来,一直对防范全球金融市场系统性风险爆发,以及加强全球大型金融机构风险管控避免金融风险交叉传染升级,有着极其重要的引领作用。

在同一个论坛上,财政部原副部长邹加怡说:要平衡好金融科技与金融安全的关系,建立并遵循相应的市场规则,防止金融科技诱导过度金融消费,防止金融科技成为规避监管、非法套利的手段,防止金融科技助长"赢者通吃"的垄断。

专栏作家刘胜军认为,在银行的"严监管"和蚂蚁集团的

"基本无监管"之间,最大的一个"不公平"就是巴塞尔协议对资本金的要求。《巴塞尔协议》的最核心要点是限制银行的"资本充足率",避免"大而不倒"的银行过度扩张把烂摊子留给社会。而为弥补"监管套利"漏洞,2020年9月13日,中国人民银行发布《金融控股公司监督管理试行办法》,这一办法主要针对的对象之一就是蚂蚁集团。

刘胜军还说,蚂蚁集团虽然规模巨大,但迄今为止是"游离于监管之外"的金融巨头,虽然有小贷牌照、第三方支付牌照,但缺乏"整体的监管"。一家市值预计超过工商银行的"金融巨头"居然没有监管,这不能不说是一个惊人的漏洞。

蚂蚁集团的高杠杆引发外界忧虑

在上交所宣布暂缓蚂蚁集团上市前一天,证监会网站宣布,中国人民银行、中国银保监会、中国证监会、国家外汇管理局对蚂蚁集团实际控制人马云、董事长井贤栋、总裁胡晓明进行约谈。

约谈马云的同日,11月2日,银保监会发布《网络小额贷款业务管理暂行办法(征求意见稿)》(以下简称"《暂行办法》"),此举是为规范小额贷款公司网络小额贷款业务,防范网络小额贷款业务风险,保障小额贷款公司及客户的合法权益,促进网络小额贷款业务规范健康发展。

《暂行办法》中有几条对蚂蚁集团的业务有较大限制。

《暂行办法》第二条规定,小额贷款公司经营网络小额贷款业务应当主要在注册地所属省级行政区域内开展;未经国务院银行业监督管理机构批准,小额贷款公司不得跨省级行政区域开展网络小额贷款业务。

关于资金来源,《暂行办法》第十二条规定,经营网络小额贷款业务的小额贷款公司通过银行借款、股东借款等非标准化融资形式融入资金的余额不得超过其净资产的1倍;通过发行债券、资产证券化产品等标准化债权类资产形式融入资金的余额不得超过其净资产的4倍。

《暂行办法》第十五条规定,在单笔联合贷款中,经营网络小额贷款业务的小额贷款公司的出资比例不得低于30%。而蚂蚁集团的杠杆较高,根据蚂蚁集团披露的数据,蚂蚁集团共计2.1万亿元的信贷规模,其中98%的资金来自合作银行和发行ABS。

蚂蚁集团暂停上市后,人民网第一时间发声,称暂缓蚂蚁集团上市,正是为了更好地维护金融消费者的权益,维护投资者的利益,维护资本市场的长期健康发展。蚂蚁集团的当务之急是按监管部门的要求,切实抓紧整改。

京东数科被震出内伤:陈生强转任副董事长

京东数科于2020年9月向科创板递交招股书,计划募资203.67亿元。IPO前,京东集团通过其在境内设立的外商独资企业江苏汇吉协议控制内资企业宿迁聚合,并通过宿迁聚合间接持有公司36.80%的股份,为大股东。

刘强东直接持有8.86%股权,通过领航方圆、宿迁聚合、博大合能间接控制京东数科本次发行前总股本的41.49%,共计占本次发行前总股本的50.35%,通过特别表决权安排控制表决权总数的 74.77%。此外，陈生强持股为 4.23%；红杉鸿德持股为 2.68%。

招股书显示，京东数科 2017 年、2018 年、2019 年的营收分别为 90.7 亿元、136.16 亿元、182.03 亿元，2020 年上半年营收为 103 亿元；2017 年、2018 年、2019 年的净利润为 -38.29 亿元、1.28 亿元、7.7 亿元，2020 年上半年净亏损为 6.8 亿元。

蚂蚁集团暂停上市，受影响最大的是京东数科。2020 年 12 月 21 日，京东数科任命原京东数科 CEO 陈生强为京东数字科技副董事长及京东集团幕僚长，向京东集团 CEO 刘强东汇报。同时，京东数科任命原京东集团首席合规官李娅云为京东数科 CEO，向京东集团 CEO 刘强东汇报。

这也是京东数科成立以来最大的管理层调整。陈生强可以说是京东数科的灵魂人物，一手搭建起京东数科。当年，刘强东苦于找不到一个人能够担当金融业务的领军人物，最后，他把目光放在了时任京东商城 CFO 的陈生强身上。

一开始，刘强东让陈生强做金融，陈生强心里是拒绝的。陈生强认为：第一，成为上市公司的 CFO 是财务从业者最崇高的理想；第二，财务不等于金融，在自己不擅长的领域，充满了不确定性。最终，刘强东说服陈生强做京东金融，还给他提了两个要求。

那是 2013 年 10 月，陈生强在美国，有一天刘强东开车载他去曼哈顿，陈生强坐在副驾驶上。当时陈生强就问刘强东："你对金融有什么要求？"

刘强东提了两点，第一点，最苦最难的活是最有长期价值的，要坚持去做，就像京东的物流。现在大家可以发现，越来越多的人是因为京东的物流选择了京东的电商，物流已经变成了京东真正的核心的优势。第二点，如果有100元钱，你赚70元钱就可以了，剩下的30元钱留给别人去赚。

陈生强曾说："我基本不跟别的公司去对比规模，因为我觉得这种对比没有意义。我经常在内部说'胜与不胜在于彼，败与不败在于己'，如果你犯的错误比别人少，则你就有机会胜，但是败则一定败在我自己，不会败在别人那里。所以，我比较少看谁比我强、我比谁强，没什么意义。"

可以说，是陈生强一手带大的京东数科，这也是京东数科自成立以来首次换帅。而此次换帅背后，是京东数科所面临的市场环境发生了巨大变化。一方面是蚂蚁集团上市突然被叫停，估值及业务都面临大幅调整，这对京东数科带来了极大冲击，使得京东数科的上市也出现了很大的不确定性。另一方面是国家加强了对科技金融领域的监管，使得京东数科的业务不得不面临调整。

2021年1月11日，京东集团又宣布将云与AI业务与京东数科整合后正式成立京东科技子集团（简称"京东科技"），李娅云出任京东科技CEO。新成立的京东科技融合了京东云与AI业务和京东数科的技术服务能力，在统一的云底座上，依托于AI、数据技术、物联网、区块链等前沿科技能力，打造出了面向不同行业的产品和解决方案。

京东集团做出的系列调整，也是希望增加京东科技的科技属性，使京东科技早日在科创板上市。

让人意料之外的是，京东集团还一并调整了京东物流管理层架构，2020年12月30日，京东物流原CEO王振辉辞去京东物流CEO一职，董事会已任命京东前首席人力资源官余睿为京东物流CEO，这一调整发生在京东物流递交招股书前夕。

嘉楠科技在美国上市
成区块链第一股 比特大陆却陷入内斗

2019年11月21日,嘉楠科技(以下简称"嘉楠")在美国纳斯达克上市,发行价为每股9美元,募集资金为9000万美元。以收盘价计算,嘉楠的市值超过14亿美元。

嘉楠上市,意味着其成为国内三大矿机厂商中首家正式完成赴美IPO的全球区块链第一股。

嘉楠的这次上市活动非常热闹,现场去了很多区块链行业的人员,超过180人,这种现象在中国企业赴美上市的活动中并不多见。

嘉楠董事长兼CEO张楠赓在致辞中表示,芯片行业积累团队和技术没有什么捷径可以走,就是一代一代迭代下去,一张一张晶圆堆出来的,这背后是我们一起吃过的苦,一起流过的血和汗,一起品尝攻克科研难关的喜悦,一起感受收获客户订单的欢愉。

"感谢我的投资人和合作伙伴,嘉楠成立的这6年多,大家一起经历了无数次新产品的试验,一起经历了波澜壮阔的行业牛熊市的更迭,一起经历了开拓新市场的挫折和成功。"

张楠赓说:"有人说做科研是孤独的,也有人说创业是孤独的,很不巧,我们选了两条孤独叠加的路。正是我的家人在背后默默地付出,给我温暖的力量,才支持我走到今天。"

世界首款 ASIC 矿机与"南瓜张"的前世今生

嘉楠是一家从事自主 AI 芯片研发、提供高性能计算服务的互联网公司,其掌握集 AI 芯片研发、AI 算法、结构、SoC 集成及流程实现一体化等综合技术,以 AI 芯片为核心建立 AI 生态链,为生态伙伴提供一揽子 AI 服务方案。2018 年 9 月,嘉楠成为业界第一家提供基于 RISC – V 架构的商用边缘计算 AI 芯片的公司,推出了第一代 AI 芯片勘智 K210,该芯片是嘉楠的第一代内置了卷积神经网络加速器的系统级(SoC)AI 芯片。

嘉楠的创始人是张楠赓,又称"南瓜张",1983 年出生,毕业于北京航空航天大学电路设计专业。本科毕业后,张楠赓有过一段在事业单位做"螺丝钉"的时光。彼时,他还是航天科工集团的一名技术人员,这段服务期培养了他对技术一丝不苟、对工作认真负责的航天人精神。3 年后,他没有走大多数同事选择的路,而是回校继续深造,理由是"我希望每天都能有新的东西出现,做更有挑战性的事情"。

张楠赓第一次接触比特币是在 2011 年,当时的他认真钻研了一个晚上,就对比特币产生了兴趣。当时比特币有很多信徒,起初张楠赓觉得比特币有 5% 的可能性来改变世界,直到 2015 年,区块链概念变得普及,他心中的这个概率上升至 15%。转折点发生在 2012 年 6 月,彼时美国开发比特币挖矿机的机构"蝴蝶实验室"声称,他们准备研发一种功能远胜过当时水平的集成电路式（ASIC）矿机。

从设计上来说，ASIC 相比 FPGA（现场可编程门列阵）具有高性能、低功耗的优势。如果研制成功，蝴蝶实验室很可能将掌控比特币世界超 51% 的算力，也意味着该机构可以对比特币的区块进行篡改，几近拥有完全掌控权。为避免比特币被蝴蝶实验室垄断，"南瓜张"张楠赓和"烤猫"蒋信予先后宣布制造 ASIC 矿机的计划。最终"南瓜张"带来了世界上第一台 ASIC 矿机，他将其命名为"Avalon"（阿瓦隆）。

当年 Avalon 极度受人追捧，一台 Avalon 矿机现货最高曾被炒到 20 万到 30 万元，市面上一机难求。但当时的张楠赓非常低调，人们不知道张楠赓是谁，只能根据张楠赓在 Bitcointalk 论坛上注册的 ID——ngzhang，将这个中国最早的矿机研发者称为"南瓜张"。

在参加完嘉楠上市后，张楠赓在纽约对我说，"蝴蝶实验室"的出现对自己影响很大。这家企业现在应该倒闭了，他们其实是嘉楠的老冤家，当初完全是用一种欺骗的手段来进行营销。方法很简单，"蝴蝶实验室"承诺一个非常好的产品规格，承诺非常短的发货周期和非常低的价格。但实际上，一再拖延，一年、两年……在发货的时候，之前约定的产品规格已经不再有用了。

"2012 年'蝴蝶实验室'就说要做 ASIC 矿机。但我可以肯定的是，有两种可能性，第一种是他们没有做出来，会把所有钱全吞了也不会退；第二种是他们做出来了，但一定会留着自己挖，也不会来发货。"

在矿机行业，作为全球第一个做出矿机之人，并不为大众所了解的张楠赓有很多的传说。网上有帖子绘声绘色地说，当年张楠赓卖矿机得到 4 万个比特币，一口气全卖了，买了辆凯美瑞，兴奋地开着周游北京城。如今 4 万个比特币的价值相当于 3.4 亿美元，嘉楠 IPO 募资不到 1 亿美元，当年那辆凯美瑞相当于 3.4 个嘉楠 IPO。

在嘉楠纽约敲钟当天的中午，张楠赓在和我从纳斯达克出来，在走向一家中餐馆的路上他说，自己的确有一辆凯美瑞，那是因为当时原来的车出了车祸，需要换一辆新车。"凯美瑞是我的第三辆车了，也不至于到开凯美瑞就变得兴奋。"张楠赓说，那个时候，嘉楠运转得已经很成熟了，而且大家都拿工资，也不至于要卖掉多少比特币去买车。

"但网上写得神乎其神，实际上，那个作者我就没见过，他还说跟我见过好几次，我都和大家说了无数次，不要把这个事当成真的，但很多人还是不相信。""甚至还有帖子说，我一年看 500 部动画片。那 500 部的说法也太夸张了。"张楠赓无奈地说，"一部动画片 26 集，不看吐了嘛。"

不过，张楠赓的确是资深动画迷和理想主义者，比如，张楠赓研发的 ASIC 矿机名为阿瓦隆。在动漫故事里，阿瓦隆是一个精灵国度，是遗世独立的理想乡，抵御一切干涉攻击，佑护理想乡岛屿中所有人的安静。当年，张楠赓不做航天科工集团的技术人员，而是投身创业做矿机，是为了避免比特币被蝴蝶实验室垄断。

张楠赓说，那个时候自己算是热血青年。"我在想，如果我不站出来，整个行业就完蛋了。当时，在同等算力的情况下，我们的矿机比'蝴蝶实验室'的矿机价格便宜很多。我们四个半月就搞定了,他们一年多以后才搞定。从结果上看,我认为我们当时做矿机有非常大的正面意义,也就是守住了比特币。"

"烤猫"不知所踪 希望他能回来

到嘉楠上市时,经过激烈的市场洗牌,百花齐放的矿机厂商最终变成了以比特大陆、嘉楠、亿邦国际为首的3家独大的局面。

当然,市场也有漫长熊市的时候,最艰难时,人们所熟悉的龙矿矿机、花园矿机、氪能矿机、宙斯矿机、西部矿机,甚至著名的烤猫矿机都消失了。嘉楠也面临着生存问题。张楠赓说,矿机行业每几个月就会有一个特别大的生死抉择。如果产品成功,则公司继续,业务继续;如果产品失败,则公司关张。在经历过太多次生死抉择后,这种刺激的感觉已经淡了很多,上市也就没有想象中那么令人兴奋了。

实际上,虽然今天已经没有多少人知道"烤猫"这个名字了,但在当年的比特币行业,"烤猫"绝对是一个风云人物。传闻说,"烤猫"15岁考入中国科技大学少年班;他最早把矿机带入中国;在人生辉煌期,币圈不少风云人物都排队等着见他。但在2015年1月25日,"烤猫"神秘失踪,成为比特币行业的谜案。

张楠赓认为,"烤猫"在2013年年初,从 GPU + BG 的挖矿体系过渡到 ASIC 的体系中做出了重大贡献。当时大家都是非常有理想的一些人,"烤猫"的贡献不亚于"南瓜张",只是"烤猫"在那个时候是用的众筹，统一部署，卖算力，卖股票。"烤猫"为了不造成算力的垄断，在当时选择了逐渐上线机器，可以说，"烤猫"有巨大的利益牺牲，但在那个时点这种做法避免了算力中心化。所以"烤猫"对于算力的去中心化有重要贡献。

"后来'烤猫'跑路是因为被一些合作伙伴欺骗，比如，我给你提供很便宜的电和场地，你把机器放过来，咱们分享收益。但你把机器放过来，我就据为己有，这就是发生在'烤猫'身上的事，于是'烤猫'就跑了。"张楠赓说，总体来说，跑路不是太好的事。"你是士兵，就要站在这里战斗，这可能要求有点高。但实际上，当时'烤猫'的产品也不差，最后却发展成很悲情的事情。从行业老人的角度来说，我还是希望'烤猫'能回来。"

张楠赓认为，行业最难的时候，其实就是"烤猫"跑路的那段时间，大家都在怀疑矿机行业会不会存在下去。那个熊市很长，很多人万念俱灰，离开了矿机行业。嘉楠也曾萌生了不再做的想法，但还是坚持下来了。而现在大家看到熊市，认为这就是一个时间问题，总会过去。

比特大陆公开内斗 吴忌寒解除詹克团职务

2020年6月26日，比特币矿机企业亿邦国际也在美国纳斯达克全球精选上市，是继嘉楠之后又一家在海外上市的比特币矿机企业。

在嘉楠和亿邦国际上市的同时，行业老大比特大陆的命运就让人感叹了。

在嘉楠递交招股书的同一天，比特大陆联合创始人吴忌寒向全员发送邮件，称经比特大陆创始人、比特大陆集团董事会主席、北京比特大陆科技有限公司法定代表人和执行董事吴忌寒决定，解除詹克团在比特大陆的一切职务。邮件称，比特大陆任何员工不得再执行詹克团的指令，不得参加詹克团召集的会议，如有违反，公司将视情节轻重考虑解除劳动合同；对公司经济利益造成损害的，公司将依法追究民事或刑事责任。

比特大陆官方表示："我们相信，比特大陆在吴忌寒先生的领导下，必将回归初心、聚焦主业，有序横向发展，成为一家世界顶尖的科技公司。"

时隔一周之后，詹克团发表声明称："很尴尬，一直埋头搞技术、做产品、拼业务的我，要开始学习用法律思维来思考；很尴尬，身为比特大陆创始人、第一大股东的我一直不知道，在政府部门登记的法定代表人居然在自己因公出差、毫不知情情况下被突然改变。"

"当巨变来临的时候我才知道，在影视剧里发生过无数次的，被自己曾经最信任的合作伙伴、一起奋斗的兄弟，背后狠狠捅刀的桥段真的会发生。"詹克团还说，会通过法律武器，尽快回到公司，结束这段非常时期，恢复公司的正常秩序。

这之前的 2018 年 6 月，吴忌寒在做客"王峰十问"时曾说，自己与联合创始人詹克团一直是 Co‑CEO 的关系。"我和詹克团更多是一个互补组队的局面，就像一个乒乓球双打比赛，球打过来，谁在最佳接球位置谁说了算。"大家配合比赛，获取胜利是关键。

吴忌寒还表示，比特大陆最好的一年肯定是 2017 年，行业发展超乎想象，公司也享受了行业增长的巨大红利；公司最困难的时候是 2014 年,那一年行业进入大熊市,公司几乎破产。

比特大陆在 2018 年的资本运作还挺多,其中一次是 10 亿美元,由红杉资本领投,投资人还包括对冲基金 Coatue,及新加坡国有的新兴市场投资基金 EDBI;另一次为 5.6 亿美元融资,融资前估值为 140 亿美元,融资后估值为 146 亿美元。

比特大陆在 2018 年 9 月还向港交所递交过招股书,招股书显示,比特大陆 2018 年上半年营收为 28.45 亿美元,其中,来自矿机销售的收入为 26.83 亿美元,占比为 94.3%。递交招股书时,詹克团旗下基金持有 36% 的股权,为比特大陆的最大股东,吴忌寒旗下基金持有 20.25% 股权,为第二大股东。

不过,2018 年资本市场和比特币市场的环境都发生了很大变化,比特大陆内部也多经调整,最终在港交所上市失败。2019 年 3 月,比特大陆宣布进行架构调整,董事会任命王海超担任公司 CEO,詹克团继续担任公司董事长,吴忌寒继续担任公司董事。当时邮件还说:"两位创始人不忘初心,同舟共济,合力并进,共同把握公司的战略方向。"

仅仅半年时间,吴忌寒与詹克团就产生了决裂⊖,也给行业留下了无数的感叹。

造成这次决裂的一个重要原因是:一个要继续做矿业,认为当时的市场只是正常的波动;一个要转型做 AI,因为国家支持、市场广阔。但如此公开的决裂,也给比特大陆的声誉造成重创。吴忌寒倒是曾说过:"双方公司治理律师在境内境外较较劲,比特大陆注定要成为商业史上公司控制权争夺的经典案例。"

⊖ 2021 年初,吴忌寒与詹克团的分歧得到解决。

网易有道上市
周枫迎来高光时刻 让孩子以后来敲钟

2019年10月25日,网易有道在纽交所上市,成为网易旗下首个独立上市的子公司。这是网易上市19年以来,网易旗下业务首次在资本市场上市。

网易CEO丁磊心情显得很不错。在网易有道上市当天,丁磊接受我采访时说,网易有道成立当天取名叫有道,就是取自于中国的一句话,叫"君子爱财,取之有道"。网易有道要用正确的、走正道的方式和方法去获取财富。在网易有道成为一家上市公司后,网易还是有道的股东,而且是大股东。网易会全力支持有道业务的发展,集团层面不再做教育,和教育相关的板块希望有道能够做得更好。

"网易对教育的信仰、热爱和决心是从2011年开始的,我们在2011年做了一个产品叫网易公开课,到现在8年了,当初做的时候我们把全世界最好的课程翻译成中文,放在App里或系统里,之前做的主要是成人的素质教育,或者说成人的职业教育。"

丁磊说,在做的过程中发现,中国亿万的青少年更需要在线教育,因为今天中国青少年的教育主要担负在乡村教师身上,但很多地方的教师不够优秀,很难培养出非常优秀的学生。

"我很认同一句话,用优秀的人培养出更优秀的人。在线下,一个老师能给几十人、几百人上课,如果通过互联网网课等形式给千千万万的青少年带去最优质的内容,让他们更有效率、更有趣味地学习,听课时每个人都聚精会神,听完课以后很开心,还舍不得走,我觉得能做到这一点就成功了。"

网易有道的上市,也使得网易有道的创始人、CEO 周枫迎来人生的高光时刻,周枫携妻子庄莉一起出现在纽交所,但周枫、庄莉夫妇并未带孩子一同出席。庄莉说,还是应该让小孩子有一点自己的隐私,给他们更安静的环境来成长。"他们的人生和我们的人生都应该各自去过,我们不能替他们做主,今天是周枫的人生,也是我的人生,但还不是他们的人生。"庄莉说,以后让孩子们自己来上市。

有道的决策仍然会着眼于长远

网易有道对自身的定义是,一家专注于学习产品和服务的互联网科技公司。网易有道以在线词典和翻译工具为起点,从 2014 年起,为用户提供包括在线知识工具在内的一整套全面可靠的学习产品与服务。经过多年技术与服务的积累,网易有道凭借有道词典、有道翻译官、有道云笔记等数款广受好评的工具型应用,积累了大规模品牌忠诚度高的用户。

没有内容品质的把控,所有的营销手段最终都只会是一锤子买卖。在确立了注重品质、一切围绕品质的价值观后,周枫与丁磊形成共识:要了解和满足学生的本质需求,尤其是长期、可持续的需求,而不是为了讨学生一时开心就做个产品出来。周枫提到的闭环也是在线教育行业的"盲点":自认为拥有好的教学内容、课件、载体和运营方式,但学生学习的效果如何?他们喜欢这些内容吗?

有道对此采取的举措,是把T(工具)和A(人工智能)这两块原有的优势能力继续做强,变成用户喜欢使用、乐于互动的沟通桥梁。在工具层面,网易有道从做搜索到在线翻译,本身就在学习类工具产品方面有着丰富的经验。随着对用户需求的深挖,网易有道加速人工智能技术投入,尝试与学习场景融合,并衍生出学习型智能硬件业务。

当然,网易有道依然处于亏损状态,2017年、2018年和截至2019年6月30日的6个月,网易有道分别净亏损人民币1.639亿元、2.093亿元和1.679亿元。

到上市前,网易有道已欠下网易集团人民币8亿元。网易有道的亏损和所处的在线教育行业有关。2018年全年学费收入达到人民币4.18亿元,同比增长133.1%,2019年上半年学费收入人民币3.01亿元,同比增长62.83%,由于教育业务模式的独特性,学习周期一般从1~12个月不等,因此部分未确认的预收学费会列为递延收入。

而网易有道在上市过程中获得网易最大机构股东Orbis基金重金加持。Orbis基金向有道购买总额为1.25亿美元的A类普通股。丁磊也参与认购2000万美元,使得网易有道此次IPO融资规模超过2亿美元。

周枫指出,从长期来看,有了规模,教育行业实现盈利是不成问题的,线上教育更应该是这样,现在更多的是大家看好这个行业,快速投入,才有亏损的问题。"对于有道来说,一些学段本来就是有盈利的,我们对未来非常有信心。"周枫在纽交所现场接受我的采访时也指出，欠下网易集团的费用迟早是要还的，但网易没有规定还款的期限和方式，而且网易有道也不会用融资款进行偿还。

网易有道上市当天也有意外，首日开盘价为每股13.5美元，较发行价下跌20.5%，收盘股价为每股12.5美元，较发行价下跌26.47%，收盘时市值为14亿美元。

对此，周枫表示自己没特别看重跌破发行价这件事。"他们跟我说，教育公司上市都破发，这是实话，现在环境不太好，能上市就是团队的里程碑，的确要冲一冲才能冲上去，我们现在跨过了这个里程碑。网易有道对长期把生意做好，给股东回报非常有信心。网易有道的股东结构不错，很多股东都愿意长期跟着公司发展，短期波动不会给他们带来太多的不开心。"

据周枫介绍，投资人对教育非常看好，主要是问网易有道跟其他公司有什么不一样。"最后投资网易有道的投资人都是聊过好几轮的，我们把自己的特点讲得很清楚，我们有非常大的流量，有非常大的技术优势和内容方面的特色，产品打磨的模式和人才梯队都讲了，大家还是很认可的。"

在此前的公开信中，周枫将上市比作一个新学期的开学仪式，称还有很多未知需要去探索和尝试，希望网易有道的每一个人都能在此挖掘潜能、收获成就，网易有道也将因为员工的智慧和努力而成长为一家能够为社会贡献更大价值的企业。

周枫认为，上市一定不是一家公司的巅峰时刻，它不过是比较成熟的融资渠道之一。"我们也不会因为资本市场的短期波动受影响，有道的决策仍然会着眼于长期，通过践行有道使命，为用户提供有价值的产品和服务，我相信这也将为长期与有道共同奋斗的伙伴们创造最大的价值。"

周枫告诫员工，无论是个人还是公司，保有创造价值的能力是立身的根本。在当下这个过于喧嚣的年代，个人也好公司也罢，如果内心缺少了明确的方向就容易感到无措和迷失。"我们要时刻记得，在任何时候都要保护好自己创造价值的能力，这样你才能走出困惑。"

做在线教育是"无心插柳"

周枫搭建的网易有道的创始团队具有清华计算机系的基因，成员包括副总裁吴迎晖、金磊、刘韧磊，其中，吴迎晖负责产品，金磊负责运营和广告，刘韧磊负责市场和海外业务，他们跟随周枫多年。网易有道高管中的苏鹏则为纽交所前北京首代，2019 年上半年加盟网易有道。苏鹏在纽交所工作时间不少于 9 年，网易有道的上市，也是苏鹏首次以上市公司高管，而非纽交所北京首代的身份参加上市。

到上市时，网易有道的主要收入来自于在线教育，而非搜索，这也是"无心插柳"。

据介绍，周枫 1996 年以无锡市理科状元的身份考上清华大学计算机系，拿到清华大学计算机科学学士和硕士学位后，又进入美国伯克利大学读博士。2005 年左右，一封没有内容只有一个标题的邮件改变了周枫的命运，当时，刚 33 岁的丁磊已成为中国首富，正被垃圾邮件的问题困扰。

丁磊看到周枫写的论文《P2P 系统中的近似对象定位和垃圾邮件过滤》恰好能解决网易面临的问题，就有了上面那封简单的、看似垃圾信息的邮件。周枫一开始忽略了丁磊的邮件，但丁磊锲而不舍地找到了周枫的妻子庄莉，并通过她直接联系到周枫，最后说服他回到了五道口，帮网易开发反垃圾邮件系统，以及后来的网易动态密码保护系统"将军令"。

丁磊看到百度和搜狗的成功，也想尝试做搜索，周枫发表的论文让他确定，这就是自己正在寻觅的人。但周枫原本的计划却是留校做老师。经过漫长的沟通、谈判以及选择，两人停止了相互试探，丁磊开出了网易内部独立创业的诱人条件，周枫被任命为网易搜索业务高级副总裁。

当年丁磊也是通过邮件的方式很快找到还在上学的拼多多创始人黄峥，并将黄峥推荐给了步步高创始人段永平。不得不说，能在非常早期就识别这些优秀的人才，丁磊的识人能力让人赞叹。

最初，丁磊还给周枫安排了一个艰巨的任务——在三年之内超过百度。当然，网易有道在搜索领域没能成功，最终和360搜索达成战略合作。周枫曾提到公司最痛苦的时候："那时我们的搜索业务有一定的规模，但看起来很难做出来，我们就做了一个很艰难的决定，把搜索业务停掉。"

当时网易有道的团队中有2/3的人在做搜索业务，这让周枫很难办："你跟他们讲你们做的事我们要停掉，怎么讲？只能硬着头皮讲。有些员工会跟着公司走，另一些员工不想改行，就去了其他做搜索业务的公司。当时有1/4的人选择了离开。你每天看着人走，那就很难，但你必须做这个决定，你还得相信未来的事情是对的。"

网易有道的搜索主业没做成，反而是一个无心插柳的小工具让网易搜索技术团队发现了新大陆。这个产品就是网易有道词典。最初这只是一个程序员自己觉得市面上的英语词典不好用,想做一款更好的产品出来,结果一发不可收拾。凭借这款产品的成功,网易有道也顺势从搜索领域转向了教育领域,开发出了多款与教育相关的工具产品,包括词典、翻译、云笔记等。

到 2019 年 3 月 19 日,之前网易公司教育产品部运营的产品"网易云课堂""中国大学 MOOC"产品已并入网易有道。周枫也已变身为在线教育领域的专家。周枫认为,在线直播大班课模式将是中国教育独特的创新模式,已逐步成为市场主流。

网易有道也已不再是一家做查词工具的公司,而是演变成了以在线教育为主导的公司,这其实给创业者很多启示,即创业还是要贴合用户需求,不断找方向,然后坚持下来,终将有所收获。

网易有道的上市,也让周枫成为赢家。IPO 前,周枫持有网易有道 20% 的股权,在中国互联网早期的大公司中,相比于搜狗之于搜狐,爱奇艺之于百度,网易给周枫的股权占比相对较高,对于江湖传闻一贯"不太慷慨"的丁磊来说,外界其实感到很诧异。

丁磊在纽约现场接受我采访时说,让周枫在网易有道占据比较大的股份,主要是要让有能力的人对自己所从事的事情更有参与感。参与感从几个方面产生,一个是本身喜欢这件事,就像网易做游戏,是喜欢游戏,很多人做英语是因为喜欢英语,这个是精神上的参与。物质上也得有体现,要让他们与公司成为利益共同体,要让他们能分享到商业模式成功的喜悦,这样能鞭策他们更好地为股东、为社会创造价值。

丁磊说,希望每一位网易有道的同事,都能看到自己公司的未来，包括这个公司对中国在线教育事业所能产生的巨大影响。

"我今天在这里放一句话，中国的教育模式一定会对全世界的教育产生巨大影响，这就是网课模式，在 3~4 年后，全世界很多国家，尤其是发展中国家一定会学习在线教育模式，而且手段和形式会更加多样化，不仅仅是基于一个电脑或者手机屏的使用，以后基于 VR 技术的视频，会使学习更加身临其境，更加高效，更加有趣味性。"

为何追加对网易有道的投资？丁磊表示，因为看好网易有道和周枫团队。"我十二三年前就看好周枫，IPO 时依然看好他，当然就加持了。"

周枫则说，早年在伯克利读书时本来一心想要去高校教书，当时就觉得自己未来就应该是从讲师到助理教授再到副教授最后拿到终身教职。"最后阴差阳错没能成为老师，但绕了个圈发现还是回到当初自己想做的事，只不过今天做的事可能会影响的是有着更迫切需求的潜在数量巨大的人群。"

在纽约时，我与周枫进行过交流，部分内容如下

雷建平：当年网易有道和 360 搜索达成战略合作后，团队经历了一段非常艰难的时期，这段时期是怎么渡过的？

周枫：其实解决自己的问题并不是那么难，但要解决团队的问题才比较难。解决团队思想的问题很大程度上取决于自己想得有多透，以及对将来的规划有多清楚。

我一个人发现这条路走不通，我就换一条路走，这是我一个人的事。但是我有三五百人的团队，要狠下心来告诉其中 3/4 的

人，他们要做的项目都不用再干了，是很残酷的。这些团队积累了很多东西，现在因为我的这个决定，可能团队都会散掉。他们自己也会很迷茫，不知道接下来要干什么。

雷建平：从有道这十几年来的发展看，有道看起来是一家很慢的公司，但也是很快的，快是指在网易体系的业务中是第一个走向资本市场完成 IPO 的，怎么理解这个快与慢的问题？

周枫：还是有机缘的，在线教育这两年确实比较好做。判断某个市场是否值得大幅投入，本身也需要以团队积累的经验为基础。

如果你不了解这个市场，不清楚到底什么样的生意是好生意，到底什么样的产品是能卖的，你也就不知道你面前有没有机会。我们觉得真的要清楚地看到机会，就像 5 年前我们说，教育是内容产业，要全力投入做内容。3 年前我们说，K12 才是整个教育领域里最大的金矿，我们完全没有选择 1 对 1，而是全力投入去做大班课，这些都是团队要做的选择。

我希望将来业务能进展得更快，但快和慢是相对的，有的时候慢一点把事情想明白，反而比没有想明白就一股脑往上冲好。我们的逻辑永远是"要做就做到最好，不在乎是不是做第一个。"

我们做词典不是第一个，做云笔记可能算国内第一个，做课程当然也不是第一个，之前比我们做得早的公司有很多。我们的目标很明确，对于重点要做的领域我们一定要做到最好。前提就在于团队是不是真的能将这些领域看得懂。

雷建平：丁老板（丁磊）好像对赚钱这个事情很在意，有道很长时间处于亏损的状态，这么多年是怎么和丁老板处理好关系的？

周枫：网易的文化是完全看用户的文化。我说一句我们内部的话，老丁说的都是对的，除非用户调研结果反过来。体会一下这句话，就是说丁磊是用户的代言人，他作为用户的代言人很多时候是非常厉害的，能准确地抓住用户的需求，所以他说的话都是对的。

他说这个功能应该这么做，你就应该听他的，他是替用户说话。但是如果你觉得他真的不对，你就找用户证明他是错的，一旦你能证明他是错的，他就没话可说了。他不是一个盯着钱的人，他也说，盯着钱是挣不到钱的，网易的文化就是这样的。

大家都很不理解网易公开课做了那么多年，从来没挣过钱。大家早上听他在讲公开课的时候讲得很开心，为什么很开心，不是因为公开课给网易带来了名声，而是因为公开课确实给用户带来了价值。

有道词典也是这个逻辑，他说我们做有道词典做得很好，因为我们给用户创造了价值。但是他也会说，我们一直没有想到办法实现商业价值。这里的逻辑非常简单，你给用户创造了价值，才有机会谈实现商业价值，但这个逻辑倒过来是不行的。

雷建平：IPO前，您在有道的股权比例比较高，这在互联网巨头中并不多见，实际上，网上传闻丁老板是一个不算很大方的人，您怎么看待这个事情？

周枫：如果你真的去看网易的激励机制，就会觉得其实很公平。网易的游戏、有道管理团队其实长期是非常稳定的，稳定的原因就在于团队和公司之间找到了好的激励办法。根据这个传导下来，有道对于内部的团队，包括平台上的老师和非常优秀的技术人才，也都会用这样的激励方法，将他们的利益和公司的利益进行长期捆绑,让二者实现共同发展。

雷建平:丁老板在识人方面还是挺厉害的,比如他当初通过邮件找到您,后来找到黄峥,丁老板能够很早期就识别这些优秀的人才,原因在哪里?

周枫:因为老丁自己喜欢跟各路的人打交道,到今天也是这样的。这次他来纽约,除了参加网易有道的上市活动,剩下的就是见人,那天我们去哈佛大学还见了丘成桐教授。不停地见人是他多年来的习惯。当时我们确实是因为一些机缘巧合才认识的。网易有道的业务做了很长时间,他给团队的信任是非常不容易的,不是所有人都能做到大家在一起长期做一个还没有赚钱的业务。

对话周枫妻子庄莉:在一起时天下无敌,分开时各自精彩

周枫的妻子庄莉在互联网行业也是风云人物,当年因为物理竞赛拿了全国比赛一等奖被保送进清华大学,性格很要强的她被认为身上有种"巾帼不让须眉"的气魄。

庄莉是清华大学计算机系 1996 级学生,与搜狗 CEO 王小川是同窗,很多同年级的同学后来都成了在中国互联网行业呼风唤雨的人物。庄莉和周枫则是出了名的神仙眷侣。2008 年,庄莉于加州大学伯克利分校获得博士学位。读博期间,庄莉成为网易有道的创立者之一。庄莉还先后在微软、雅虎等公司留下了自己的脚印。

也是庄莉促成了周枫与丁磊的结缘。如今,周枫创办的网易有道在纽交所上市,庄莉也并未选择回归家庭,而是继续为自己的事业打拼。2019 年 6 月,庄莉辞去蔚来汽车负责软件研发的副总裁职务,此后创业。

在纽交所现场,我问周枫和庄莉,两个厉害人物平时在生活上怎么协调,尤其是当当李国庆夫妇的事情闹得沸沸扬扬,让外界对这种两方都非常优秀的人结婚后如何相处感兴趣。

周枫说,现在的家庭都是很多元的,每个家庭的情况都不一样。庄莉则表示,到美国之前,秘书给她发了两张照片,千叮咛万嘱咐,让他们千万不要在纽交所的门口照相。如果是刚好碰巧有记者朋友在门口抓拍到,也不要公开。

周枫说:"有传闻说在门口照相的(夫妻)最后都出事了。"庄莉则说,这是个玩笑。随着事业越做越大,事情越来越多,个人能容忍的烦恼也会越来越多,到一定程度时,没有人可以分享。很多时候创业公司 CEO 都特别孤独,因为他不能将创业的痛苦分享给其他人,担心会给他们带来烦恼。

"我和周枫比较幸运的是,我们俩一直没有做一样的事情,不会把生活和工作混在一起。但是我们俩有烦恼的时候,始终有一个人在听,而且他扛得住,还能帮你出点主意。"庄莉说,家就是另外一个团队,另外一个公司,"我自己有两个孩子,我觉得我不过是在运营另一个团队,唯一的区别就是这两个人我不能炒掉。"

谈及与周枫这么多年的关系时,庄莉说:"我一直觉得比较健康的夫妻关系应该是在一起的时候天下无敌,分开的时候各自精彩,这是我们俩一直追求的一种平衡关系。"

互联网创业最重要的是创新精神

在网易有道上市之前的2019年9月,网易云音乐获阿里巴巴、云锋基金等共计7亿美元融资。此次融资为网易云音乐B2轮融资。融资后网易仍单独享有对网易云音乐的控制权。

尽管腾讯音乐一家独大,但网易云音乐在一片红海中仍走出了一条特色化之路,凭借精准的个性化推荐、海量的歌单内容、优质的用户乐评、活跃的社区氛围、良好的原创音乐生态等优势,网易云音乐的用户数量持续保持快速增长。

而网易的电商业务也做得有声有色,在很多人认为网易宁可将旗下跨境电商平台考拉卖给拼多多,也不会卖给阿里巴巴之际,阿里巴巴和网易联合宣布,阿里巴巴以20亿美元全资收购考拉。

在中国这些互联网巨头中,网易显得很另类,总显得不声不响。但网易的游戏、电商、有道、在线音乐、养猪等各个板块的业务都做得风生水起。我在纽约现场追问丁磊为何网易2019年的资本运作这么多，丁磊说，可能是凑巧赶到一起了。

网易的各个业务为何又显得生机勃勃，看起来层出不穷呢？丁磊说，网易的业务也不是层出不穷，最多不超过5个，就是游戏、媒体、有道、音乐㊀，再加个电商。

"互联网创业最重要的是创新精神，中国是世界上最大的互联网应用市场，有8.5亿的网民，这么大规模的用户量尤其是有自己独特的东方文化背景，互联网从业人员应该考虑如何通过技术的创新为这个群体提供与众不同的服务和产品，不是简单地去山寨和复制海外的一些产品。"

2020年6月11日，网易集团也在香港实现二次上市，募资超过200亿港元，网易成为继阿里巴巴之后第二家在香港二次上市的大型中概股企业。

丁磊在致股东信中说，"战略"是一个被玄学化的概念。谈起战略，很多人总是希望展现宏伟蓝图、精巧计算。但商业的魅力正在于，总有一些意外会让那些纸面上的精妙计算失灵。

网易的业务战略也并非源于什么宏大构想。在启动一个新业务之前，网易通常会自问：这个产品是否解决了用户的真实需求？我们是否热爱这个事业，并有足够的能力做到更好？

在这里面，用户的需求是根本，热爱是源头，能力是资本，很少有算计和城府的位置。我觉得，这是一种网易特有的哲学：像个傻瓜一样，为一件事坚持，为一个念头疯狂，总有一天我们会找到想要的答案。

㊀ 网易云音乐于2021年12月初在港交所上市。

丁磊说,用"用户""热爱"这些关键词检索网易的过去时,你就再也不会说看不懂网易。风口会消失,风向会变化。只有人心不变,用户需求长存。对于互联网而言,慢好像是原罪。但快餐吃太多,人很容易失去感知美好的能力。网易从来不怕慢,不急着融资,不赶着赚钱。相反,网易寻找更聪明的钱,挑选更挑剔的用户。早在 2000 年年初,网易就确定了精品战略,这是网易在竞争、困境之中做出的正确选择。精品,意味着持久钻研、洞悉人心,意味着精雕细琢,这些都急不得。网易可以用近 20 年打磨一款游戏,也可以用数年之力做一款音乐 App。这背后的定力不过是,以自己的节奏稳扎稳打。任尔东南西北风,我自岿然不动。

丁磊指出,做公司从来不是百米跑,而是马拉松,起跑和一时的速度不代表赢面。既然求长远,网易就要拿出对得起用户和时代的好东西。

丁磊在网易香港上市致辞时勉励网易员工抬头看月亮,低头做事情,继续用热爱和创新,创造出下一个 20 年里,值得被用户记住,也值得自己骄傲的好内容、好服务、好产品。"不要做那个遥望远方、坐在路边帮别人鼓掌的人,要走向远方,做勇敢追梦的人。互联网是一个让人梦想成真的地方。只要足够热爱,足够努力,就可以找到自己的机会。"

斗鱼上市
湖北诞生首家大型互联网企业

2019年7月17日是值得整个光谷甚至湖北互联网人兴奋的日子。

这一天,直播平台斗鱼在美国纳斯达克上市,斗鱼创始人兼CEO陈少杰在上市致辞时表示,这是一个激动人心的时刻,也是公司发展历程中最具有关键意义的里程碑。"过去5年间,我们把握住了直播行业发展的契机,也经受住了种种考验。如今,斗鱼已成长为中国最大的以游戏为核心的直播平台,也是中国电竞领域的先锋。"

陈少杰说，今天是斗鱼的"高光"时刻，但绝不是"巅峰"时刻。海阔凭鱼跃，斗鱼将锐意进取，不断为用户和股东创造更多价值。

以发行价计算，斗鱼市值超过 250 亿元，在湖北上市企业中市值排前 10 名。其他企业主要是天风证券、长江证券、烽火科技、葛洲坝、湖北能源等。在这些上市企业中，斗鱼是唯一的新经济代表，而且，斗鱼成立的时间只有几年，发展后劲很足，且在中国的知名度很高。

尽管斗鱼在上市当天跌破发行价，但斗鱼的上市，不仅是斗鱼自身发展的里程碑，也是湖北互联网的里程碑，这意味着湖北乃至整个华中地区首次出现一家市值超过 250 亿元的互联网公司。

一波三折的上市

斗鱼的两位创始人陈少杰和张文明都是"80 后"，两人是小学到中学的同窗，高考后各奔东西，却不约而同地报考了计算机专业。2006 年前后，21 岁的陈少杰入职武汉一家游戏公司，负责开发对战平台，刚从武汉理工大学毕业的张文明也来到这家公司，两人共同写代码，做游戏，逐步萌生了自己创业的想法。

陈少杰和张文明离职后共同推出一款名为"掌门人"的游戏对战平台，由于平台流畅，外挂较少，玩家纷纷转投，甚至对当时盛极一时的浩方电竞平台造成影响，最终被盛大重金收购。

彼时，网页直播的技术还未成熟，两人在推广游戏对战平台时，曾在 PPS、PPlive 的客户端上做直播。也就是在这个时候，两人发现了游戏直播的巨大潜力——一个普通的在线游戏直播频道，基本都有好几万人在看。拿到"第一桶金"后，2010年年初，时任盛大旗下杭州边锋武汉分公司总经理的陈少杰，以400万元资金买下了AcFun弹幕视频网，也就是日后赫赫有名的"A站"，并孵化出直播业务板块"生放送"栏目。

经过潜心运营，"生放送"在A站开始聚集了较高的人气。考虑到网页直播技术的成熟，以及坚信直播市场的广阔空间，两人选择让"生放送"脱离A站。2013年，两人拿着游戏直播项目四处找投资，但国内的大多数投资人都看不懂，不敢投资。直到年底，斗鱼才拿到奥飞动漫2000万元的天使轮投资。

到如今，陈少杰、张文明一起创业了十多年，终于将斗鱼做大，并且上市，两人也是一路见证了武汉光谷的飞速成长。

在纽约时，张文明对我说，斗鱼是草根创业起步，最开始就是两个刚毕业没多久的大学生，只有4个员工。那个时候，光谷有很多地方都是荒地，光谷的步行街刚修好，没有任何商业。"别看光谷软件园现在是人挤人，当初都是黑灯瞎火。那时候，光谷天地还是一片草地。"

斗鱼走到上市这一天非常不容易。斗鱼很早就规划上市，但两位创始人是草根出身，既年轻，经验又不足，加上中美贸易摩擦的因素，斗鱼的上市一而再再而三地被推迟。斗鱼最早规划在港交所上市，之后取消，此后考虑的是纽交所，再之后，则选择了在纳斯达克上市。

这期间，斗鱼被虎牙钻了空子，虎牙提前一年拔得头筹，成了"中国游戏直播第一股"。虎牙的这个举措给斗鱼带来很大障碍，因为斗鱼和虎牙都获得了腾讯数亿美元的投资，腾讯是直接买了游戏直播的赛道,斗鱼的困局是,在虎牙已上市的情况下,多了不少雷区,必须得更加小心翼翼。

在斗鱼上市的过程中,最早投资斗鱼的奥飞动漫还进行了大笔的减持。IPO前,腾讯持有斗鱼43.1%的股权,陈少杰持股比例为15.4%,张文明持股比例为3.2%,红杉资本持股比例为10.5%,奥飞娱乐董事长蔡东青持股比例为9.6%。IPO后,腾讯持股比例为37.2%,依然为最大股东,陈少杰持股比例为13.3%,张文明持股比例为1.7%,红杉资本及其他股东持股比例为9.1%,蔡东青持股比例为2.4%。

奥飞动漫减持了6.8个百分点,以37亿美元的市值计算,蔡东青套现超过2.5亿美元。当初蔡冬青的投资给奥飞动漫带来了巨大的回报,但蔡冬青此番减持,并非不看好斗鱼,而是自身陷入困局,借用一位投资行业人士的话来说,就是"奥飞动漫欠了很多钱。上市前若卖老股,可能拖累斗鱼的估值,上市后减持又会造成斗鱼股价波动,上市时减持是最好时机。"

但老股东的大幅减持对斗鱼上市首日的表现造成了不利的影响。

斗鱼上市时,张文明㊀就对我说,斗鱼上市过程中经历了很多波折,这次上市,还遇到特朗普威胁要加中国的关税。此次在美国上市,相当于有一种"守得云开见月明"的感觉,既有一种忐忑,又有一种小心翼翼的感觉。高兴是肯定的,但因为前面有太多事情,太曲折,所以高兴中带着一点小心谨慎,怕再出点事。

湖北互联网行业的里程碑

曾几何时,湖北互联网行业的发展面临非常尴尬的局面——

㊀ 2021年12月初,斗鱼宣布张文明因个人原因自愿辞去联席CEO一职。

湖北出了大量优秀的互联网人才，但当地却没有一家像样的互联网企业，稍微发展壮大一些的企业又纷纷因为人才、资本等原因搬走。

2015年，我写的文章《出了雷军周鸿祎 湖北却消失在中国互联网版图》震动湖北，湖北开始积极拥抱"互联网+"。时任武汉市委书记的阮成发喊出"武汉不能输，输了就输掉未来"的口号。湖北互联网行业迎来了政府对"互联网+"的重视，以及对科技企业的支持。

斗鱼在2015年曾经历了非常严重的风波，企业面临生死存亡时刻，时任武汉市委常委、东湖高新区党工委书记的胡立山给斗鱼公开打气："斗鱼是好样的，我们相信斗鱼能发展得很好。"一位业内人士点评说，在当时舆论环境中，胡书记说这样的话，需要很大勇气。如果时间再倒回去几年，斗鱼很可能熬不过去。

实际上，斗鱼虽然是从武汉起家的，但其早期注册地是在广州，因为资本方建议斗鱼去广州注册，觉得广州是一线城市，互联网的氛围更好，游戏企业多，市场机会大。

在感受到武汉光谷的深深诚意后，斗鱼非常感动，决定迁回来，以一个地道的武汉互联网公司来融入光谷。这项迁移工作的成本就高达1800万元。事实证明，斗鱼这个决定是值得的。

因为北上广深的大公司太多了，斗鱼很容易被淹没，且一线城市人才流动性大，很容易被同行挖人，武汉则好很多，且武汉当地对斗鱼非常支持。更重要的是，斗鱼创始团队早已生根光谷。从此，斗鱼发展进入新轨道。

在武汉本地创业并非就不如北上广深。张文明说，一直在武汉创业，习惯了这个城市，也没觉得这个城市会带来障碍，就算有不足的地方,斗鱼的团队在北京、上海也设有分公司。

比如市场公关团队在北京,销售团队在上海,但武汉也有自身的优势,比如,人才优势或者成本优势,还有政府支持的优势,短板可以通过全国布局来弥补,充分利用北京、上海的优势。当初斗鱼注册地从广州搬回武汉的困难主要是税务和财务成本非常高,但这个决定非常对。

张文明说:"自从搬回武汉后,斗鱼的发展一直处于突飞猛进的阶段,人员也比以前增加了很多。武汉本地对斗鱼非常支持,比如,斗鱼每年都举办国际直播节,前前后后要调动武汉的很多部门,政府给斗鱼的支持力度很大。"

"斗鱼的优点是,敢于去冒险,敢于去冲击,向最高的标准看齐,同时善于借助资本的力量。但是湖北本地企业普遍存在一个短板,那就是埋头做事没问题,但心态放不太开。其实创业者可以将重点放在战略上,拼业务,融资可以找专业的人去帮忙。"

在斗鱼上市的现场,我问张文明,以发行价计算,斗鱼的市值在湖北上市企业中市值排前10。斗鱼做到这些只用了5年时间,当初想到过在武汉能做到这么大吗?

张文明说,开始也没有想到可以做得这么大。湖北的科技公司或互联网公司有很多,但规模都比较小,早期有做大了的企业却搬出了湖北。所以,湖北有商业土壤,关键是公司如何发展壮大。我们也认识很多同行,有做人工智能的,还有做大数据、做机器人、做光纤的,整个湖北有想法、有头脑的人挺多的,他们也比较努力。但湖北相对闭塞,有些本地创业者可能要多开阔眼界,湖北也需要必要的资本支持。

斗鱼上市背后,红杉资本和腾讯都是大赢家,这其中,红杉资本在 A 轮阶段就投资了斗鱼，之后持续多轮加码，并在企业发展过程中的数个关键战略时刻发挥了重要作用。在纽约时，我还与斗鱼的早期投资人、红杉资本合伙人曹曦㊀进行了沟通。

曹曦说，红杉资本是 2014 年 6 月的时候决定投资斗鱼的，差不多是 5 年前，时间过得很快。对于斗鱼的发现关键还是在于坚持研究驱动的投资策略。坚持投资的斗鱼原因在于：

第一，当时国内互联网的带宽条件正在迅速提升，而当时 4G 牌照也刚刚正式发放半年，对于直播，尤其是游戏直播这样对高清、对带宽有很高要求的业务，红杉资本认为到了爆发前夜。

第二，从用户的角度来看，游戏类内容的直播需求是一个一直都存在的需求，简单来说这和当年在路边围观下棋是同一个场景，俗话说观棋不语，而看游戏直播却还能发弹幕，进行互动讨论，于是体验会变得更有意思。另外我们也观察到，当时美国市场也出现了类似的模式。

第三，当趋势和模式都确定的情况下，红杉资本通过行业线索找到了斗鱼的团队，认识了陈少杰，陈少杰是红杉资本在市场上看到的做类似业务的团队里面最出色、最适合做这个业务的 CEO。

曹曦指出，陈少杰做斗鱼之前做过电竞平台业务、直播业务，还做过弹幕视频网站，是一个对于用户、市场、产品的理解都很深入的资深创业者。对于做游戏直播平台这个事情，可以说他是"被历史选中的人"。同时，联合创始人张文明和陈少杰是从小就认识的朋友，能力又互补，从团队角度看有着非常可靠稳定的基础。

㊀ 2021 年 11 月，曹曦宣布成立投资管理机构 Monolith Management。

当以上这 3 个要素都考虑清楚以后，红杉资本坚定地作为唯一的 A 轮投资方投资了斗鱼。

此次斗鱼上市是湖北互联网行业的一个重要里程碑，也是湖北过去几年持续发展"互联网＋"的一个重要成果。如今的斗鱼已成长为湖北最大的互联网公司，是武汉的一张明信片。实际上，湖北是一个相对内陆的省份，注重实干，但不善于宣传，湖北本地也拥有不少有潜力的企业。

腾讯在整合游戏直播行业资源

斗鱼也曾遭遇非常多的风波。曾几何时，王思聪非常想入股斗鱼，但并未与斗鱼谈好，王思聪转而做了熊猫直播。龙珠 TV 也一度与斗鱼竞争得非常厉害，比如，每次斗鱼要融资的时候龙珠 TV 就高调挖主播，企图影响其融资。最终，龙珠 TV 被苏宁收购，尔后在行业基本没了声音。

2019 年 3 月，熊猫直播也无奈关闭，时任熊猫直播首席运营官的张菊元做出遣散员工的决定，称选择结束并不是对员工与团队的否定，而是大势之下，一个无奈却最理智的选择。张菊元说："也许我们赶上了最坏的时代，但我们在最好的时代也曾扬帆。"

熊猫直播在游戏直播领域一度排名第 3，导致其被关闭的原因是，从 2017 年 5 月最后的融资消息之后，在长达 22 个月的时间内熊猫直播没有任何外部资金的注入，管理层在两年的时间中不断尝试，极尽努力寻找了至少 5 个潜在的投资方，设计了多种方案，遗憾的是最终没有解决资金的缺口。而作为直播平台，熊猫直播的运营需要负担高昂的带宽及主播的高额工资。

更重要的一点是，曾经风光一时的万达集团在 2018 年遭遇"重创"，不停地"卖、卖、卖"，比如万达文旅、万达酒店等众多资产都被出售，没时间顾王思聪旗下熊猫直播的死活。

2019 年 12 月 26 日，王思聪控制的普思投资发表声明，称经过近两个月几十轮商谈，普思投资与数十位投资人全部达成协议，所有投资者都得到赔偿，熊猫互娱近 20 亿元的损失全部由普思投资及实控人承担。至此，王思聪的限制消费令被撤销。

到 2019 年，在游戏直播领域就剩下斗鱼与虎牙两强争霸，而当年虎牙抢先上市，并从腾讯那里抢走了不少合作资源，这些都给斗鱼带来了伤害——面临被整合，不再是独立上市企业。

2020 年 4 月，腾讯斥资 2.6 亿美元增持虎牙成为控股股东，并向虎牙委派了董事长。2020 年 8 月，欢聚集团宣布将向腾讯转让 3000 万股虎牙 B 类普通股，股票转让交易总价为 8.1 亿美元，腾讯持股比例增至约 50.5%，并将虎牙并入腾讯的财报。

此后，斗鱼收到腾讯合并斗鱼与虎牙的协议，若完成交易后，斗鱼将从纳斯达克退市。不过斗鱼与虎牙的合并交易遭遇了反垄断调查，并且在 2021 年 7 月被国家市场监督管理总局叫停，这意味着斗鱼则需要继续自我奋斗。

做映客的初衷是缓解人性孤独

在整个直播行业，独立上市的映客也很值得说道。映客上市当天在港交所历史上也很特别，同一天有 8 家企业一起上市，以至于外界感叹，港交所的锣不够用。

2015 年，映客在北京西大望路的一栋二层小楼起步，3 年时间，映客就成为登陆资本市场的新经济独角兽。映客 CEO 奉佑生在上市前的公开信中称，从西大望路到维多利亚港，映客走了三年。映客没有 BAT 的加持和站队，是凭借不断打磨产品和技术创新能力，在惨烈的千播大战中笑到最后的。

奉佑生的前老板、A8 集团创始人刘晓松在评价奉佑生时用了两个关键词。第一个关键词——实在。刘晓松说，看面相也能看出来，奉佑生是个实在人。14 年前大家一块在深圳战斗，后来又转战北京做多米音乐，奉佑生主要做产品运营。奉佑生曾经在多米最困难的时候跟刘晓松说："老板，太难了，公司如果干不下去了，最后一个走的是我，但如果干下去了，我想早点走，实在是太苦了。"

第二个关键词——强悍。映客在 2015 年的时候遇到了很大的困难。一是当时流量已经被腾讯等巨头归集得很厉害了，新浪系也有自己的视频、短视频，再去做视频其实难度很大；二是由于各种原因映客 App 曾被迫下线过，一方面要约束用户的一些不规范行为，另一方面要面对竞争对手的打压，各种战役都打得非常艰苦。

刘晓松说，在此情况下能把映客做下来，说明奉佑生和他的团队是非常强悍的。映客未来还会面对很多变数和困难，但困难越大，机会也越大。"现在很多大流量公司都是在流量充足的环境当中被'呵护'着长大的，而佑生的团队是饿着肚子长大，你说谁'打架'厉害？肯定是奉佑生的团队'打架'会比较厉害。"

奉佑生说，之所以做映客，初衷是缓解孤独。"我是湖南人，可能普通话没那么标准，人比较土一点，但湖南人最擅于做社交产品，比如张小龙。湖南属于山区，很多人从小都是在深山里出生、泥巴里打滚长大，深山里的人没见过世面，很多时候都在独自品尝孤独。"

奉佑生的确是一个比较宅、不善社交的人，他的一个核心观点是，越宅的人，越有可能做出好的社交产品，因为他最懂什么是孤独。而越是社交大王，越可能做不出好的社交产品。因此，映客的一个使命是，让快乐更简单。

奉佑生认为，这是从其内心状态出发的，因为工程师经常加班，有时候回到家已经是深夜一两点，即使面对家人，还是觉得自己的内心世界无法完全敞开。在现实生活中找不到一个有共鸣的倾诉对象。但恰恰在线上虚拟世界中，你也许可以找到这种共鸣感。

在映客创业过程中，奉佑生也会有焦虑的时候，这种焦虑感是没法和周围的朋友去沟通的。奉佑生说："有时候睡一觉就好了，这是对于我来说最好的方式。但是有时候实在太焦虑了，就会选择去寺庙里面待上几天，让自己与世隔绝一下，看看四大皆空的状态是什么样的状态。"

映客上市当天，奉佑生在香港对我说："我们是农村人，不知道城市人的生活是什么样的，不知道城市套路深，所以我们抱着最质朴的对人性的理解。我们与世隔绝的那个时候，见不到太多的事。我希望通过直播打开我们的眼界和视野，也能认识到不同的人情世故。湖南人有一股韧劲，特别是在互联网创业领域，往往会通过一个很小的团队，在一穷二白的基础上，干出来。"

当天，奉佑生和我一起吃盒饭。奉佑生身边的工作人员说："你请我吃过最多的饭是盒饭。"奉佑生也风趣地说："你陪我走过最多的路是套路。"引得周围一片笑声。

有趣的是，不仅奉佑生、张小龙是湖南人，快播创始人王欣、快手创始人宿华、陌陌创始人唐岩、Musical.ly 创始人阳陆育都是湖南人。此外，世纪佳缘创始人龚海燕、58 同城创始人姚劲波也都是湖南人。正是这些湖南人支撑起了中国网络社交的大半个江山，可能他们创业最初的原因就是奉佑生所说的从小独自品尝孤独。

盛趣游戏装入 A 股
世纪华通接棒陈天桥

2019 年 7 月 10 日，盛趣游戏举办近 5 年来首次对外战略发布会，盛趣游戏董事长王佶现场表示，盛趣游戏登陆 A 股的工作顺利完成，所有的股票都已经挂牌上市。

盛趣游戏的前身是盛大游戏，仿佛唐僧师徒西天取经历经九九八十一难一样，盛大游戏在回归 A 股的道路上也历经磨难，前后耗费 5 年时间。

此次发布会的召开，意味着 A 股公司世纪华通接棒盛大集团创始人陈天桥，成了盛趣游戏的真正控制人，世纪华通重组盛趣游戏后，也正式成为 A 股游戏行业市值最大的公司。

走到这一天，对于盛趣游戏董事长王佶和盛趣游戏 CEO 谢斐来说，也是极为不容易的，中间经历了股东恶斗、高管清洗、业绩滑坡等种种困难。

盛大游戏是在 2014 年启动私有化进程的，盛大集团此后彻底退出私有化财团，也成为盛大游戏发展历程中的至艰时刻。

谢斐在发布会当天的演讲中说："发展的阵痛、人才的流失、资本的动荡，让当时的盛趣游戏从互联网的龙头迅速滑落，当我们看着盛趣游戏的人才在各大游戏公司开疆扩土、各领风骚时，当我们听着盛趣游戏成了中国游戏行业的黄埔军校时,盛趣人的游戏梦并没有被动摇,我们始终相信,坚持与努力的结果可能会迟到,但绝不会缺席。"

所幸在资本层面的变化,没有给业务与团队带来太大影响。从 2016 年新股东旗下新的管理团队正式接管企业日常运营之后,盛趣游戏一改业绩下滑的颓势,2018 年净利润跻身国内游戏行业前三,同年腾讯正式入股成为重要股东,强化了双方在业务上的深度合作。2019 年,盛趣游戏以全新的面貌乘风破浪,终于站立在 A 股舞台的中心。

谢斐表示,回过头看,面对无数的艰难,盛趣游戏选择坚定地走下去。"即便遭受到质疑,我们还是选择相信自己。面对危机敢于挺身而出,面对挫折敢于亮剑,逆境打不垮我们,反而让我们更加强大。"

一度股东恶斗 高层动荡

时间回到 2014 年 11 月,盛大互动将其所持有的剩下 18% 的股权全部转让给中银绒业和亿利盛达投资控股公司,其不再持有盛大游戏任何股份,陈天桥辞去盛大游戏董事长职务。

当时,东方金融控股公司占股 23%,海通占股 20%;中银绒业占股 24%,拥有 40.1% 的投票权;盛大游戏的管理团队获 9% 的股权及 34.5% 的投票权。

这期间,盛大游戏的代理 CEO 为张蒉锋,张蒉锋原为盛大法务人员,被视为陈天桥的亲信,及在盛大游戏的代言人。

陈天桥的这种股权安排给后续的股权斗争留下了很大隐患。

原因在于，尽管中银绒业拥有最大的投票权，但中银绒业、东方金融控股公司、海通证券持股比例相近，且东方金融有约8.58%投票权，海通有约7.47%投票权，盛大游戏的管理层联合其中任何一方均可拥有最大话语权。

果然，2015年6月，世纪华通买下东方金融控股公司、海通证券所持股权，间接持有盛大游戏43%股权。世纪华通、中银绒业都想将盛大游戏装入A股，双方激烈的股权之争开始出现。

盛大游戏当时的管理层更倾向于中银绒业。尽管世纪华通持股最多，但弊端是投票权过少。而中银绒业和盛大游戏管理层共持有盛大游戏超过80%的投票权，彼此统一了战线。

而且，中银绒业还获得了银川市地方政府的支持，当地高层透露，银川市已成立游戏基金，将更好地吸引游戏企业的到来，同时，花费了78亿元参与了盛大游戏的私有化。

2015年12月，盛大游戏筹备召开股东大会，盛大游戏母公司准备以现金方式收购盛大游戏发行在外的股份。中银绒业和盛大游戏管理层准备在这场股东大会上踢出世纪华通。

对于世纪华通来说，这是一个非常危险的时刻，为防止被踢出局，世纪华通搬出香港高院紧急颁发的"禁制令"，导致盛大游戏董事会延期。

王佶在2017年8月对我讲述了当时的细节，当时通知世纪华通的时间是12月21日晚间，29日要召开盛大游戏股东大会，中间只有8天时间，还包括了香港圣诞节的三天假期，世纪华通没有足够的时间筹备。"当时情况非常紧急了，以前也没有人这么干过。"

让世纪华通申请行为禁令的动机，有一层重要原因：世纪华通是以65亿元左右的价格进入盛大游戏的,却要让其50亿元退出,会亏15亿元,若再加上利息会亏20亿元。

这个过程险象环生。王佶说,其12月22日决定要去启动诉讼,维护权利,23日一早飞到香港见律师。好在香港的法院体制和内地不太一样,周末也有值班法官。"我们就临时找到了值班法官,说事情特别紧急,因为涉及投资金额10亿美元以上,我说这么大的案子,你们一定要重视这个裁决。"

香港法院对盛大游戏股东大会的禁令,令盛大游戏管理层的态度发生了变化。2016年5月,盛大游戏宣布其持股公司亿利盛达将所持有的9.02%股份及34.38%投票权转让给银泰集团旗下控股企业,同时谢斐出任联席CEO。谢斐与王佶结成统一战线,局面对中银绒业不利。

2016年6月初,谢斐在盛大游戏运动会上表示,大家眼里所谓的"折腾"应该已经告一段落,如今要终结股东之间的"资本连续剧"。

谢斐还表示,股东、董事会和管理层的目标一致,盛大游戏即将走上一个新的起点。"当前的首要任务,是要在心态上回归本质,聚焦到游戏业务的创新和提升中来。"

这期间还是屡屡传出不和谐的声音。谢斐与原有的盛大游戏管理层团队的融合并不容易,局面最紧张的时候,盛大游戏CFO姚立、首席行政官(Chief Administrative Officer)张瑾被当场解职,还惊动了保安和警察。姚立和张瑾被人驾到盛大游戏公司外,他们的办公室被贴上了封条。

张瑾在2009年加入盛大集团,自2011年5月起担任盛大网络高级副总裁,分管企业对外传播沟通和人力资源相关工作,曾任盛大集团人力资源副总裁职务。2014年11月,盛大游戏宣布张瑾为盛大游戏首席行政官,分管及协调非业务的内部管理支持工作。

姚立在2007年就加入盛大集团,并于2013年3月起担任盛大游戏的董事。2015年4月,盛大游戏宣布原首席财务官魏诚枢离职。时任盛大游戏董事长兼CEO的张蓥锋发布内部邮件宣布,晋升盛大游戏董事姚立为公司首席财务官。

姚立和张瑾离职之前,盛大游戏副总裁朱笑靖离职。朱笑靖是盛大游戏的元老人物,其于2004年加入盛大游戏,并发明了国内首款掌机EZ MINI。此后,COO朱继盛也离职。张蓥锋、张瑾、姚立、朱笑靖被认为是盛大集团CEO陈天桥系人物。自从盛大游戏管理层将其持股公司亿利盛达的股权转让银泰旗下控股企业后,新股东就对原有管理层进行了清洗。

当然,老"盛斗士"唐彦文、谭雁峰以及工作室总经理叶坚及陈玉林等也回归。

对于盛大游戏管理层这样的变化,中银绒业也不会束手就擒。实际上,中银绒业很快就发表声明,表示反对变更盛大游戏原有的管理架构,认为盛大游戏现有管理层无权任命和撤换盛大游戏的高层管理人员,及变更相关管理人员的职责范围。

中绒银业还指出,盛大游戏(开曼)作为盛大游戏附属公司之一,无权任命盛大游戏任何高层管理人员,JW HOLDINGS LP实际控制人沈国军也无权任命谢斐为盛大游戏CEO,对于谢斐在盛大游戏的无效授权行为所导致盛大游戏的损失,中绒集团将追究当事人的相关责任。

在这场资本连续剧中,张蓥锋的位置非常尴尬,甚至因为股东的起诉，一度滞留海外，最终在盛大游戏的管理体系中彻底淡出，在网上也很少再有他的声音。

几乎同一时间，上海浦东新张江居里路208号，前盛大集团总裁办所在地，也是盛大在线、盛大文学等部门的办公地，已经变成了一处青年公寓。

一家媒体点评说，曾经威震全球游戏界的心脏位置，如今变成了一处堆着垃圾袋、雨伞、簸箕和扫把的居民楼……没有什么比这里能更好地展现盛大帝国的分崩离析了。曾经的盛大集团总部居里路现变成人才公寓的境况，引发不少前盛大离职老同事们的感慨。

时间的拖延让局面对世纪华通更加有利。2016年12月，中绒银业发布公告，透露中绒银业实际控制人马生国在2012年2月至2013年9月期间，利用担任中绒银业公司董事长和总经理的身份，及公司的出口退税资质，在未经公司内部审议等决策程序的情况下，伙同他人假报出口。由此获得退税款约1.2亿元，中绒银业因此被人民法院以逃税罪追究刑事责任。

法院认为，马生国的行为触犯了《中华人民共和国刑法》第204条第2款、201条第1款，其被判处犯逃税罪，判处有期徒刑三年，缓刑五年，并处罚金1000万元。

到2017年1月，中绒银业彻底退出了股权争夺战，将所持股权转让给了世纪华通，盛大游戏这场股权争夺的闹剧才最终结束。

王佶说："投资人从2014年下半年开始到2016年，已经扛了快两年了，有利息成本，也扛不住，政策环境也发生了很大变化，加上中概股的政策也出来了，2016年下半年就好谈了。"

2016年中概股市场环境的变化，对世纪华通和中银绒业都是很大的考验，中概股回归潮停了，就得想后路，要不要接盛大游戏，谁对经营盛大游戏更有信心，谁就更敢接。在这种情况下，中银绒业原本是财务投资，如果能拿到一个合理的回报，退出也就变得顺理成章。

陈天桥从反对到接受

2014年前后，盛大集团相继出售了盛大游戏、盛大文学等资产，转变成了一家全球投资机构。盛大集团创始人陈天桥也淡出了中国互联网江湖。

人们往往将腾讯和马化腾视为成功者，而将盛大和陈天桥归于落寞的阵营，在腾讯收购盛大文学，盛大文学和腾讯文学合并成立阅文集团，且阅文集团要上市之际，更有说法是，马化腾帮陈天桥实现了理想。

2017年7月，在盛大集团离职员工组织的"盛斗士"活动上，久未露面的陈天桥通过视频方式袒露心声。陈天桥说，自己从来没有离开过，也从来没有后悔出售盛大游戏、盛大文学。当被问及陈天桥如何评价自己时，陈天桥说，很少把时间放在评价自己这样一个不是很有价值的问题上。"我将所有的精力都用在思考上，就是说我们怎么往前看，从来不回头。"

陈天桥有一种很豁达的心态，称游戏、文学、支付、预付费卡等很多业务都是由盛大开始起步，逐渐做大的，今天看到中国游戏、文学、网络支付、电子商务的蓬勃发展也是由衷高兴。

"坦率说我从来没有离开过，或者说我自己觉得从来没有离开过所热爱的东西，我只是从来不想重复我已经做过的事情。"

陈天桥很早就提出了网络迪士尼的概念，但随着他离互联网行业越来越远，很多人认为，陈天桥离自己的网络迪士尼的梦想也越来越远。

陈天桥则认为，自己从来没有离开过一直向前看的梦想。所谓网络迪士尼，并不是只包括动画、漫画、游戏、卡通人物。真正的网络迪士尼应该是从终极意义上给每个人带来快乐，如何创造快乐，如何享受快乐，如何让这种快乐真正可持续的一种精神状态。

陈天桥更享受当前的这种生活状态，能和家人生活在一起，享受着良好的环境，还与其妻子一起向加州理工学院捐赠1.15亿美元建脑科学研究院。

具体谈到世纪华通接盘盛大游戏这件事情时，陈天桥说："我从来没有见过哪一个股东能够如此紧追不舍，能够全力以赴地爱上一家企业，并且花3年的时间，冒无数的风险，愿意让它成为自己的企业。我跟这家公司从来没接触过，我跟其负责人一面都没见过，因为原来我们所安排的投资人并不是这一家。所以我们从最早的反对、抵触，再到触动，到最后我们甚至有一点点感动了。是谁、是什么样的利益，让这家公司、这个股东对盛大游戏爱得如此决绝？"

对于盛大游戏现任管理层来说，做到这一点很不容易。谢斐就曾经给陈天桥写了很长的邮件。谢斐在给陈天桥的邮件中说："不管公司股东结构上是什么样的，'盛大游戏'这四个字还是打着您的烙印，现任的管理层希望能够把盛大游戏做好，对股东是一个交代，也算是没辜负您这样开天辟地的功劳。我们真的希望能成为一个百年老店。我们也只不过是这一个阶段的接棒者,希望这一棒一棒可以接下去。"

王佶也专门到美国去拜访过陈天桥,并与陈天桥达成了默契。

王佶与谢斐这个团队的特点是,处理关系相对柔和,他们不觉得在商业的领域应该有敌人。哪怕是竞争对手都可以是朋友,可以是合作伙伴,不必是敌人。他们的处理方法是希望消除误会,重新来过,包括对于盛大游戏的韩国合作伙伴,都是去韩国一家一家拜访。

曾经,盛大与腾讯在游戏领域围绕着霸主地位斗争了很多年,王佶与谢斐也与腾讯化敌为友,甚至在 2018 年 2 月,腾讯还以 30 亿元战略入股盛大游戏,双方在现有业务上强化深度合作。在世纪华通将盛大游戏装入 A 股后,腾讯又成了世纪华通的股东。

一位老盛大游戏人士感叹说,盛趣游戏回归 A 股,岂止是一波三折,简直是一波"N"折,真的是太不容易了。如今,盛大游戏已更名为盛趣游戏,也迎来了新的开始。

吴文辉上演"王子复仇记"

说起盛趣游戏回归 A 股,不得不说盛大文学走向资本的道路也很曲折。盛大文学卖给腾讯后,与腾讯文学合并成阅文集团,并于 2017 年 11 月 8 日在香港上市。阅文集团的掌门人为吴文辉。

吴文辉是一个很传奇的人,其网名为"黑暗之心",是网络文学的奠基人之一。吴文辉曾任盛大文学总裁、起点中文网

CEO，曾因与陈天桥理念不合而出走盛大文学，吴文辉借助腾讯的力量又反向收购盛大文学，在腾讯文学与盛大文学合并后出任阅文集团 CEO。

盛大集团是网络文学领域的鼻祖，陈天桥很早就看准了这个方向，收购起点中文网，并成立盛大文学运营网络文学业务，陈天桥还找来新浪前副总编辑侯小强出任盛大文学 CEO。

当时，盛大文学运营的原创文学网站包括起点中文网、红袖添香网、小说阅读网、榕树下、言情小说吧、潇湘书院六大原创文学网站及天方听书网、悦读网、晋江文学城。盛大文学还拥有"华文天下""中智博文"和"聚石文华"三家图书策划出版公司，签约了韩寒、于丹、蔡康永等一线作家。

盛大文学原计划于 2011 年 4 月上市，但因为市场环境不好，暂缓了上市。到 2012 年下半年，盛大文学再次重启上市，却爆发了"起点之乱"。其核心原因是，盛大文学的治理架构有问题。

比如，吴文辉等团队做起点中文网，在卖给盛大集团后，基本就变成了打工者，享受不到上市带来的好处。盛大文学高层曾与起点中文网的编辑们进行沟通，面对可能上市的诱惑，起点中文网的编辑们本来打算妥协。甚至在前一天，侯小强还与吴文辉深夜谈判，安抚吴文辉。

恰巧此时，一直做游戏并抢下盛大游戏霸主地位的腾讯出手了。腾讯一直对网络文学虎视眈眈，趁着起点中文网内乱，腾讯与吴文辉这批起点中文网的创始团队建立了联系。

腾讯承诺给予足够的发展资金、资源和独立性，完全满足起点团队对网络文学发展的自由和需求后，让起点管理层选择与盛大文学决裂。以吴文辉为首的管理层不仅拉着核心骨干出走，连起点中文网的作者也要一并拉走，要另起炉灶，做一个与起点中文网类似的文学网站，直接与盛大文学对抗。

到2013年3月，侯小强在致全体员工的内部邮件中表示，起点中文网的部分员工提出辞职，董事会已批准他们的请求，自己将直接负责起点中文网的工作。

这原本是故事的结束，却也是闹剧的开始。

当年5月30日，创世中文网正式上线。该网站采用腾讯二级域名，并与腾讯文学资源打通，创世中文网的上线彻底让盛大文学"爆发"。此时，起点中文网的联合创始人罗立因涉嫌商业纠纷遭盛大文学举报。

吴文辉则称："罗立是清白的，你们自己心里都很清楚，做人不要随便说违心的话，法律最终会是公正的。做好自己的事吧，我留给你们的是一个好摊子，但是不是让你们用来败坏的。"

起点中文网的内乱及腾讯的突袭让侯小强显得心力交瘁。作为一个文人，侯小强"一向爱惜自己的羽毛"，最让侯小强无法忍受的不是工作压力，而是舆论的压力和误解。侯小强曾说，当初极力想避免起点中文网的内乱：在看到其创始团队即将离职创业的消息后，彻夜未眠。

"如同任何人一样，如同任何公司一样，我不完美，盛大文学不完美。但惟其不完美，才能激励我们前行。但再不完美，也干不出好事者笔下、嘴中我要求团队恐吓离职员工家属、打电话恐吓离职同事，甚至在公开场合辱骂创始团队的事。这真是欲加之罪，何患无辞。"

长期的压力让侯小强精神状态并不好。当年7月在盛大文学的一次发布会上，侯小强一脸颓废的模样出现在媒体面前，完全不修边幅，与往日的文艺范截然不同，让现场媒体错愕。

当时我打趣说："侯总怎么变成个大叔模样。"侯小强未言语，反倒是旁边的盛大文学人士说，"这半年发生了太多事，侯总一直太操心。"最终在2013年12月，侯小强以身体原因向陈天桥提交辞呈，由盛大网络总裁、时任盛大文学董事长的邱文友负责接手公司事务。

加盟盛大集团之前，邱文友具有很深的投行背景，曾担任美银美林董事总经理及亚太区科技、媒体和电信投资银行部主管，还担任过美林亚太区直接投资部董事总经理等职务，还曾参与亚信、新浪、巨人网络、盛大互动娱乐、盛大游戏等公司的首次公开招股。

那段时间，邱文友在盛大集团为陈天桥扮演了一个"卖、卖、卖"的角色，自陈天桥移民国外后，盛大集团就在不断出售国内的资产，相继出售了盛大游戏、盛大文学、浩方、边锋等资产。

这场起点中文网的内乱，最终以侯小强的出局、吴文辉的胜利告终，内乱也葬送了盛大文学上市的大好前景，让腾讯捡了便宜。阅文集团上市后，吴文辉、商学松、林庭锋、侯庆辰、罗立等几位创始人的身价都大幅上涨，尤其是吴文辉算是上演了一场"王子复仇记"。

在侯小强离开之前，盛大集团在中国的业务就呈现衰退迹象，前盛大游戏董事长谭群钊、总裁凌海等大批职业经理人离职，这些人曾在盛大集团聚集，又像花儿一样散落到中国互联网的各个地方。当然，盛大集团作为互联网的"黄埔军校"，也给中国互联网贡献了非常多的人才。

比如，阿里巴巴集团CEO张勇、斗鱼创始人陈少杰、趣头条董事长谭思亮、优刻得创始人季昕华等都出自盛大，每年火热的

"双11"购物节最初的概念也是来自盛大集团,起因就是因为盛大集团的单身程序员很多,张勇加盟阿里巴巴后,就将"双11"发扬光大了。

对于这些人的离开,侯小强曾说,就算是高层离职,那也是天下没有不散的筵席。"盛大过去走了一些人,原因很复杂。每个人离开都有不同的原因,不能给这个事情戴一顶帽子,贴一个标签,一出问题就说这是陈天桥的原因,这与事实不符。"

都是最好的选择

离开盛大文学后,侯小强也没闲着,他继续在文学领域打拼,并以创始人的身份相继创办中汇、毒药、火星小说。在阅文集团上市前夕,我还与侯小强聊了聊。

被问及阅文集团的前身就是盛大文学,市值也非常高,很多人都替侯小强惋惜时,侯小强回答说,没什么好惋惜的,自己是佛教徒,人生经历的每一个选择,其实都是最好的选择。

"人生是一个长跑,不要计算一时的得失。你在那个时候觉得好,未必代表未来也会觉得好。我自己觉得就像爬山一样,你爬到了一座山峰,也许还要下山再去爬另外一座山峰。我觉得我在盛大文学学到的已经足够多了,获得的也足够多了。"

当初盛大文学的很多高管到阅文集团后都身价上涨,如果侯小强坚持,可能也会获得一笔巨大的财富。侯小强则回答说,算账会让人有不平衡感,《心经》里面讲:"无挂碍故,无有恐怖,远离颠倒梦想。"真的没有必要(惋惜),这世界上有钱人多的是,比梁晓东、吴文辉有钱的人多的是。

"如果因为跟我建立起某种联系,我就去惋惜、妒忌、愤怒,我觉得这不应该是我要去做的事,因为我有很多更重要的事去做。我祝福他们,因为每一个努力过的人都应该得到更多。"

侯小强还指出:"无论阅文集团的市值是 500 亿元还是 1000 亿元,陈天桥都是付出最多的一个。没有陈天桥就没有中国网络文学,因为在陈天桥收购起点中文网之前,中国的网络小说网站非常多,是他让网络小说登堂入室,是他给了网络小说成长的机会。"

"陈天桥当时为什么做这样一个判断?我特别能理解,因为陈天桥十几年前就已经是中国首富了,他再去当这个首富,哪怕这个量级上比以前大了一些,又怎么样?很多他已经经历过了。"

"陈天桥的选择是有智慧的,现在做的 VR、人工智能也好,脑神经的研究也好,是去了一个更广阔的、能惠及更多人的市场战斗,他都那么从容,我就更不应该为此感到(气愤)。"

"真正能启发我、激励我的不是谁比我赚的钱多,而是说谁为什么去做了这样的一个选择,然后他做这个选择的意义在哪儿,我觉得这个东西给我的启发更大。"

盛大文学当初又为何没有机会上市?侯小强说,当时已经到新加坡做路演去了,主要原因不是盛大文学不行,是因为当时上市的窗口关闭了,就是晚了三个月。如果盛大文学要是早去做 IPO 三个月,可能市场就完全不一样了,但是人生是没有假如的。

那是否是因为网络文学爆发前夜,起点中文网的创始团队集体出走,打乱了盛大文学上市的计划?

侯小强认为,影响没有想象中那么大。如果这个团队可以再造另外一个起点中文网,再造一个盛大文学,那腾讯就没有必要再花那么多钱去收购盛大文学了。如果说有影响,还是陈天桥的整体战略转移了：过去陈天桥是有迪斯尼梦想的，未来他要去做别的投资。

盛大文学的经历是侯小强人生中非常重要的一段经历，侯小强是这样讲的：

"对于我来说，在盛大文学的这段经历是我人生中最重要的一段经历，这半生我要感谢的最重要的两个人，一个是陈彤，一个是陈天桥。我加入新浪时，是新浪最低潮的时候，新浪每天都在裁员。陈彤给了我非常多的机会。"

"在没有一个人看好我的时候，他提名我做新浪历史上的第二个副总编辑，所以我觉得我非常感谢他，他给了我非常严格的职业训练，然后给了我一个做梦的能力。做梦的能力并不是所有人都有，只有在大的平台上才可能有做梦的机会和能力。"

"第二个就是陈天桥，陈天桥让我从一个媒体人变成一个文化商人，从一个敢做梦的人、有能力做梦的人变成一个能帮别人做梦的人，所以我非常感谢陈天桥。"

"我现在有更重要的事去做，稻盛和夫说过一句话——理性上想通的事，感性上就不要再犯了。"

"我觉得我理性上已经想通了，这是我当时的选择，也是陈总（陈天桥）当时的选择，这是理性上的。情感上的任何消耗都是没有价值的，现在说实话，不是冠冕堂皇的话，唯一的就是祝福他们。"

仿佛是历史的轮回，2020年"五一"前夕，阅文管理层、起点中文网的5个联合创始人时隔8年后又集体出走。在此前后，阅文合同风波再起，后慢慢平息。

这个时候，我又想起了侯小强当初对我说的一句话："人生是一个长跑，不要计算一时的得失。"

瑞幸咖啡争议中上市
一朝坍塌后黯然退市

2019年5月17日,瑞幸咖啡在美国纳斯达克股票交易所上市。瑞幸咖啡发行了3300万股ADS,每股定价17美元,加上承销商行使超额配售权后,共募集资金6.45亿美元。

以发行价计算,瑞幸咖啡的市值为42亿美元,成了2019年在纳斯达克IPO融资规模最大的亚洲公司。尽管资本市场动荡,瑞幸咖啡依然最高上涨近50%,市值一度超过50亿美元,首日收盘上涨近20%。

作为国内成长最快的咖啡连锁品牌,瑞幸咖啡从成立到IPO用了不到两年,创造了新的世界纪录。

瑞幸咖啡创始人兼 CEO 钱治亚由此也成为中国咖啡女王。当钱治亚穿着礼服走进纳斯达克时，全场响起了掌声，钱治亚冲着众人微微一笑。

钱治亚在上市致辞时表示："IPO 是公司发展的重要里程碑，瑞幸咖啡会在产品研发、技术创新、门店拓展以及品牌建设和市场培育方面进行持续的大规模投入，在很长一段时间内都将坚持高速扩张战略，坚守品质，推进咖啡消费平权。"

当天，来自意大利、日本和中国的三位 WBC 冠军一起敲响象征公司登陆纳斯达克的开市钟，他们也是瑞幸咖啡的首席咖啡工艺大师，共同向外界传达公司坚持产品品质至上的理念。

轻舟已过万重山 3 个老男人能成事

作为非常有经验的团队，成立以来，瑞幸咖啡已经获得多轮融资。其中，2018 年 7 月 11 日，瑞幸咖啡完成 2 亿美元 A 轮融资，投后估值 10 亿美元；2018 年 12 月，瑞幸咖啡完成 2 亿美元 B 轮融资，投后估值 22 亿美元，愉悦资本、大钲资本、新加坡政府投资公司（GIC）、中金公司等参与。

2019 年 4 月 18 日，瑞幸咖啡宣布在 2018 年 11 月完成的 B 轮融资基础上，额外获得共计 1.5 亿美元的新投资。其中贝莱德（BlackRock）所管理的私募基金投资 1.25 亿美元，瑞幸咖啡投后估值 29 亿美元。贝莱德是星巴克的主要投资人，是星巴克早期排名前三的股东。

上市前夕，瑞幸与世界第三、法国第一粮食输出商路易达孚达成协议，双方成立一家合资企业，在中国建设和运营一家咖啡烘焙工厂。

作为完成此项合作的前提,在瑞幸咖啡完成IPO后,路易达孚以等同于公开招股价格购买总额为5000万美元的A类普通股。

尽管在瑞幸咖啡上市过程中争议不断,比如咖啡难喝、亏损、最大泡沫等,但瑞幸咖啡的上市,也使得瑞幸咖啡董事长陆正耀、大钲资本和愉悦资本成为大赢家。陆正耀、大钲资本董事长黎辉、愉悦资本执行合伙人刘二海都非常高兴。

上市当天陆正耀在朋友圈留下这样一段话:两岸猿声啼不住,轻舟已过万重山。陆正耀说:"瑞幸咖啡上市,也说明3个50岁的男人(陆正耀、黎辉、刘二海)还是能成一些事情的。"

瑞幸咖啡有非常强的执行力,自2018年1月试运营,通过与雪莱、弗兰卡、法布芮、恒天然等顶级咖啡配套供应商深度合作,从产品原料、咖啡设备、制作工艺等各环节确保产品品质。

快取店的特点为座位数量较少且通常位于对咖啡需求量大的地区,比如办公楼、商业区和大学校园。这些特点使得瑞幸咖啡在贴近目标客户的同时,能够以较低的租金和装修成本迅速扩张。

瑞幸咖啡的打法非常老练,瑞幸团队复制了神州租车和神州专车的模式,在分众投放了大量楼宇广告,在城市主流人群中实现集中引爆。在2018年春节前后,瑞幸通过签下汤唯和张震两大当红明星,怒砸分众电梯媒体、分众影院广告,以迅雷不及掩耳之势进入消费者视野。

瑞幸咖啡的这种饱和攻击的做法迅速占领了消费者的心智,一下子树立起了咖啡品牌,还切断了竞争对手模仿瑞幸咖啡模式的通路。

这之后,瑞幸咖啡又持续扩充品牌。比如,2019年9月,瑞幸咖啡宣布小鹿茶作为独立品牌运营并推出新零售合伙人模式,发力休闲茶饮市场和下沉城市,与瑞幸咖啡形成互补。瑞幸咖啡则继续投放分众楼宇广告,巩固用户心智。

2020年1月,瑞幸咖啡还发布智能无人零售战略,推出无人咖啡机"瑞即购"(luckin coffee EXPRESS)和无人售卖机"瑞划算"(luckin pop MINI)。

钱治亚在会上透露,瑞幸咖啡已经超过星巴克,成为中国最大连锁咖啡品牌,直营门店数量达到了4507家。除上海外,瑞幸咖啡在全国各个主要城市门店数量都居第一,上海是第二。

狂奔是真的,但并不是蒙眼

瑞幸咖啡给星巴克带来了实实在在的压力。瑞幸咖啡上市不到半个月,星巴克就宣布调整现有管理团队架构。在新的管理架构下,星巴克中国首席执行官王静瑛升任星巴克中国董事长兼首席执行官。

王静瑛的职责转为着力于星巴克中国未来蓝图的绘制,全面执掌未来的发展战略与业务创新。同时,星巴克中国现有全部业务将重组为两个业务单元——"星巴克零售"和"数字创新",直接向新成立的董事长兼首席执行官办公室汇报。

瑞幸咖啡董事长陆正耀在瑞幸咖啡全球合作伙伴大会上表示:"外界评论瑞幸咖啡常用的一个词叫'蒙眼狂奔'。其实我要说,狂奔是真的,但是并不是蒙眼。瑞幸咖啡走的每一步,都是经过深思熟虑和精密计算的。因此,更准确地说,这是一场深谋远虑的'闪电战'。瑞幸过去发展很快,未来会更快!"

瑞幸咖啡是 2019 年 5 月 17 日在纳斯达克上市的,创造了全球最快 IPO 纪录。从 2018 年 5 月 8 日正式营业到上市,12 个月;从 2018 年 1 月 1 日北京、上海试营业到上市,不到 17 个月;从 2017 年 6 月公司注册到上市,不到 24 个月。

"不管按哪个指标算,都是全球最快的。快是贯穿瑞幸咖啡发展的主旋律,也是市场评价瑞幸咖啡最常用的一个字。开店快、发展快、烧钱快,当然,还有上市快!"

陆正耀指出,今天要说的是,瑞幸也不快。其实,早在 2016 年年初,创始团队就开始细化商业模式和搭建财务模型,包括单店模型和单杯模型,团队沙盘推演了各种竞争情况下的应对策略,系统计算了业务发展所需的资金需求和融资节奏。

"2016 年年中,我们组织了一支数百人的技术团队,开始开发全套的信息系统,在此基础上,2017 年 10 月,北京联想桥店和银河 SOHO 店开始进行系统'内测'和'外测'。从 2016 年年初到今天,历时 3 年多,从这个角度来看,瑞幸咖啡也不算快。"

据陆正耀介绍,瑞幸咖啡的商业模式,是通过交易模式的创新和技术的应用,根本上改变了原有咖啡行业的交易结构,从而带来了交易成本的显著下降。同时,通过和各领域顶级供应商的深度合作,为客户带来高品质、高性价比和高便利性的咖啡及其他产品。瑞幸咖啡商业模式的本质,是在客户和供应商之间构建起了一个最为高效的销售渠道和流通平台。

陆正耀说,虽然这次上市中经历中美贸易摩擦等诸多重大市场不利因素的影响，但依然获得了发行区间近20倍的认购，投资者涵盖了几乎全球所有的顶级长线投资人和很多的国家主权基金。

瑞幸咖啡是2019年为数不多股价翻倍的企业，到2020年1月，瑞幸咖啡的市值还曾突破100亿美元。

同期，瑞幸咖啡完成增发并发行可转债。瑞幸咖啡原计划申请后续发行1200万股ADS，且拟发行4亿美元2025年到期的可转高级债券。由于市场反应热烈，瑞幸咖啡又增加180万股新股，总共1380万股，每股发行价为42美元。

瑞幸咖啡股权融资总金额绿鞋前为5.8亿美元，绿鞋后为6.7亿美元。瑞幸咖啡总融资额绿鞋前为9.8亿美元，绿鞋后为11.3亿美元。

瑞幸咖啡此次的募资规模超过了IPO时候的融资，相当于又进行了一次IPO。

同期，钱治亚获"十大经济年度人物"称号，获选理由是，钱治亚用18个月时间，带领瑞幸咖啡从产品上市到登陆纳斯达克，刷新了全球最快IPO纪录。她以技术为驱动，以数据为核心，开创"无限场景"运营模式，从根本上改变了传统咖啡行业交易结构和用户体验。

钱治亚：会坚持快速扩张 暂不考虑盈利

瑞幸咖啡上市时，我就在现场，钱治亚回答了几个方面的问题。

被问及瑞幸咖啡IPO后，加上B+轮1.5亿美元融资，瑞幸咖啡获得的近 8 亿美元的资金会用在哪里，钱治亚说，瑞幸会在产品研发、技术创新、门店拓展以及品牌建设和市场培育上保持持续的大规模投入。从目前的数据来看，老用户留存率很高，回头客达到 89.6%，瑞幸咖啡的产品深受用户喜欢。在未来很长一段时间内，瑞幸咖啡都会坚持对用户进行补贴。

外界认为，瑞幸咖啡通过大规模的补贴抢占市场，大幅亏损，很难实现盈利。对此，钱治亚说，再次重申，亏损符合瑞幸咖啡的预期，通过补贴快速获取客户是瑞幸咖啡的既定战略。瑞幸咖啡会持续补贴，坚持 3～5 年。通过降低门店成本和获客成本，提高瑞幸咖啡的产品品质，降低产品到手价格，实际上是一整套系统性的成本结构创新，不是简单的价格补贴。

"用户选择我们是从品质、价格到便利性综合考虑的结果。可以明确地说，我们会坚持快速扩张，目前不考虑盈利。"

黎辉：瑞幸远不止咖啡 受追捧不是意外

在瑞幸咖啡上市的当天，我还与瑞幸咖啡最大的机构投资人、大钲资本创始人黎辉进行了沟通，黎辉说，瑞幸远不止咖啡，受追捧不是意外。沟通内容如下。

雷建平：尽管资本市场动荡，但瑞幸咖啡上市首日表现非常好，一下大涨了这么多。您怎么看待瑞幸咖啡上市？

黎辉：我觉得瑞幸咖啡受到市场的认可和追捧不是一个意外，因为从瑞幸咖啡来讲，它不是一头风口上的猪，不是概念的东西。瑞幸咖啡确实是用技术的手段提升了供应链效率、降低了成本，从商业模式上来讲，是非常扎实的。

所以美国这边，包括机构投资人对这个模式都有非常清楚的认识，得到资本市场的认可也不是意料之外的事情。

雷建平：您和瑞幸咖啡董事长陆正耀合作很多，当初投资租车、投资专车，现在又投资瑞幸咖啡。您当时为什么坚信咖啡这个产业能发展得这么快？

黎辉：我们跟陆总、钱总（瑞幸咖啡创始人钱治亚）已经合作了很长时间，从 2010 年开始投资神州租车，到神州专车，后面到瑞幸咖啡。

我们投资的原则就是要跟很多线下真正有实际运营能力的团队来合作，一起来打造出一个具有颠覆性的线上线下结合的模式。

其实瑞幸咖啡现在做的事情，从底层商业模式来讲，和原来在神州租车非常像。比如神州租车可能是世界租车公司中直接运营成本最低的公司。

神州租车只有 20% 多的直接运营成本，也是用技术手段，通过开一些小店，有的地方甚至就是停车场，直接触达客户。所以瑞幸咖啡的模式和原来神州租车的模式有异曲同工之处。

所以，我们在投资瑞幸之前，从商业模式的构想，到后面一些具体的细节，包括品牌定位、市场营销策略、后期的竞争策略都有参与。

虽然瑞幸咖啡是在 2018 年年初才开始开店的，实际上在之前有一年多的时间我们两个团队是非常紧密地在一起工作。那个时候我们已经是整个瑞幸咖啡的合作伙伴，大家一起在探讨。

雷建平：您对瑞幸咖啡团队的评价非常高，称钱治亚带领的团队,是合作过的创始团队里战略规划能力最强、落地执行能力超强的团队,为何这样评价?

黎辉:中国现在的创业环境这么活跃,并不缺乏好的概念、好的商业模式,缺的是有能力的执行团队。从这个角度来讲,瑞幸咖啡创始团队在中国甚至在全世界都是一流的。

瑞幸咖啡开店之前,我们做了很多投入,这也是我们一开始就想好的,我们要把流程变成数据驱动的自动流程。正因为有这个流程,瑞幸咖啡开每一家店的时候,我们会看外卖的数据,看外卖的订单从哪来,我们就把店开到那里去。

这样运营效率也能提升,因为我们都是自动补货,慢慢地就可以根据数据真正预测销量,减少损耗。这个商业模式允许我们能进行快速的复制。

从另外一方面来讲,这种团队我觉得在中国是非常少的,他们有很强的线下运营能力。这也是我们投资的非常重要的原则,我们要跟有这种运营能力的团队合作,一起打造线上线下结合的模式。

雷建平:瑞幸咖啡大量开店、大量投入广告,也带来一个问题,就是亏损,很多人质疑说,瑞幸咖啡是下一个ofo,其实两者之间有很大不同。

黎辉:瑞幸咖啡不是ofo。首先,瑞幸咖啡的成本是在逐渐下降的。上市当天的早上,瑞幸CFO在CNBC上大概讲了一个数字,就是现在瑞幸咖啡每杯咖啡的成本只有11元,而且这个数字还在进一步下降。

实际上瑞幸咖啡在按照成本价销售,即便是按照现在的成本价销售,瑞幸咖啡也是可以赚钱的。所以这是一个很重要的区别。

其次,瑞幸咖啡现在的客户获取成本有了大幅度的下降,从过去的 100 多元,下降到现在只有 16 元左右,而且客户的留存和活跃度都在上升。这就说明其目前的商业模式是成立的,是能够走得通的,和原来大家说的风口上的猪是完全不一样的。

刘二海:好咖啡为什么不贵

作为瑞幸咖啡 A、B 轮融资的领投人,愉悦资本创始及执行合伙人刘二海表示,瑞幸咖啡的成功建立在中国日益成熟的新基础设施上,而新基础设施的成熟也将为中国产业界和投资界带来巨大的机会。

刘二海不是第一次和陆正耀一起敲钟了。2014 年 9 月 19 日,同样是作为 A、B、C 轮连续投资的投资人,刘二海见证了陆正耀创办的神州租车在港交所的上市。

回忆瑞幸咖啡的缘起,刘二海说:"2008 年,陆总就跟我说将来想做咖啡,所以当他提出瑞幸咖啡的想法时,我一点也不惊讶。从 2008 年的一个念头到 2019 年的一家上市公司,11 年间,我看到了企业家的执着与信念。同时,这个事情在这个时点上做成,也表明我们一直十分看重的'新基础设施'成熟带来的中国机会将大量出现。"

"最关键的是,中国消费者可以用最便捷的方式、最合适的价格,喝到一杯美味的咖啡。"刘二海认为,归根结底还是要让消费者满意。

被问及为何瑞幸咖啡能这么快上市时，刘二海说，衡量快慢的指标并非时间。做完 2019 年 4 月 18 日贝莱德那一轮 1.5 亿美元的 B+轮融资，瑞幸咖啡的估值是 29 亿美元。这个估值水准是一个很合适去上市的体量了。

IPO 是把你的公司拿到公开市场上，如果公开市场接受你的模型、相信你的未来发展，那你就能发得出去。二级市场分析师在做投资决策前会去做很多调研，跟公司沟通数字，这是最关键的。你拿不出数据，人家也不会搭理你。

投资人不会因为你的营销广告做得好，或者你是谁就特别热情，那不可能。基本都要和分析师一对一聊，充分沟通之后再去下单。在这个市场里只有数据、价值这些客观的、中性的指标，没有所谓的"快"和"慢"。

之所以说瑞幸咖啡是中国新基础设施成熟的成果，刘二海说，要喝到一杯瑞幸咖啡，不管是在店内，还是在店外，都通过移动应用（App）下单，用户所有的数据都在平台上，这使得大数据分析成为可能，进而可以千人千面、更有针对性地提供产品。瑞幸咖啡又是如何实现物流的？可以用户自提，也可以给用户配送。如果没有完善的物流体系，是没办法实现配送的。

另外，咖啡机上的物联网模块可以监测咖啡机的运行状况，防止人为误操作，保持产品的一致性，这需要物联网的支持。简单的一杯咖啡，后面就有物联网、物流、大数据、移动互联网的支撑。

刘二海完全不认同瑞幸"激进"的说法，称高铁时速 200 公里属于慢的，拖拉机时速 80 公里就得散架了。不是瑞幸咖啡快，是因为瑞幸咖啡是完全不同的物种。

他指出,现在的连锁咖啡模式产生于工业时代。它是工业时代的产物,工业时代的特点就是规模上来了,采购成本就会降低。时代变化了、外部环境变化了,我们不能刻舟求剑,把上个时代商业法则当成金科玉律。

自曝伪造交易22亿元,市值一天暴跌近80%

瑞幸咖啡自成立以来一直伴随着争议,但2020年,上市不到一年的瑞幸咖啡还是迎来了最大的危机。

2020年2月初,有匿名机构向做空机构浑水递交有关瑞幸咖啡造假的报告,浑水的调研机构派出92个全职和1418个兼职调查员,在全国900多家门店蹲点,收集了25843张购物小票、大量内部微信聊天记录,以及关联人与企业的工商信息,并录制11260个小时的门店录像,得出了瑞幸咖啡造假的判断。

报告还披露,瑞幸咖啡的管理层通过股票质押兑现49%的股票持有量,令投资者面临追缴保证金导致股价暴跌的风险。报告称,瑞幸的管理层强调,他们从未出售过公司的任何股份;然而,他们已经通过股票质押融资套现。抵押的股份数量几乎是他们全部股份的一半,按当时的价格总计25亿美元。

浑水表示:"我们收到了一份长达89页的不明身份的报告,声称瑞幸咖啡是个骗局:'在2019年第三季度和第四季度,每店每日商品数量分别夸大了至少69%和88%,有11260个小时的门店流量视频为证。'我们认为这项工作是可信的。"

受浑水做空的影响,瑞幸咖啡的股价跌幅一度超过20%,但在整个中概股承压的情况下,瑞幸咖啡的股价依然算得上坚挺。

原本一切已归于平静,但在2020年4月2日,正当中国新冠肺炎疫情逐渐趋缓、欧美疫情趋向严重之际,瑞幸咖啡突然自曝,其在SEC(美国证券交易委员会)上发布文件,宣布公司董事会已成立一个特别委员会以负责进行一项内部调查,调查审计师在审计2019年财年财务报表的过程中发现的某些问题。

特别委员会向董事会提供的信息表明,自2019年第二季度起,公司的COO、董事刘剑,以及下属几名向其汇报的员工,做出了某些违规行为,包括伪造某些虚假交易。特别委员会建议采取纠正措施,包括对刘剑和部分相关员工停职,以及终止与虚假交易相关的合同和往来。

该内部调查的初步调查发现,和这些虚增交易相关的2019年第二季度到第四季度的总销售额约为22亿元,与这些虚增交易相关的成本和费用也被大量虚增。以上数字尚未被特别委员会、外部顾问或公司独立审计师独立核实。公司仍在评估这些违规行为对公司财务报表的整体影响。

这一消息就像一枚深水炸弹一样,让瑞幸咖啡的股价当天暴跌近80%,盘中多次暂停交易,市值缩水超50亿美元。

这件事情对新经济的震动太大,瑞幸咖啡18个月的上市神话的破灭也意味着中国互联网界快公司的战略基本走向终结,与其关系密切的神州租车的股价第二天也大幅下挫,跌幅超过50%,不得不停牌㊀。

㊀ 2021年7月,神州租车被私募股权基金MBK强制性收购后退市。

事后，愉悦资本称，听闻瑞幸咖啡财务造假一事非常惊讶，大家的利益都受到了损害，因为大家未出售瑞幸咖啡的任何一股。瑞幸咖啡大股东、董事长陆正耀则在朋友圈发布了一张瑞幸咖啡的海报，并称"更要元气满满"，饱受质疑。

此后，陆正耀就伪造交易22亿元一事道歉，称"感谢很多朋友的关心问候。出事以来，我非常羞愧、痛心""瑞幸创业的初衷是想做一杯好咖啡，服务千万用户。但是造假事件出来后，让太多人失望、受伤！包括一直信任我们的投资人、合作伙伴，喜爱我们的消费者，还有兢兢业业的瑞幸员工和他们背后的家人"。

"我个人非常自责。无论特别委员会的最终调查结果怎样，我都会承担应有的责任。"据陆正耀介绍，瑞幸咖啡全国数千家门店还在正常运转。在这种特殊时期，他需要给一线员工们打气，因为员工都是无辜的。自己所说的"元气满满"，是要给小伙伴们打气。"这个时期，我们更要稳定住运营，持续服务客户。"

"过去两年公司跑得太快，引发了很多问题，现在狠狠地摔了一跤，我作为董事长难辞其咎！借朋友圈向所有人诚挚道歉，对不起大家！"陆正耀还说，自己接受一切质疑和批评，并会尽全力挽回损失。

这之后，高盛披露瑞幸咖啡股东股票质押贷款发生违约，贷款人对瑞幸咖啡股东 Haode Investment Inc.（陆正耀为实控人）质押的瑞幸咖啡的股权进行强制执行。

瑞幸咖啡财务造假一事，让瑞幸咖啡管理层和股东形象坍塌，瑞幸咖啡的造假行为引发了投资圈和企业家、创业者群体的不满，认为是让中概股蒙羞，会让海外投资人再度质疑中国企业的诚信问题，甚至不少人谣传，中概股要排队退市。

好在金山云的成功上市打破了这一谣言。2020年5月8日，金山云在美国纳斯达克上市，首日大涨40.24%，市值约48亿美元。金山云IPO发行价为每股17美元，由于投资人认购踊跃，完成发行数量3000万股，共募集资金5.1亿美元。

金山软件和金山云董事长雷军接受我的采访时就说，疫情开始以来，还觉得这次金山云上市肯定黄了。"当我们决心上市，在金山云公开递交招股书以后，市场反应的强烈程度远超过我的想象，还有投资者，在我们还没有开始路演就跟我谈能不能多给点额度，真的让我很惊讶，我真心没有想到。"

雷军说，金山云在是否决定要IPO时，曾开了很长时间的会，最终觉得时机已经成熟，而且在疫情和中概股诚信危机之下，中概股承受了巨大的压力，此时若金山云能上市，是对中概股信心的巨大提振。

瑞幸咖啡也开始了积极自救，2020年5月12日，瑞幸咖啡董事会在评估后，终止了钱治亚和刘剑的CEO和COO的职位。董事会要求钱治亚和刘剑从董事会辞职，并已收到辞呈。另外，自从内部调查开始以来，公司已停止了6名其他参与造假或对伪造交易知情的员工的职务。

2020年7月，瑞幸咖啡召开股东特别大会，罢免陆正耀、刘二海、黎辉董事议案获通过，还解除独立董事邵孝恒的任命。此后，瑞幸咖啡任命董事兼原代理CEO郭谨一为董事长兼CEO。

瑞幸咖啡称，在现任董事会和高级管理层的领导下，公司将继续专注于发展业务。

不过，瑞幸咖啡这次董事会让陆正耀与刘二海、黎辉的关系产生裂痕。陆正耀一方提名的两位独立董事加入董事会不到一个月就离职。刘二海、黎辉一方在2020年9月初推动召开董事会，推翻了罢免董事邵孝恒的决定，再次任命邵孝恒为公司独立董事。

离职的两位独立董事均有比较深厚的法律背景，也被陆正耀视为自己人。邵孝恒则是之前推行瑞幸咖啡独立调查的关键人物。刘二海、黎辉均赞同邵孝恒继续进行独立调查，以还投资方的清白。

对于瑞幸咖啡来说，各方处罚也相继到来。2020年6月29日，瑞幸咖啡在美国纳斯达克退市，距离其上市只有13个月的时间。2020年12月，瑞幸咖啡同意支付1.8亿美元罚款，与美国证券交易委员会达成和解。

2021年1月，好不容易缓过劲的瑞幸咖啡掀起一场内斗，瑞幸咖啡的七位副总裁、所有分公司的总经理和核心业务总监曾签署联名信，集体要求罢免现任董事长郭谨一。信中数位高管指控郭谨一涉嫌贪污腐败、滥用权力铲除异己、能力低下等问题。

郭谨一随后发表全员信，称"举报信"是在1月3日，由陆正耀、钱治亚等人组织并起草的，部分当事员工不明真相，被裹挟签字。

"我个人已第一时间提请董事会成立调查组，就所述事件对自己开展调查，以还原事实真相。我已向董事会保证不干预调查组工作，全力配合调查。我本人自任职以来，所作所为问心无愧。"

随后，瑞幸咖啡成立调查组对事情进行调查，并在2021年2月公布调查结果，调查结果称，郭谨一并没有"举报信"中披露的那些问题，这就意味着郭谨一获得了瑞幸咖啡董事会的支持。

同期，瑞幸咖啡进行架构调整，公司组织架构整体分为前台、中台、后台3个部分：前台涵盖运营线、增长线；中台涵盖技术线、产品线、商业分析部；后台涵盖对外合作线、财务线、人力资源线、合规线。此次调整后，瑞幸咖啡参与逼宫事件的高管的职位已经被调整。

2021年9月，瑞幸咖啡连续发布3则公告，宣布公司在重组计划和资本市场披露方面的进展，包括公司与美国集体诉讼的原告代表签署1.875亿美元的和解意向书，已向开曼法院正式提交对可转债债权人的债务重组方案，以及向美国证券交易委员会递交包括经审计的财务报告在内的2020年年报。当前的瑞幸咖啡正在努力重生。

开心汽车低调上市
陈一舟：我现在更喜欢稳健赚钱

尽管资本市场面临震荡，开心汽车还是在 2019 年 5 月 13 日正式登陆纳斯达克，成为中国二手车经销商集团赴美上市第一股。

开心汽车的上市，是继人人公司上市后，人人公司 CEO 陈一舟在美股的第二家上市公司，不过，相比 8 年前头顶中国 Facebook 光环的人人公司上市，开心汽车的上市要低调很多。

开心汽车上市的时间点也不好，正好遇到中国在美股开市前对美国商品加税，美股遭遇少有的暴跌，开心汽车也跌破了发行价。但相比人人公司上市时，陈一舟的心态已经平静了很多。

陈一舟说，人人公司 2011 年 5 月上市时也是遭遇股价狂跌，开心汽车上市时也是美国股市跌得最惨的时间。"我说我们也会找时间，每次都是狂跌的时候。"不过，陈一舟认为，上市就应该一鼓作气。

对于企业来说，遭遇波折是正常的，应该是能上市就上市，既然启动，完事了就到下一个阶段了。"我们也不是烧钱的企业，我们是做生意的企业，越透明可能公司越强。"

在陈一舟看来，企业应该用更多的精力来做经营，而不要把太多时间花在 IPO 上,因为股市里好的企业会发展得更好,上市仅是下一段征程的开始。IPO 后,陈一舟还领着车商去阿甘饭店吃饭,共温阿甘精神。

与腾讯当年的竞争类似"被关进监狱"

人人网曾经风光一时,这给陈一舟带来极高的关注度,也给陈一舟带来很多骂声。陈一舟对我说,如果评价是错的就不要往心里去,但也要意识到,公众有权利对上市公司的 CEO 进行评价,评价得好是对企业的帮助。

当然,人人公司最大的挑战是遇到了腾讯这样一个强大的对手,类似美国的 Snap 遇到 Facebook 一样,Facebook 的用户比 Snap 多很多,推出了一款类似 Snap 的产品,也弄得 Snap 很难受。

陈一舟说,当时人人公司觉得靠自身努力依然有机会,但在网络效应如此强的行业,这不合乎常理。如果早想清楚了,很早就缴枪不干了,让有本事的公司去干。"你觉得处在同样的位置,会想得比我更清楚吗?很难。"

人人公司与腾讯的竞争被陈一舟形容为"被关进监狱",因为竞争的时候看不到希望。

谈及外界认为陈一舟做投资比做产品更擅长时,陈一舟说:"过多的评论家其实是不懂,如果雷军没有小米的成功,很多人会骂死他,你只能成功。"

以下是我专访人人公司 CEO 陈一舟的实录。

雷建平:开心汽车这次上市和其他公司上市不一样,选择

SPAC（Special Purpose Acquisition Corporation），特殊目的收购公司的方式是更节约时间吗？

陈一舟：其实走正常渠道上市也差不多。2018 年开心汽车就想提交上市计划，后来美国股市不好，投行让我们再等等。正好有一家 SPAC 找我们，然后我们就想马上上市，结果碰到美国政府停摆，所以没有办法，后来还是延期了四个月才上市。

雷建平：上一次人人公司上市时，很多人说人人网是中国的 Facebook，关注度也很高，这次开心汽车上市关注的人比较少。

陈一舟：我们现在非常清楚一个企业的估值，像开心汽车这样的公司，前期是没有风险投资的，全是我们自己投钱在做。

以前我记得 James（人人公司 COO 刘健）也找过一些风险投资人，但他们都不感兴趣，认为开心汽车不是互联网企业，商业模式很传统，就是把一些最优质的车商联合在一起，用互联网手段，借助我们的 SaaS 系统、管理体系提升企业的效率。

至少中国的风险投资人对开心汽车不感兴趣，所以我们就自己玩，我们现在不是特别关注短期内别人的看法。

不要把时间花在 IPO 上

雷建平：开心汽车的上市之路不是很顺利，遭遇了美国政府停摆，磕磕绊绊。为何还坚持上市？

陈一舟：很正常，有些公司本来可以上市，但担心估值低就没有上，我听说有不少公司是这样的。我觉得差不多就行了，能上市就上市，你需要去干更重要的事，要去经营企业，不要把时间花在 IPO 上。

雷建平：您说上市仅仅是下一个阶段的开始，您觉得上市给开心汽车带来什么样的影响？

陈一舟：开心汽车是资金密集型企业，因为有库存。一台车的周转时间大概不到两个月，业务涨上来资金必须要跟上，上市以后就透明了，不管是银行还是投资人都看得很清楚，融资的渠道会更开阔。

现在喜欢稳健赚钱

雷建平：您当初投资了车易拍，后来车易拍和大搜车合并了，怎么想着自己去做二手车行业？

陈一舟：这中间也有很多曲折。我们最开始做的是消费者信贷业务，做了不到一年，感觉竞争太激烈了，大家的搞法太生猛，我们搞不了，觉得迟早会出事，所以就出来了。

当时我们在美国投资了一家做汽车交易的网络公司，这家公司做的主要是 B2B 业务，做了两年以后我发现我们扶持了 1000 多家车商。

我们发现优质的车商赚钱比我们多，虽然是我们提供的资金，但为什么他们赚钱比我们还多？至少在那个时候我们发现，提供贷款的人比优质车商多，优质车商就那么几家。

我们还发现，车商中卖高端车的车商更加赚钱，比卖一般的车赚钱，所以我们干脆就把这些车商整合在一起。

我们发现这些车商的经营没有技术含量，我们可以融入更多的技术，先做消费金融，再做 B2B 金融，然后就把行业摸熟了。

雷建平：软银是人人公司的大股东，投资了瓜子二手车，对于和原来的股东进行较量,您怎么看?

陈一舟:我们现在喜欢稳健赚钱。

雷建平:为什么会有这种思想上的改变?

陈一舟:亏钱的业务做得太多了。现在整个企业包括我个人都喜欢做 B2B 业务。

投资 SoFi 是借助 Facebook 诞生的机会

雷建平:雷军、周鸿祎都是您的湖北老乡,都夸您很聪明,昆仑万维创始人周亚辉也说您眼光非常好,您当时投了 SoFi[一],是怎么捕捉到 SoFi 的呢?

陈一舟:2011 年人人公司刚上市,当时在美国随着社交网络的崛起,已经有了一家大的公司(Facebook),我们就考虑什么行业或者类型的公司能够靠着社交网络崛起。答案就是能很好地利用互联网投放广告的公司。没有社交网络之前,广告很难投放出去,有了以后就很容易投出去。

SoFi 的第一单是从斯坦福大学的校园网里找了一部分人,在 Facebook 上做了一下广告。

腾讯的微信发展起来了,什么东西在微信上能做起来?仔细想想拼多多这个产品天生就是在微信里长起来的,就是团购。

投资 SoFi 还是基于我们对社交网络和商业模式的理解。

早期未投中国互联网金融企业是在转型

雷建平:周亚辉是您的门徒,以前也在您手下干过,很多思

[一] 2021 年 6 月,SoFi 实现上市,市值超百亿美元。

路学习了您。

陈一舟：他对海外市场的关注也是受我的影响，当时我们的第一个海外项目就是交给他负责的。

雷建平：周亚辉是反其道而行之，您在美国投资，他在中国投资，投资了趣店，收获很大。您当时为什么没想到在中国投互联网金融企业？

陈一舟：我们投资完美国企业以后就开始转型。我们是2011年以后开始做投资的，到2013年和2014年投资最多的时候已经逐渐积累了海外各个行业的知识，2016年开始寻项目，2017年收购了一家海外的企业。

也就是说，从四五年前开始，我们已经开始把精力放在做企业上，中间有段时间和腾讯竞争的时候很痛苦，要转移，要开始突围。

我们现在不像以前那样激进，因为现在已经突围出来了。B2B这个市场非常宽阔，不需要在每个市场都投入。

承担了风光也得承受挨骂

雷建平：您以前在人人网上写帖子，说跟腾讯竞争的时候，自己要戴着帽子，做好挨骂的准备。怎么看待这个？

陈一舟：谁让你凑这个热闹，也获得了好处，人人公司也上市融资了，后悔也不行了。

我现在看得很平常，无所谓，反正骂你的人也不懂，他们不懂就让他们骂，真正懂的人也不会骂。

雷建平：当初真假开心网这个事情闹得沸沸扬扬，人人网被卖掉的时候，开心网创始人程炳皓还发表了文章，说对您谈不上恨。您怎么看待？

陈一舟：很正常吧，在行业里待了这么长时间，免不了磕磕碰碰，这是非常正常的事情。只要你跑到创业的热潮里去，就会有各种恩怨，这个是避免不了的，来了就接着。

现有业务与原有业务完全不同

雷建平：您之前说，雷军离开金山去做小米，这种方法值得学习。您的创业轨迹是不是可以和雷军做类比？

陈一舟：上市公司进行转型是很难的，相当于把之前做的所有东西都扔掉了，如果重新来的话，我可能不会这么干了，包袱太重了，又要挨骂。实际上雷军那种办法最好。

为什么我把人人网卖掉？其实对于我来说是一种心理暗示，我把所有的东西都卖掉，后面干的事都是新的。

雷建平：对自己来说也是极大的转变。

陈一舟：是，我觉得我的转变非常大，你说哪个互联网公司的 CEO 所经营的业务跟七八年前完全不一样？

雷军和周鸿祎是高处不胜寒

雷建平：当初和您同一批出来或者更早一批出来的企业家，现在多半快 50 岁或已经过了 50 岁，像雷军和周鸿祎现在也面临各自的烦恼。您怎么看待这个问题？

陈一舟：高处不胜寒，公司做得越成功，可能担忧的事情越多，因为你可能失去的东西越多。反而像我们这样，光脚的不怕穿鞋的（采访时陈一舟穿着凉鞋）。

我觉得是这样，作为上市公司的负责人就得承担很多的忧虑，哪能只有好的一面，没有担忧的一面。

上市公司做不好要挨骂，这都是应该的，世界是公平的，这就是你分内的事。

我现在把这些事想得很清楚，可能就是因为经过跟腾讯这样一个不可能战胜的敌人正面打了一次以后，有过类似于"被关进监狱"的经历。

雷建平：为什么说像"被关进监狱"？

陈一舟：因为竞争的时候看不到希望。

原来觉得只要自己足够勤奋就可以克服困难，后来一看竞争对手很强大，而且这件事情就是应该由它去做的，你自己主动冲到人家的阵地里去了。有过那种经历，其他就没什么事更难了。

雷建平：但是外面对您的评价，是说您聪明，而不是勤奋。相对于做产品来说，很多人觉得您更擅长做投资，您觉得是这样吗？

陈一舟：因为做投资很容易引起关注，我们在产品方面花的时间也不少。我觉得任何创业者都要做好产品，什么公司都一样。

我觉得还是那句话，很多人其实是不懂，如果没有小米的成功，大家会骂死雷军。

我现在有5个项目，国外4个项目，国内1个项目，（开心汽车）上市了，国外我搞一搞，这4个里说不定能做出一个大的，可能过段时间又会做1个新项目。

我觉得我60岁之前身体没问题的话，做公司还是可以的，60岁以后做不好我就做投资，投资也很有意思。

雷建平：美团CEO王兴当初将校内网（人人网前身）卖给了您，现在美团也上市了。您说过一个观点，老兵要多和很牛的新兵混，这样廉颇老矣，还能吃口剩饭，您觉得您是廉颇吗？

陈一舟：这其实是一个玩笑，反映的是一种心态，很多创业成功的人拉不下身段向年轻人学习。我就是跟他们在一起混，我们有共同的学习小组，天天去讨论，我觉得这个心态很好，我对自己的心态很满意。

只有不断学习，你的人生才会有更多的可能性。当然，我们的经验可能多一些，有些东西也是他们可以学习的，但是他们身上值得我们学习的东西更多。

富途控股与老虎证券
争夺互联网证券第一股

在经历了 2018 年小米、美团、拼多多、爱奇艺、蔚来等众多企业 IPO 后，富途控股与老虎证券⊖也在 2019 年 3 月前后在美国纳斯达克上市。

富途控股最先上市，两周后，老虎证券也上市，富途控股与老虎证券在发展历程上有颇多类似的地方，创始人都是从大公司出来，热爱炒股，最后将爱好做成了事业。

富途控股与老虎证券都有知名公司的加持。比如，富途证券历史上有过几轮融资，其中：2014 年 3 月，获得腾讯、经纬创投、红杉资本三大机构的千万级 A 轮投资。2015 年 6 月，获 6000 万美元 B 轮融资。2017 年 6 月，完成 1.455 亿美元 C 轮融资。此三轮融资皆由腾讯、经纬创投、红杉资本投资，腾讯三轮连续领投。

老虎证券则先后获小米、美国最大互联网券商盈透证券、华尔街投资大佬吉姆·罗杰斯等的投资，此外也不乏真格基金、华创资本、险峰长青等一线 VC/PE 的投资。

⊖ 从 2021 年下半年开始，老虎证券在国内称为老虎国际。

富途控股与老虎证券的两个创始人的创业经历也都比较有故事,比如富途控股创始人兼董事长李华是腾讯的第 18 号员工。2000 年,从计算机专业毕业的李华加入腾讯,经历腾讯市场、运维、产品、管理各个岗位,不到 30 岁的李华就获得了财务自由。

自 2004 年腾讯在港股上市,炒港股成了李华的业余爱好。李华曾说:"我登录某个港股交易软件,发现界面设计得就像 20 世纪 80 年代的样子。"

腾讯 CEO 马化腾是李华的第一个微信好友。2011 年的一天,李华在微信上和他说:"我打算在证券方面创业,做点事情。"马化腾回复说:"没什么意思。无非就是做点新闻、资讯,或者能带来流量的证券网站与社区。这些(对腾讯)都不算耳目一新的事。"

李华着急道:"不不不,我还没说完,我想直接切入交易。"马化腾又问:"你怎么拿牌照呢?"李华说:"我打算从港股入手。"等马化腾觉得有兴趣了李华就说:"要不你投资一点呗。"马化腾回复:"你还差那一点儿钱?"这番对话戛然而止,李华寻求帮助失败。而事实上更大的挫折还在后面。

李华从 2009 年开始创业,于 2010 年开发交易软件,到 2012 年时,几个老同事给的天使投资金就全部花完了。

李华在外面谈融资,因为带有腾讯 18 号早期员工的光环,以及良好的团队背景,很多投资机构都愿意跟李华谈,也认可他的团队,但基于李华的互联网公司背景和基因,最终融资都以失败告终。

"一个资深的互联网人,为什么做一件完全陌生的事情呢?""李华你太不务正业了,能不能干点真正和自己的能力和背景相关的事。"

没有人相信，一个互联网团队有能力从零开始，去拿牌照，去做一家证券公司。某家已经签订投资意向书的投资机构，也因其没有金融背景而放弃投资。李华说："在创业的早期阶段，自己几乎没有得到过外界的鼓励。"

2012年是李华创业最艰难和迷茫的时刻，常有一种无路可走的感觉。因为整晚整晚睡不着觉，李华的体重从75公斤飙升到90公斤，虚胖让他的血脂是正常人的17倍。

而申请证券牌照箭在弦上，最终李华破釜沉舟，个人搞定申请证券牌照所需资本金，前后共计4000万港元，等于一次A轮融资。

经纬创投合伙人肖敏说，投资富途控股是一个挑战，因为之前的券商都有自己的网络产品，无非是易用性不够友好、开户流程比较复杂，但大家默认券商就该严谨，不好用可能是为了安全。

"但Leaf（李华）不是这样看问题的，他觉得好用及流程简洁、方便并不代表不够安全，他想挑战传统券商的不作为。当时他来融资时，我被他的这个理想打动，且在他的指引下看到一个巨大的机会。"

肖敏表示："所以当时很多基金不敢投资，但我们下了很大的赌注，还一直遗憾没有机会投到更多比例。所以每次融资我们尽量跟投，保持股份不被稀释。"

李华在个人炒股方面也非常成功，在上市当天的媒体采访上，李华还向媒体展示了他炒股的战绩：人民币400万元的本金，短短几年时间，账面上已经有人民币五六千万元的回报，这还不算他之前的提现。李华不无骄傲地对我说，"怎么样，我的炒股水平赶上腾讯股票的上涨了吧。"

到2021年年初，富途控股的市值已经突破百亿美元。

老虎证券的创始人巫天华毕业于清华计算机系，曾在网易工作八年，早期炒股就特别厉害。老虎证券投资人、真成投资管理合伙人李剑威表示，投资老虎证券的过程很有故事性，最早和巫天华同在一个股票社区，自己是巫天华的粉丝。"早期天华开了一个期权的付费培训班，我是学员之一，知道天华炒股很厉害，互联网技术也很强。"

这种培训让大家建立了对巫天华的交易和技术能力的认知，当巫天华决定要出来创业做互联网券商的时候，李剑威就觉得很靠谱，因为巫天华非常热爱这件事情，也有足够的领域积累。

"天华出来做老虎证券时，我就推荐给徐老师（真格基金合伙人徐小平），那个时候，老虎证券的产品还没出来，团队也是刚刚组建。"

不过，当时李剑威认为老虎证券有机会做中国的盈透证券（市值近200亿美元的互联网券商，也是老虎证券的股东），而巫天华是证券交易圈里最懂互联网技术又是互联网圈里最懂证券交易的难得人才，徐小平很喜欢这个定位，当场拍板，真格基金成了老虎证券的早期股东。

我在纽约现场分别见证了富途控股和老虎证券上市，并与李华和巫天华都有交流，具体如下。

李华：我就是小司仪 终于站到舞台中间

雷建平：富途控股三轮的投资人都是一样的，为什么没有考虑其他的投资人？

李华：因为喜欢，投资人紧紧地抱着我，不肯放手。我也曾试想过是不是可以让其他的投资人进来，毕竟每个投资人背后都有自己的资源。

雷建平：富途控股在创业过程中也经历了很多坎坷，据说Pony（马化腾）开始对这个方向也不太认可？

李华：太多了。其实Pony不是对我的方向不认可，我在决定去做这件事情时，我就说："Pony，我想做个跟证券相关的事情。"他说好像没什么意思，你无非就是去搞点资讯、弄点流量呗。

腾讯是一个超级流量平台，任何我们觉得兴奋的流量，其实在Pony看来都是微不足道的。我说不是，我是想做和交易相关的东西，那他就问，你怎么去拿牌照啊？我说我是去港股拿牌照，他说这个还有点意思。

那我说你要不投点，结果他回了句说，你还差那点钱。其实他是认可了方向，当时他说的那番话，我觉得也是给了我很大的信心。

Pony也是一个很喜欢体验产品的人，他是我的第一个微信好友。我是在过了好多年之后，微信推出了一个回忆的功能，能查看你的第一个微信好友是谁时，才知道他是我的第一个微信好友。

因为那个时候其实没几个人用微信，他肯定是天天在刷通讯录,就是你一安装这边就会有个提示,因为那时候我和他手机号都是互相存过的,所以他就顺手加了我。然后还问"你觉得这产品怎么样"?我在微信上问他的时候,大概是 2011 年到 2012 年的事情了。

雷建平:您顶着腾讯 18 号员工的光环,好多投资人可能就觉得你不差钱,富途控股开始也没融资,是您自己拿了 4000 万元出来扛下的?

李华:一方面会有机构主动来找你,另外我想见哪一个机构,基本上没有人说不想见、不愿意见的。

也是因为我从腾讯出来,大家也知道,作为 18 号员工,可能不差钱,就在很大程度上会怀疑我创业的动机,就觉得是不是心血来潮玩一下。

就像我离职的时候很多人问我,我说就是为了要离职而离职,我就是要走,再不走我就走不掉了。不走我就怕我会放弃心中的念想。

因为在腾讯的时候我也做到中层管理者,也带一个部门,相对来说发展比较好,无论是内部的晋升还是现实的回报,都已经非常好了。

雷建平:您和乐信 CEO 肖文杰都是从腾讯出来的,腾讯现在出来的创始人做出了两家上市公司,前阵子外界说腾讯出来的人普遍动力不足,或者成就不大。您怎么看待外界这种观点?

李华:欲加之罪何患无辞。我觉得有没有动力还是跟人有关系,肖文杰也是做产品的,我也是做产品的。

所有这种身上带有重产品基因的人,往大了说,都想改变世界，当他们遇到一些不美好的东西时，总是会想有没有办法使事情变得更美好。

其实整个腾讯都有非常低调务实的基因，即便事情做到八分，我们可能还会去思考哪里没做好。

雷建平：很多创始人在企业上市时会很激动，但您看起来很淡定，为何？

李华：你知道为什么吗？我和朋友说，我是小司仪，终于站到了舞台中间。Free（腾讯前高管吴宵光）问我激不激动，我说好像没太大感觉，就是小司仪站到了舞台中间。

要知道我参加过很多次上市仪式了，富途控股本身也是参与了很多次上市承销项目，甚至还有比较大的，比如小米、美团、众安等，上市就像结婚，我们本身就是婚庆公司。

巫天华：我们很在乎用户是否能赚到钱

雷建平：老虎证券上市首日上涨36.5%，作为创始人，您怎么看老虎证券首日上涨这件事？

巫天华：一直以来，我们都很在乎用户是不是能赚钱，现在一级市场的投资方都是赚钱的，开盘买入的朋友们也都是赚钱的，这是让我比较开心的一件事情。

其实我特别不希望的是，比如开盘涨30%，但是收盘涨15%，我倒不是担心破发，但这样导致的一个结果是开盘时买入的最信任我们的用户就会亏15%。

开盘就买入的人一定是最认可我们、最信任我们的人，而老虎证券的开盘价基本上是最低的价格，比发行价高1%左右，收盘价几乎是当天的最高价。

所以无论是在一级市场买入的人,还是股票上市后买入的人,大家都赚钱,这让我作为公司创始人感到非常自豪和欣慰,因为我不希望任何人亏钱。这在我看来是个很完美的结果。

雷建平:敲钟的时候,投资大师罗杰斯来了,晚宴的时候,盈透证券的 CEO 也来了,您怎么看待这些国外投资人的支持?

巫天华:我是技术出身,对券商这样的业务,其实有很多并不熟悉的地方,IB(盈透证券)使我们可以站在巨人的肩膀上,给了我们非常多的帮助。

老虎证券的投资方有很多,并且给了我们很多支持。今天在场的大多数人都是我们的投资方,他们弥补了我第一次创业的缺点,他们给了我各种各样的帮助。

有的人有投行背景,有的人是给我介绍朋友,他们从不同的角度给我们提供了很多帮助。这是我们能够走到今天非常重要的一个原因,不是我一个人的能力。

总的来讲,我的认知、我的能力还是有限的,但投资方的背景不太一样,除了钱之外还有很多其他资源,比如,给老虎证券介绍客户,弥补我们很多认知上的不足。

雷建平:您从大公司出来,从最初的炒股,到做成一家市值 10 亿美元以上的上市企业,您怎么看待这一段历程?

巫天华:这也是我们比较自豪的一点,创业是我自己最感兴趣的事情,一辈子做一件事情。做自己最感兴趣的事情,就像创业一样,不要做太多,也不要因为别人创业赚到钱,你就去做他的方向。而是就做自己最感兴趣的方向,在老虎证券之前没有人创业做互联网美股券商,我们选择了一个很独特的领域，哪怕它很小。

投资大师罗杰斯的故事：要把股份留给女儿

富途控股与老虎证券的上市，也是中国资本与国外资本的一种连接，为参加老虎证券的上市活动，华尔街投资大师罗杰斯推掉了其他活动，专门去了现场。

罗杰斯表示，自己坚定看好老虎证券，不仅不会卖老虎证券的股份，还会把老虎证券的股份留给自己的女儿。其观点是，老虎证券的商业模式非常有前景，随着中国人越来越富有，会越来越多地进行海外投资。

老虎证券也是罗杰斯在中国投资后上市的第一家金融科技企业，罗杰斯在上市现场还送了老虎证券CEO巫天华一份礼物——一个美元的硬币。"老虎证券2019年在美国上市，又是做金融行业的，这个礼物很有价值。"

罗杰斯认为，上市是一家企业走向成熟的必经之路，阿里巴巴从一个很小的体量变成现在的庞然大物，老虎证券未来也会不断做大,成为一家很大的公司。

罗杰斯很早就表达了对老虎证券的看好,当初投资时,罗杰斯就说,在金融科技方面,中国完全不输美国,在移动支付领域甚至是领先的。"技术已改变金融行业的一切,老虎证券会继续改变金融行业。尤其是在亚洲,华人中产阶级正迅速增长,这些人渴望拥有更好的资产配置通道。"

罗杰斯与中国很有渊源,第一次来中国是1984年。罗杰斯说,当时就预感中国会成为世界上了不起的国家,中文是未来的钥匙,而且在过去的30年里,中国发生了很大的变化。

不仅如此,罗杰斯还对我说,举家搬到新加坡就是为了让女儿学习中文,了解中国文化。罗杰斯的两个女儿分别叫快乐·罗杰斯和小蜜蜂·罗杰斯,虽然是美国人,却能说一口开挂的中文,两人在2019年年初还曾上过中央电视台的节目。

在2019年1月的《经典咏流传》中,快乐·罗杰斯和小蜜蜂·罗杰斯演唱了一首清朝车万育所写的《声律启蒙》,"云对雨、雪对风、晚照对晴空;来鸿对去燕、宿鸟对鸣虫……"

节目中,10岁的小蜜蜂·罗杰斯现场声情并茂地朗诵了一首李白的《静夜思》,言语中略带悲伤,不时望向远方,快乐·罗杰斯则念了唐朝李峤的一首《风》来考现场观众。

快乐·罗杰斯还介绍说,自己与父母常年生活在两地,所以每天晚上看着月亮,总是忍不住在想,他们也在看一样的月亮吗?而台下的罗杰斯露出了慈祥的笑容,眼含泪花。

当主持人问她们为何中文能说得如此流利时,两个女孩介绍,她们从很小的时候就开始学习中文,又用"只要功夫深、铁杵磨成针"来解释学习中文的过程。罗杰斯的两个女儿甚至完全是在用汉语思考,而不是翻译过来之后再去理解,这使很多网友感到惊讶。

罗杰斯是在快要当爷爷的年纪时,才喜得两位"00后"女儿。他不仅让两个女儿学习中文,更是在写给女儿的12封信中多次提及中国。

罗杰斯是这样给女儿描述的:过去人家都说那不是一个值得投资的国家,但我听从自己的直觉,尽可能地研读所有找得到的有关中国各种局势的文件,也实地走访了好多地方,做自己的研究,大胆投资中国。从那时开始,中国的成长已远远超越美国和世界上绝大部分的其他国家。

罗杰斯还说,中文会是下一个世界语言。世界上任何地方的任何人,我所能给予他们的最佳忠告可能是:让你的孩子和孙子学中文。在他们的世代,中文和英文会是全世界最重要的两种语言。

"世界正发生重大改变:我们回顾历史时,会发现西班牙主宰着16世纪,之后200年法国是最繁荣的国家,英国在19世纪大放光彩,而20世纪是美国的世纪。现在21世纪属于中国,中国是一个伟大国家的再现。"

新东方在线上市
俞敏洪时隔 13 年再敲钟

2019 年 3 月 28 日,新东方在线在港交所上市,成为港股在线教育第一股。这是新东方集团创始人俞敏洪时隔 13 年后再一次在资本市场敲钟。当天上午 9 点,新东方董事长俞敏洪以及新东方在线联席 CEO 孙畅、孙东旭等多位嘉宾与港交所行政总裁李小加一起参加了上市仪式。

当外界认为俞敏洪将亲自敲钟时,站在港交所铜锣前的却是新东方在线的一名老师与学生——名师代表王江涛及学员代表孙纶波,在港交所上市委员会的陪同下敲响铜锣,宣告新东方在线的股票于港交所开始买卖。

新东方在线此举是要表明新东方在线对于师资教研以及学生的高度重视,正是因为这些名师多年来专业、有温度、不间断的教学服务,才有千万学员发自内心的认可和对品牌的信任。

实际上,新东方在线在 2018 年下半年递交了招股书,当年第四季度便通过了上市聆讯。不过,2018 年下半年全球资本市场很动荡,新东方在线迟迟没有上市。

俞敏洪说,新东方在线在 2018 年 12 月初就能上市,但当时资本大局诡异。"就像在大海上航行遇到风浪,且这个风是从不同方向吹过来的时候，你肯定不能贸然地加快速度往前开。"

当年，新东方三个创始人俞敏洪、徐小平、王强的创业故事已成为一段佳话。如今，俞敏洪依然掌舵新东方，徐小平、王强则开创了新的事业，他们创立的真格基金在中国投资圈也颇有名气。

此次新东方在线上市，俞敏洪的老伙伴、真格基金合伙人徐小平也来到现场，为俞敏洪助威。

俞敏洪说，新东方在线上市，自己同时邀请了徐小平和王强，因为他们都是新东方的创始人，即使现在不在新东方了，但大家依然还是合伙人。

"我觉得有他们的一份功劳。他们会为新东方的每一个进步感到开心。我在新东方的任何一个重大事件都不忽略他们，我觉得我们是一辈子的合作伙伴。"

新东方创业过程中曾也有波折与纷争。据老俞闲话（俞敏洪的官方微信公众号）披露，俞敏洪在2002年曾被团队赶下新东方董事长的位置，因为大家觉得他太土了。他们说："俞敏洪，你是农民出身，现在新东方要往现代化的方向发展，改革过程中最大的障碍就是你了，如果你不当董事长和总裁的话，由我们来做，也许就能把新东方带上正轨……"最后王强当了董事长，胡敏当了总裁。

到2004年，新东方最激烈的内部斗争已经过去，大家都能够理性地来思考一些问题。大家最终的目标其实就是为了把新东方做好，把业务做好，新东方如果能够上市，大家都得益，至于说谁来当领导，谁来指挥谁，其实无所谓。要说在新东方最有资格的，依然还是俞敏洪。

尽管俞敏洪比较土，但毕竟他是新东方的创始人，是新东方真正的创立人，这些管理层只是新东方的追随者，从这个意义上来说，还是回过头来继续帮着俞敏洪往前走，只不过需要不断地鞭策他。

新东方在线上市后不到一年，俞敏洪就对管理团队进行了一次大换血，其中，大学事业部下英语学部总经理张枫、学前事业部下儿童产品（多纳）总经理陈婉清均离职，新东方在线前COO潘欣、前CTO曾明也逐渐淡出，到2020年1月20日，新东方在线联席CEO孙畅也辞职，与此同时，新东方在线引入了一批相对年轻化的中高层管理者。

俞敏洪曾经写过一本名为《我曾走在崩溃的边缘》的书，讲述创业的艰难。而在2021年，中国教育培训市场经历了一番重大政策调整，作为行业领头羊的新东方受到了很大的冲击，市值蒸发超过百亿美元。俞敏洪和新东方也是再一次走到了十字路口。这一年，俞敏洪也恰好60岁。

俞敏洪在60岁生日这一天谈及了这一年的很多事情，追忆了自己的父母，还谈及了公司的近况。俞敏洪说："最近，由于种种原因，新东方的事业和我个人的生活，或多或少陷入了某种困境和迷茫。尽管网络上也有对于新东方和我的诅咒谩骂之声，但更多的是认识或不认识的朋友们的真切的关心和问候。这让我感觉到，人间的温情和仁爱从来没有缺席过，世界依然是美好的存在。"

俞敏洪还说，从年轻时开始，此生就不断经历各种困顿和挑战，自己也在困顿和挑战中找到了人生发展的机遇和战友，一路前行直到今天。"尽管困境和痛苦依然会不期而至，但人生境界必定会提升，就像我们登上了更高的山头，必然能够看到更加壮阔的世界。所以，我一直相信，所有发生的一切都是最好的安排！"

在新东方在线上市时，我与俞敏洪曾进行过深入交流，具体如下。

俞敏洪：在资本趋于平缓的时候来上市

雷建平：您上一次敲钟是新东方上市，这一次是新东方在线上市，时隔13年，从您个人来讲最大的区别是什么？

俞敏洪：我觉得区别有3个。

第一个区别是投资者对中国市场，尤其是对中国教育市场的了解与13年前不可同日而语。13年前投资者基本上不知道中国教育是怎么回事。所以新东方要跟他们反复解释为什么我们的模式是能赚钱的，或者我们的模式是可持续的。

现在基本上都是投资者反过来问我们问题，比如中国在线教育行这个公司好不好、那个公司是怎么回事，中国教育市场的政策是怎样的，教育部长上个星期的讲话对今后有什么影响。

第二个区别是十几年前我去做路演的时候只能是全程用英文，包括在中国香港，午餐会能讲中文的情况大概就是1/10的时间。这一次我本来准备了英文演讲，后来我发现根本不需要，因为下面只坐了一个老外，后来我说我就用中文讲。

在美国路演时，尽管大部分时候都是用英文讲，但是其实一大半投资经理是中国人。这表明中国人进入资本市场在全世界已经是一个事实。很多大单都是中国人（或是华人）来决定要不要买，因为他们更了解中国市场。

第三个区别是中国的资本市场本身也在逐渐成熟，中国人对于资本市场的态度也变得成熟了。

新东方会加大对在线市场的投入

雷建平：新东方是新东方在线的大股东，您本人也追加投资，您说这代表着您对在线教育的一种决心，为何自己会投入那么多的真金白银？

俞敏洪：新东方在线拆出来时估值很低，我如果出资，可以以很便宜的价格占到很多股权。

后来拆出来以后，我突然想到有些公司就是把一块迅速发展的业务拆出来做大了又重新卖给母公司，或者是独立上市，最后就赚了很多钱。

但是美国人不这么认为，他认为你是故意的，损害了原有公司的利益，所以后来我说我不能拿股份，我把股份全分给了管理团队。

后来腾讯进来的时候我也是可以跟着进的，但我觉得好像也不合适，因为大家看到腾讯进来会觉得很有希望，我再跟着进，还是有点占便宜的嫌疑，我不太喜欢占便宜。

这次完全是按照市场价格进来的，我可以向所有美国原有EDU的股东表明我进入完全是市场行为，但是我同时又想表明几点：

第一点，我想告诉新东方的所有管理层，做在线教育是一件很严肃的事情，新东方在线上市不是闹着玩，而是未来新东方一定会进行比较大的投入，我个人先投入。

第二点，告诉所有投资者，如果我个人能以同样的价格掏3000万美元，我肯定不会拿我的钱闹着玩，那就意味着我很看重你们的钱，因为你们亏损也就意味着我亏损。

第三点，我觉得新东方在线本身也还是需要钱的，所以多一个3000万美元没什么不好。

与徐小平和王强是一辈子的合作伙伴

雷建平：新东方在线上市的时候，真格基金合伙人徐小平老师也来了，你们还在港交所进行了合影，您怎么看待这个曾经的搭档？

俞敏洪：徐小平和王强我都邀请了。王强刚好回美国，他就没有办法来。我觉得新东方发展到现在有他们的一份功劳。即使徐小平和王强现在不在新东方了，但是我们依然还是合伙人。

雷建平：在新东方的发展历程中，其实彼此之间作为合伙人还是会存在一些利益的纷争或者是不愉快的经历，电影《中国合伙人》中也有不少情节。

俞敏洪：现在没有了，那是（纷争与不愉快）以前大家在一起的时候。我们都是草莽出身，最后大家在没有规矩的情况下把新东方做大了，所以利益的纠葛和从没有规矩走向规矩的过程中大家有不同的意见和看法也是很正常的。

这也是为什么当初不管我们怎么吵架都能容忍，并且没有走向极端的一个重要原因，因为一旦走向极端，公司就分崩离析了，至少友情会分崩离析。

尽管我看重过程，但是我觉得结局好也非常重要。我所有的考量就是我用什么手段或者方法能够使新东方的最终结局好。所以,不管中间有多少纷争,但是后来新东方能够上市,结局是非常好的。

年会节目《释放自我》并非刻意安排

雷建平:自 2019 年以来,京东、腾讯普遍对内部管理提出了更高的要求,年初时,新东方年会节目《释放自我》的歌曲视频在朋友圈走红,也吐槽了新东方内部管理的问题,之前彩排您知道吗?

俞敏洪:完全不知道,表演节目的时候我都不知道,但我觉得这个节目是 20 个节目中最好的,我比较喜欢这种格调,因为新东方的老师一直有讽刺新东方和打击我的传统。

基层员工出了这么一个节目,但我们整个晚会是从外面请的导演,导演把这个节目给砍掉了,砍掉以后员工不干了,员工说我们这个节目应该没有什么问题。

导演说,你们没问题,如果你们老板看见了不给我钱了怎么办?没见过企业的员工这么讽刺一个企业的老板的,而且是在年会上,一万多人在看呢。

员工还是不干,后来 CFO 杨志辉终审这个节目的时候说没问题,因为他了解我,说我肯定会对这个节目很满意,但是他也没有提前告诉我会有这么一个节目。

我看了以后,当场就挺开心的,但是我没想到(《释放自我》)会火。当场就有员工传到抖音上,后来差不多有接近 2.5 亿的播放量,而且浙江卫视、北京卫视等电视台都进行了新闻报道。

这个节目讲出了一个全世界公司的通病，也许新东方严重一点，但是我还是挺开心的。其实我是拼命鼓励员工要有平等对话机会的，我特别烦那种说一不二的老板，也特别烦那种只能听别人拍马屁而不能说他任何坏话的领导。

雷建平：但在新东方年会之前，您连续发了几封措辞严厉的内部信，年会节目正好和您之前发的邮件产生了一些关联。

俞敏洪：完全是两个撞在一起了。我发内部信和这个节目是完全没有关系的。节目是在 12 月下旬彩排的，我的第一封信发出来的时候是 1 月 4 日，他们的节目已经开始彩排了。

其实 2019 年我的目标是给管理层至少发 30 封信，我现在都已经发到第 10 封了，提醒他们我要的是什么，而且只要是我想要的东西我就要重复地说，日日讲、月月讲。因为不这么讲后来我发现还真不行。一个理念如果我提了一遍就不提了，大家就都忘了。

年轻化更多是思想年轻

雷建平：但是外界看来，普遍理解是您要对管理层动刀子了。

俞敏洪：我不是动刀子，我是希望提升管理层，我的步骤非常简单。

第一，我提升你们，你们按照我想要的那个标准和步伐往前走。

第二，我培养你们，我在管理上对你们提出明确的要求。

第三，如果我提出的标准你再三达不到，那你就要离开这个岗位，这是大家的共识。

第四，离开这个岗位的时候替代的人肯定是更年轻的人，新东方的年轻化队伍就开始产生了。

我做事情不会把一批人哗啦一下拿掉，突然换一批新的，我认为这不是一个做事的最好方法，但是你自己心里要明白想要什么，这个步骤和节奏要掌握好。

其实我觉得年轻化不是说年龄年轻，而是思想年轻，是敢于接受挑战的勇气。新东方的团队现在还是相当不错的，整体上大家还是很有创业精神的。

雷建平：您每天的工作时间差不多是十六七个小时？

俞敏洪：差不多，我昨天（新东方在线上市前一天）是工作到晚上12点。次日晚上9点多下的飞机，10点从机场出发，10点40到达了宾馆，10点50接受采访，采访进行到了12点，回去睡觉已经12点半了。第二天早上6~7点游泳，紧接着吃早餐，接下来就是敲钟、接受采访，结果还能保持精力充沛。

其实我最大的问题是睡眠不好，要是睡眠好的话我的精力会更充沛，但也许是因为我的精力还算充沛反而睡眠不好。我不知道，因为我躺在床上还会想事情。所以我现在就采取了两个方法来促进睡眠，第一个是背一些诗歌散文，躺在床上开始背，背着背着就背糊涂了，我可能就睡过去了。第二个是我会练习一些歌，在床上自己唱歌。

否则脑子一片空白就会想事，一想事就心烦，在背诗词或者是唱歌的时候我是不会想事的。一般来说只要能睡得相对好一点，我一天的精力都好一点。

我最大的问题是喝酒。为鼓舞全体员工的热情,我从1月到2月大概喝了60顿酒,导致我1月、2月整天脑子都是有点蒙的,所以我从现在又开始努力地控制自己喝酒。

我的酒量挺大的,半斤白酒和一瓶葡萄酒对我来说,不会对行为和语言造成太大的影响,我可以和你自然聊天,但是第二天我的思维速度一定会慢下来。

我是特别不能容忍自己思维速度变慢的,所以到了我这个年龄我感觉每一天都很珍贵,IPO时的英文稿子都是我自己写的。

新东方在线上市的当天,徐小平在上市现场接受我采访时说,自己是专程来香港为新东方在线上市加油庆贺的。

"新东方上市是中国线下教育的一个里程碑。我希望新东方在线上市产生同样的效果,成为中国在线教育迅速改善教育资源不平等现象的新开端。"

以下是我与徐小平的对话实录。

雷建平:新东方之前在美国上市,这次新东方在线在中国香港上市,您怎么看待这两次上市?

徐小平:新东方上市是中国线下教育的一个里程碑。因为新东方上市以后,中国的教育培训领域产生了大量优质和高增长的教育公司。

我希望新东方在线上市也能产生同样的效果,成为中国在线教育迅速改善教育资源不平等现象的转折点,或者说不叫转折点,是一个重要的新的开端。

雷建平:您和俞敏洪老师、王强老师当初在新东方创业是一段佳话,怎么看待过去和现在?

徐小平:我今天和王强做真格基金,跟当年和俞敏洪一起做新东方,在精神追求、价值追求是一脉相承的,就是通过我们自己的能力帮助年轻人获得成功。

这一点是我们当年日夜思考的问题,也是今天我们无论做投资还是跟老俞在一起聊、畅想未来的时候一个不灭的追求。

努力在创业者最早期时发现他们

雷建平:在线教育行业过去几年上市企业特别多,融资也非常多,您怎么看待这个市场?

徐小平:我在 2011 年、2012 年写过很多关于在线教育的文章,也不断地呼唤着在线教育时代的到来。其实早就到来了。

我相信在线教育对于教育的发展会像电商对于商业的发展,假如说将其发展分为 1~100,它依然处在 10 左右,未来还有巨大的发展空间。

雷建平:真格基金主要做天使投资,也投资了一起科技等在线教育企业，但如今在线教育企业规模都发展得很大，真格基金作为天使投资基金，怎么适应形势的发展？

徐小平：对于我们来说，依然是努力在创业者最早期的时候能够找到他们、投资他们。这也是我们每天睁开眼睛就呼唤的东西。

我并没有低调 我只是厌倦了重复自我

雷建平：总体来看，您过去一年都非常低调，感觉和以往的作风很不一样，这是什么原因？

徐小平：我低调吗？如果我低调，全国就没有低调的人了（笑），不过我确实发现各种社会活动太耗时间，对我的工作和生活影响很大。

我并没有低调，我只是厌倦了重复自我。世界日新月异，个人也需要不断升级。我需要沉下心来，把真格的事情做好，同时也让自己在思想认知上有所提升，并争取把自己的创业经验和人生思考写出来和更多朋友分享。

两年前我在罗辑思维"知识发布会"上，对着电视机说要写一本关于创业的书，但直到今天都没有兑现，这使得我至今不敢见"罗胖"（罗振宇）。

我不是不想参加那些社会活动，我只是想寻找更加有效的方式。

雷建平：为什么突然有这样一个改变？

徐小平：这个跟年龄、人生阅历有关系，因为参加一场会议可能受众只有1000人，而且还有可能说错话。但如果我能聚焦、深思,能把经过深度思考的东西写出来和大家分享,可能会有超过10万个受众。

雷建平:您现在聚焦最多的是什么?

徐小平:我在写东西。我现在确实是想写一本关于创业和投资的书,正在写。我这样讲出来是有风险的,万一不能兑现怎么办?

但是既然你问我,咱们是老朋友,我也豁出去了。我确实尽最大的努力在写。

真格基金王强:跟着俞敏洪和徐小平 我无须做老大

真格基金合伙人王强此次并未来到现场,但2015年时,我曾与王强有过一段时间的交流。在新东方的三驾马车中,俞敏洪、徐小平的个性更加彰显,反倒是王强显得更加的低调,王强接受采访时表示,在俞敏洪、徐小平面前,自己根本无须做老大。

"我心态还是非常健康的,我永远做老二、老三。"王强说,既然一个地方只能有一个绝对的老大,而俞敏洪、徐小平又愿意去做领导,展现出了这样的领导力,自己也就跟着干。"我最在意的不是自己是不是老大,而是大家在一起是否快乐,能做出有意义的事。前半生是跟着俞敏洪干,整个后半生则是愿意跟徐小平在一起。"

谈及当初新东方的冲突,王强认为,更多的并非股权分配冲突,而是新东方从家族制企业向现代企业过渡中遭遇的阵痛,是股改后的俞敏洪如何去适应新东方中小股东的利益诉求。

"我们 3 个人也不是散伙，不是老俞要把我们踢出来，也不是我们要脱离老俞做什么，最后离开新东方，我们做的也不是另一个新东方，进入的是全新的领域，做的是天使投资。"

当公司发展到一定阶段时，不同合伙人的诉求会产生分歧，最后不能走到一起是很正常的事情。

王强说，新东方分配股权时没有产生矛盾，只用了 5 分钟就解决了股权分配的问题，但为了实现股权所体现的现代企业治理，我们打了好几年。

什么意思？以前新东方是俞敏洪一个人的，但是分配股权后，所有的小股东都有权力提出诉求，对公司的透明度和公司的发展方向有知情权，实际上俞敏洪面临着如何适应这些人的诉求的问题。

从自己是老大或是唯一的领袖，到后来有众多股东，俞敏洪必须要倾听各种声音了，我们为了这个制度打了 3 年，而不是为了争股权。

分配股权时，大家从来没有说自己分少了，就是 5 分钟结束，大家鼓掌。

所以新东方的伟大是在于实现股权制的一刹那，所有人都站在股东的立场上对以前属于老俞的企业而现在属于所有人的企业，提出了非常合情、合理、合法而且必要的诉求。

雷建平：您怎么评价俞敏洪、徐小平这两个曾经的新东方合伙人？

王强：我觉得在新东方阶段，我们是心甘情愿或是完全理性地接受老俞的领导的，他是老大，我们是老二、老三，三驾马车是这么个架构。

俞敏洪有智慧，在大的决策方面，展示了很强的领导力，所以我们愿意跟着他做。但是，从新东方出来后，我和小平又是合伙人，我们一起做真格基金，我愿意跟着小平来做，由他当老大，我当老二，我这个心态还是非常健康的，我永远做老二、老三，为什么？

我觉得既然他们愿意领导，一个地方只能有一个绝对老大，那我不在意这些，我在意大家在一起玩的是不是快乐，做的是不是有意义，能否做出不同凡响的东西。这些才是我在乎的。

另外，之所以整个后半生我愿意跟小平在一起，因为小平最大的特点是对于创业者的爱是真的，甚至有些时候是盲爱，即便小平有时候会有财务损失，他也相信这些创业者，也在所不惜。

但是，人生最奇妙的就是他获得的远远比他损失的更多，毕竟他能爱到靠谱的人，小平的胸怀非常大，我俩从精神上的段位非常接近。

所以跟小平在一起很快乐，小平就是快乐的种子，小平在外面展示的就是他的真我。我觉得和小平这样一个已经认识了30多年的老战友，再做一件事，是我人生最后想企及的东西。

2020年12月，王强再次和我谈起他与徐小平的关系。他说：

"我自己认为我们俩可能会是天底下最令人难忘的或者最令人回味的搭档了，因为从1983年我们在北京大学相识起就一直是工作搭档，一直是事业伙伴，一直是梦想合伙人，而不仅仅是同事和朋友。从1983年到现在一晃快40年了。"

"我还不知道我什么时候从真格基金退休，小平什么时候从真格基金退休，但当我们有一天从真格基金退休之时，我敢说我们俩将会是世界上共事最久的合伙人，这将是多么难得的梦幻般的甜蜜人生啊。"

"我和小平是'真兄弟',性格极其互补,但敢于坦诚面对彼此,'无情地开炮',而更为关键的是,我们的价值观包括金钱观高度一致,都对人类和文明的发展抱有乐观的情怀,都热爱美丽的梦想和人生,都痴迷于对年轻人创造力的发现。这使我们不仅享受着友情的扶持,也享受着人生中不断精进探索、不断成就彼此的'大满足感'。"

"我很难想象,离开小平我再去和别的人做什么事,虽然我自己当然做得来,但那意义就不大了。小平离开我,恐怕也会像一枚硬币忽然缺了另一面而感到极大的失落,虽然我从未问过他。我想我们会互相激励,一直前行,在醇厚的友情与职业的理性中走向生命的未来,因为真格基金就是我们人生中要成就的'一件大事'。"

"这件'大事'就是我们9年前出发时共同的向往——伴随我们投到的年轻优秀企业家越来越多,伴随他们对社会、对未来产生越来越积极的改变力量,他们将会在世界舞台上展示中国新商业文明的勃勃生机与令世人尊重的引领性创造力。"

一起教育科技上市:部分了却了徐小平与王强的心结

2020年11月,新东方在港交所上市,成为首家回港二次上市的中国教育公司。之后一个月,徐小平和王强投资的一起教育科技也在美国纳斯达克上市,募资超过3亿美元。

王强对一起教育科技投入很深,真格基金前后投资了600多家企业,王强只担任过两家公司的董事长,其中一家就是一起教育科技。而且，王强与一起教育科技 CEO 刘畅很有渊源。在新东方时，作为当时最年轻的校长刘畅就是王强的直接下属，师承关系密切。

当年真格基金投资一起教育科技后，筛选了很多人，最后选择刘畅作为 CEO。那个时候刘畅也想创业，最终，刘畅放弃了自己创业的想法，而选择加入一起教育科技，扛起引领公司的大梁。当时，王强对刘畅说："我担任董事长只是想分担你一部分运营方面的负担和压力。我的功能就是'推土机'和'压路机'，你需要我推土时我就推，需要我压路的时候我就压。"

在一起教育科技上市前夕，王强算是完成历史使命，卸任了一起教育科技董事长职务，并交棒给了刘畅。

徐小平和王强都做过很多年的教育，1995 年年底，俞敏洪去北美，第一站去加拿找徐小平，然后到美国新泽西找到了王强，此后，徐小平和王强成为新东方的合伙人。徐小平在新东方负责出国留学咨询和移民咨询，王强负责口语和基础英语教学。俞敏洪、徐小平、王强三人形成了新东方的"三驾马车"。

徐小平和王强从新东方出来后做了真格基金，一晃到 2021 年也有 10 年了。但做教育一直是徐小平和王强的一个心结，在真格基金成立之前，徐小平和王强就投资了一起教育科技，而真格基金和其他基金最大的不同，就是老师的色彩非常浓厚，一起教育科技的上市则部分了却了他们的心结。

王强对我说，之所以说是部分了却了心结，有两点原因：

第一，中国教育的信息化、智能化、个性化一定是将来最主要的实践。这个实践不仅仅是在课后辅导领域体现，更重要的是在学校日常的教学、检测、评定等更长期引导学生成长路径方面能扮演非常重要的角色。从这点来说，一起教育科技将在学校扮演着很重要的角色。这样的角色也是徐小平和王强梦想中的一部分。

第二，徐小平和王强都是从小地方来的，徐小平来自扬州泰兴，王强来自内蒙古包头，都出自于普通家庭，之所以有今天，是因为遇到了好老师，上了好学校，徐小平上了中央音乐学院，王强上了北京大学，改变了彼此的人生。因此，徐小平和王强一直在琢磨，要将技术增强的教育做到真正普惠，让所有孩子足不出户就能领略到优秀教师的真实分享，随着上市，一起教育科技才真正开始践行这个伟大的梦想。

王强说："一起教育科技阶段性地满足了我们的梦想，将来必定会在更大尺度上激动人心地践行我们的梦想。"

跟谁学上市
创始人出自新东方 大战香橼、浑水

在新东方在线之外,一家出自前新东方团队的在线教育企业——跟谁学^㊀于 2019 年 6 月在纽交所上市,募集资金超过 2 亿美元,市值一度接近 40 亿美元。

跟谁学创立之初就是一个梦之队,创始人陈向东 1999 年进入新东方,用了 14 年时间,从老师到分校校长,再到集团副总裁,最后出任执行总裁。另一位联合创始人张怀亭是百度"凤巢"系统初创团队成员,这个团队被喻为"教育和互联网两个基因的完美结合"。

跟谁学 2015 年 3 月获高榕资本领投、启赋资本和金浦产业投资基金跟投的 5000 万美元 A 轮融资,创下当时的 A 轮融资之最。但跟谁学也曾经历至暗时刻,最艰难时,公司账上已经没钱,可能一个月的工资都发不出来。2015 年是陈向东"有史以来最焦虑的时刻"。

造成跟谁学现金流吃紧的原因是,业务扩张太多,没有聚焦。当时跟谁学开展 To B 业务,陆续孵化针对教育培训机构的

㊀ 跟谁学于 2021 年 4 月更名为高途集团。

SaaS"天校系统"、视频直播业务"百家云"、教育机构培训业务"商学院"等。陈向东事后坦言:"坦率说,我们做得有点多。还是有点贪婪了。"

此后,陈向东迅速调转船头,并放出信号:第一,公司永远不会缺钱,"公司如果没钱了,我愿意来顶";第二,跟谁学从来不是一家 To B 公司。这之后,陈向东痛下决心,引领公司转型为 B2C,在最困难的时期,陈向东真的就自掏腰包,帮助公司渡过难关,迎来涅槃重生。

陈向东决定砍掉 To B 业务时,加上陈向东共有 8 个核心人物,有 7 个人反对,甚至联合起来进行抵制。但陈向东非常有魄力,拿出几千万元支持公司发展。业务聚焦后,陈向东还个人资助了一些被拆分出去的项目,帮助员工单独创业,并找到投资人。

陈向东有很大的房子,但为了公司发展,他专门在公司旁边租了一套一室一厅的房子,"经常晚上 12 点以后回家,早上 7 点左右又到办公室。"跟谁学投资人、高榕资本创始合伙人张震对我表示,跟谁学团队都有一种乐观主义精神,给别人传递非常强的正能量。

"陈向东选择个人投入资金到公司中,并且个人资助一些被拆分部门的同事,帮助他们单独创业。他很有魄力,也很仗义。"张震说,跟谁学经历过发展挑战,褪去了初期的"明星光环",但因经历过"至暗时刻",高榕资本对跟谁学的信心更强了。

在跟谁学上市当天,陈向东在纽交所接受我的专访时表示,跟谁学上市进程相对较快,从 2019 年 1 月 16 日正式启动,到 3 月 19 日第一次密交,再到 6 月 6 日上市,去除中间的春节时间,整个过程只有 4 个月。这期间，资本市场波动很大，斗鱼等几家企业的 IPO 计划都被推迟，投行和周边的朋友都问他市场这么不好怎么还上市。

对此，陈向东说，市场变化与跟谁学没关系，原因有三点：第一，跟谁学是做教育产业的，与中美贸易摩擦无关；第二，踏踏实实做个好公司，市场波动其实没关系；第三，投资人关心的也是跟谁学关心的事情，但跟谁学每天更关心的是怎么满足客户需求、创造客户价值。

"我们进度相对快，我也没有想过美国市场动荡会怎么样，要不要换市场。我觉得好公司在什么地方上市都一样，暂时的波动都很正常。从长期看，好公司的价值会展现出来。"

跟谁学上市后，陈向东点醒了很多在线教育企业，其大班课模式受到众多在线教育企业的关注，2019 年夏天，好未来、猿辅导等企业还展开了一场轰轰烈烈的广告大战，引发关注。

2019 年 11 月，跟谁学进行增发，从增发 1500 万股 ADS 变成增发 1800 万股 ADS，增发规模扩大了 20%。跟谁学现有股东套现近 3 亿美元，而跟谁学不会从股东出售 ADS 中获得任何收益。

这其中，跟谁学第二大股东、员工持股平台 Origin Beyond Limited、高榕资本、启赋资本都有大幅减持，高榕资本、启赋资本从跟谁学上市中获利颇丰。而跟谁学创始人兼 CEO 陈向东及联合创始人张怀亭并未进行减持。但 2019 年 12 月 21 日，张怀亭从公司离职。

2020 年年初，跟谁学市值突破 100 亿美元，一时间风光无限，但很快便遭遇做空，在短短 3 个月的时间内，前后被做空了 10 次，并与香橼、浑水等做空机构轮番作战。

做空机构主要从以下几个方面质疑跟谁学：

第一，跟谁学的 7 个经营实体在 2018 年夸大 74.6% 净利润。Grizzly Research 认为跟谁学描绘的盈利能力是个谎言，其财报不值得信任。

第二，跟谁学 2020 年 1 月耗资人民币 3.3 亿元在郑州购买的三栋楼，实际总价格仅人民币 7500 万元，存在转移资金的嫌疑。

第三，跟谁学的内部员工和股东一直在积极出售股票，合计 1800 万股 ADS，套现金额 2.52 亿美元。跟谁学第二大股东员工持股平台套现 3289.99 万美元，高榕资本套现 5906.25 万美元，启赋资本套现 6693.75 万美元，联合创始人罗斌套现 867.26 万美元。

第四，在跟谁学的 6 个联合创始人中，张怀亭、宋欲晓、苏伟、李钢江都已离开。第三股东张怀亭持有 967.8 万股，占比 6.2%。

陈向东说，好多朋友发来的"爆炸性消息"问候，基本上都是"又有一家中概股被做空了""又有一家中概股自爆员工作假了""又有文章黑跟谁学了"……"我很是愕然，人和人之间的信任是非常脆弱的，更不用说不同国家人和人之间的信任了。"

陈向东说，创办跟谁学的第一天，公司就确定了核心价值观，"诚信"是跟谁学的核心价值观之一，同时也是跟谁学最为珍贵的核心价值观之一。

陈向东还打破惯例，紧急召开了媒体沟通会，对外界的质疑做了澄清。其中，陈向东说在郑州买楼是因为自己是河南人，对郑州特别有情感，跟谁学选择在郑州做辅导老师运营中心。

陈向东称，郑州也特别希望其到家乡投资，跟谁学在和当地接触的过程中突然发现一个天大的机会,在郑州经开中心最繁华地段有一个楼,建筑面积是 65800 平方米,初步作价 3.3 亿元,算下来是每平方米 5000 多元。

"我想请问,在郑州经开中心的核心地段以每平方米 5000 多元拿到那样一个楼,谁能做到?我认为我们在郑州经开中心这个买楼恰恰是为股东创造更大的价值,也让员工有了更好的办公环境。"陈向东说,"居然有人说我们洗钱?把钱给洗走了?"

否认高管离职是阴谋论

在跟谁学成长的过程中,有不少高管离职,比如财务高管宋欲晓,公司联合创始人张怀亭等重要人物也都离开。

陈向东说,宋欲晓是其认识很多年的同事,当年一起在新东方工作。自己创办跟谁学后,就邀请他一起来帮忙,宋欲晓也是个非常好的战友,因为家里有很多事情,身体也不好,所以来的时候定了个 4 年之约。

陈向东同时澄清,宋欲晓之前是跟谁学的财务副总裁,从来没做过所谓的 CFO。此外,宋欲晓离开公司是 2018 年 6 月,在他离开之前,跟谁学已经在财务系统培养了很多优秀人才,后来沈楠加入跟谁学成为公司的 CFO,沈楠见到宋欲晓也是上市之后。

"在 2017 年的时候我就让我们的投资人给我推荐 CFO 的人选,宋欲晓的英文不行,身体也扛不住,所以我跟他在 2017 年时就开始找 CFO,到 2018 年时他的身体真的不行了,4 年之约也到了,于是在 2018 年 6 月就离开了。"

张怀亭则是跟谁学的元老,与陈向东一起从 2014 年 6 月开始创业，当时做的是 O2O 产品，2017 年 1 月跟谁学聚焦到 To C 场景，张怀亭就闲下来了，负责投资和对外联络。

陈向东说，自己和张怀亭共同创业的几年，无话不说，也做了非常周密的安排。

"跟谁学并没有什么阴谋论要把联合创始人清出去，而是经历过死亡、经历过业务的重大调整、经历过重大聚焦，不断确立我们的使命、价值观、愿景，确立顶层文化和价值观时，所有的伙伴达成了强烈的共识，对每个人都进行了最好的安排。到了今天，我觉得每个人都找到了他的最佳状态。"

陈向东说，有一家媒体尝试用"跟谁学的创始人有一半离职"这样吸引人眼球的标题来写文章，我知道他们下了很多功夫问我们内部的很多人，但问完之后答案都是一样的。

与香橼、浑水激烈交锋

陈向东创业之前，曾经在新东方做过高管，因此，对于做空并不陌生。他回忆说："2012 年浑水攻击新东方时，我跟老婆说新东方被做空了，我老婆说赶紧把房子抵押出去买新东方的股票，我问为什么买新东方的股票，她说你把命都搭在这了，没日没夜。我们后来借了朋友的钱买了新东方的股票。"

陈向东指出，当时浑水是抓住了新东方的一个把柄，导致新东方的股价连续两天暴跌。浑水通过一个投资人问新东方的 CFO 新东方是否有加盟业务，该 CFO 当时的说法是，新东方没有任何加盟业务。但事实上新东方是有一些加盟业务的，占营收的比重大概只有千分之几，但不管怎样是有加盟业务的。

"当时浑水把录音放在报告首页,说新东方的 CFO 说新东方没加盟业务,但我们查证是有加盟的,所以新东方说假话。"但外界通过长时间的审查发现新东方没问题,这算是浑水做空中概股的一次巨大失败。

而做空机构香橼紧追不放,一连发了 3 份做空报告,称跟谁学虚构 70% 的营收,学生人数及收入与实际状况不符。

香橼还称,自发布跟谁学做空报告以来,其收到来自中国公民的强烈支持和信息,帮助证实跟谁学的欺诈行为,不幸的是,中美两地的信息不对称使得跟谁学至今没有暴露出其作假的行为。

香橼的报告称,瑞幸咖啡的警示故事给了我们几个宝贵的教训:

第一,无论一家公司多么"正面",某些中国公司的欺诈意愿不能被忽视或轻描淡写。

第二,中国消费者对揭露欺诈行为抱有警惕的兴趣,而不是同谋。

第三,如果一家公司提交了不可靠的财务报告,即使他们有"一些营收",也应该立即停牌。

重要的是,中国企业的所有欺诈行为都存在一个共同点:如果看起来好得令人难以置信,那它就是真的。

陈向东第一时间做出回应,称真是搞笑,香橼的第一份报告说它雇用了 8 个程序员来爬跟谁学的数据,不料却帮助证明跟谁学的数据是真实的,因为它居然明目张胆地把高途课堂给忽略了。

陈向东称当然知道香橼的背后有着利益相关者,但跟谁学还是以"呵呵"来回应吧。毕竟,出来混迟早是要还的,无论是香橼,还是香橼后面的那些利益相关者。

这之后,浑水又接棒香橼继续做空跟谁学。跟谁学也不断反击,在交锋的过程中,跟谁学的透明度逐渐提高,做空的声音渐渐平息。

再次回到创业原点

2020年11月,跟谁学宣布,为更好地服务中小学学员及家长,进一步实施聚焦战略、形成更大的品牌合力,跟谁学将旗下所有K12业务集中到高途课堂品牌。跟谁学把原先分散在"高途课堂"和"跟谁学"两大品牌中的主讲名师、辅导老师、教育教研体系全面融合和打通,为数百万学员提供全新的一站式教学服务。

调整过后,跟谁学按照K12业务、成人业务、少儿教育业务三大板块,整合出三大产品品牌:专注于K12业务的高途课堂、专注于成人业务的跟谁学、专注于3~8岁少儿教育的小早启蒙,三大业务品牌分别聚焦于不同的细分人群和市场。

2020年12月,跟谁学宣布,几家价值投资者已约定购买总计约8.7亿美元的公司新发行股票,此举是为了增厚公司的现金储备,以加大对旗下K12业务品牌高途课堂的全方位投入。

当然,更大的调整来自于教育培训行业政策的调整。2021年,随着国家大力度治理整顿校外培训机构,包括好未来、新东方等龙头教育培训机构的股价均大幅下挫,跟谁学的市值跌入谷底,陈向东依然继续奋斗。

2021年7月底,陈向东发布公开信,做出裁员决定。陈向东说,2021年,公司面临巨大的外部变化,如果不做大的变化,公司处境就会异常艰难,现金消耗就会吞噬整个公司。

陈向东指出,公司必须聚焦,必须精简,必须扁平化,必须去除冗余,必须打破平衡,必须减少浪费,必须改革绩效制度,必须提升运营效率,必须提升经营水平。

以下是跟谁学上市当天我专访跟谁学CEO陈向东的部分实录。

雷建平:跟谁学曾经遭遇过至暗时刻,最后是您自掏腰包数千万元,帮助公司渡过难关,终于迎来了涅槃重生。能否讲讲当时的细节?

陈向东:大概在2016年的某个时间点,公司账上已经没什么钱了,可能一个月的工资都发不出来。

我曾经跟他们讲过,我是公司里面最穷的。这个穷是一醒来就欠了很多债,都是信任的债,大家信任你,那么多人抛弃那么高的工资跟着你一块创业,这份信任值多少钱啊?

后来我静下心来想,现在公司账上没什么钱了,还不如把我自己的钱拿出来做公司,花自己的钱总比花别人的钱压力小。并且花自己的钱,才会让团队更加聚焦,而不用去想怎么给投资人讲故事,也不用去想怎么包装公司。

我们应该踏踏实实去服务学生、服务家长,并让合作伙伴和员工获得成长,这个事情想明白之后我就很坦然了。

当做了正确的事时,慢慢账上就不缺钱了,现金越来越多。假如有员工要走,我就按照条款做回购。早期的一些员工,甚至包括一些合伙人说现在家里缺钱,我说"那行啊,我给你钱,股票收回一点"，其实到最后就是承担这份责任。

跟谁学只进行了一轮融资

雷建平：在线教育企业普遍会进行多轮融资，有说法是，跟谁学后来没有进行融资，是因为把估值定得太高，导致后续的投资人不太容易进来。

陈向东：我们当时确实是中国最大的A轮融资——5000万美元。跟谁学打响了在线教育融资的第一枪。我记得2015年后，好像全世界的教育投资有50%多投入了中国教育，才有中国在线教育的蓬勃发展。

这次到美国来，美国投资人用了我们的产品说："天呢，这怎么比美国先进啊？"这是美国人讲的。我们进行A轮融资时的估值是很高，但投资人也都赚了十来倍。

其实后期我们也想过融资，为什么后来没有融资呢？我是在某个时点突然想明白了，我觉得反正我还算有钱，为什么不把我的钱都拿出来？我就极其专注、极其认真地做一件事，总会有回报的。

雷建平：是什么导致当时跟谁学出现至暗时刻？

陈向东：现在回想起来，我们当时犯的最大的错误就是做多了，做多了之后就不聚焦。我是在2014年6月创办的公司，到2015年3月的时候，我们就做了3000多人的在线直播大班课，那是在业内第一家那么多人数同时并发。

我们在2017年的时候全力去做在线直播大班课，那时候对于"To B"业务来说要么关掉，要么拆分，我告诉所有人我们只做一件事。

当时有 8 个核心人物,我跟他们讨论时,其他 7 个人都不同意我的决定,每个人都站在他们的角度说哪个业务应该开展。他们甚至联合起来先后做我的工作。我跟每个人都谈了话,后来开会时我说:"各位,我们就做做一件事。"大家说"To B"的服务一个月有 1000 万元的收入,难道说不要了?我说不要了。他们说,没钱了怎么办?我说没钱了我个人掏钱。

最后大家都没办法了。公司不是我一个人的,但我承担所有的责任。大家还是信任我的,在最困难的时候患难见真交。

雷建平:您是从新东方出来的,团队中有很多人是从百度出来的,整个团队都带着光环,当褪去了创始初期的"明星光环",是什么样的感觉?

陈向东:坦率讲,我创业的时候已把自己的光环剥掉。当时刚创业,就像一个孩子一样,很多东西还是不太懂,就会学习不同的经验。

当你从每一次的错误、每一次的头破血流当中都能够学到东西,最后构建自己强大的底层思考系统的时候,你就和别人不一样了。

其实那些错误恰恰是你人生当中所要经历的,就像爬山时遇到的坎、坑,我觉得蛮好的。

曾拿 30 万元到武汉开拓 当年做到 1500 万元利润

雷建平:在线教育企业很多是亏钱的,只有少数的企业赚钱,跟谁学能实现盈利,原因是什么?

陈向东：对，表象是比别人盈利性更好，背后实质是做对了一些事情。比如说做教育永恒不变的是最好的老师、最好的产品、最好的服务、最好的教学、最好的结果。

我在 1988 年参加工作，17 岁就做了初中老师。经过这么多年，我认认真真、踏踏实实地不断提升自己，在新东方也待了十几年，学到了很多东西。

今天我在做这件事的时候，不是说 5 年就做得这么好。不只是这 5 年，前面 20 多年我一直在积累。

我在新东方时曾创造过两个纪录，第一个纪录是我当年拿了 30 万元到武汉去创办学校，一个人去。结果第一个完整年度，我就做出了 1500 多万元的利润，这个利润大概占了新东方当年整体利润的 1/3。

第二个纪录那年武汉新东方的净利润率是 47%。

我在 2003 年的时候被提拔为集团的副总裁，那时候董事会开会时说我是二号人物，就是排第一的副总裁，后来我离开之后周成刚接任了我的职位。

那几年我是很幸运的，我跟他们讲，刚好赶上了新东方在出国留学的爆炸性的增长时段里。当然我也为新东方做过贡献，至少在少儿英语第二曲线的增长当中，某种程度上是从武汉开始的。

这是为什么很多负责人都是从武汉来的，因为武汉最早做，真正规模化、盈利性的快速增长都是在武汉。

永远做最重要的事 聚焦内部业务

雷建平：在跟谁学创业的过程中，您觉得您做对了什么？

我从2014年开始出来创业,这就是运气好,刚好赶上了直播技术的成熟、大班课互动,这个场景成立了,在线教育出现了爆炸性增长。

我的劣势是以前我不懂技术,过去几年撞得头破血流把技术弄懂了。我懂什么?我懂人性,我懂教育,我懂得怎么去服务他人、怎么去成就他人,我懂如何让自己不断精进。

在线教育和线下教育相比链条非常长,涉及的团队包括流量团队、销售团队、主讲老师团队、辅导老师团队、内容研发团队、题库团队、直播视频技术互动团队、数据/大数据团队,以及其他的管理团队。在那么多的流程环节中,如果你每一个流程环节都比别人做得好一点,那你就能实现盈利,别人就亏损。

一个好的领导者应该拥有三大能力,第一个能力是预测未来的能力。我们今年做得不错,是因为去年、前年做对了事。我们明年、后年做得好是因为今年做了准备。

第二个能力是对合适的人才进行授权。把未来预测好了不能都自己干,得找到优秀的人才并给他们授权,让他们做。找人、训练人就很重要。

第三个能力是能够去复制最优秀的做法,你看哪个东西最好,那就进行复制。

我觉得在这三大能力上,我过去还是做过很多思考的。过去两年多,我谢绝了所有外部访谈,聚焦于内部的业务、聚焦于我们的伙伴、聚焦于我们的客户、聚焦于我们的家长,慢慢就找到我们的边界了。永远做最重要的事,就不会天天被逼着做很多紧急的事。

腾讯音乐上市
多年苦熬 对手变亲密伙伴

2018年12月12日，腾讯音乐娱乐集团在纽交所上市，市值超过200亿美元，发行所得资金总额超过10亿美元。

可以说，腾讯音乐走到上市不容易，当年在线音乐市场版权混乱，盗版横行，各家都活得很艰难，最早做正版的巨鲸音乐早已搁浅，百度MP3已消失。

腾讯音乐则前后整合了QQ音乐、酷狗、酷我、全民K歌，并进一步整合了音乐版权市场。加上在线音乐市场的改变——歌曲下载收费，消费者有了付费意识，使得市场没有像网络视频行业一样陷入持续亏损状态，才有了在线音乐市场的春天。

腾讯音乐的成功，也让酷狗创始人谢振宇、海洋音乐创始人谢国民、酷我创始人雷鸣成为受益者，上市的当天，曾经的竞争对手握手言和，成了亲密伙伴。

IPO 前，酷狗创始人谢振宇持有腾讯音乐 4.2% 的股权，拥有 4.8% 的投票权；海洋音乐创始人谢国民的持股比例为 4.1%，拥有 4.7% 的投票权。IPO 后，谢振宇与谢国民的股份有所稀释，但谢振宇与谢国民持有的股权价值都抵得上一家市值数亿美元的上市公司了。

在腾讯音乐上市当天的答谢晚会上，我就在现场。谢国民动情地说："2003 年推出的 QQ 音乐，到现在 15 年；2004 年开始的酷狗音乐，到现在 14 年；2005 年开始的酷我音乐，到现在 13 年；2012 年 6 月 6 日成立的 CMC，到今天刚好是 6 年 6 个月零 6 天。"

"不管是 15 年前的 QQ 音乐，14 年前的酷狗，13 年前的酷我，还是成立 6 年 6 个月零 6 天的 CMC，在相当长一段时间内，都并不被看好。"

"大家一直认为中国在线音乐是一个没有商业机会的行业。但按照今天的收盘价计算，腾讯音乐已经是一家市值超过 210 亿美元的公司。我们等这一刻等了很久，我觉得我们非常幸运，可以共同见证这个时刻。"

而很多年前，中国在线音乐市场一片哀号，无论是酷狗音乐还是酷我音乐都活得很艰难。在线音乐市场前景最黯淡的时候，酷我音乐创始人雷鸣的经历常被人说道。原因是，雷鸣是百度七剑客之一，2005年从百度功成身退，创办酷我音乐，做在线音乐很多年，艰难求生存，所得收益远远不如雷鸣放弃的百度股权多。

而且，酷狗音乐、酷我音乐尽管用户数量庞大，但很难对用户收费，加上音乐版权方经常挥舞出版权大棒，受困于版权的播放器产业在逐渐暗淡。正是这个时候，曾为新浪副总裁、新浪音乐负责人的谢国民出来了，游说酷我音乐、酷狗音乐结束战争，与海洋音乐一起成立中国音乐集团（CMC）。

三家公司合并前，海洋音乐战略清晰：趁唱片公司授权费低下又缺钱的情况下，以低价签下尽量多的长期独家代理版权，从而拥有足够大的音乐市场版权占有率，再用法律大军大规模扫荡。

拥有足够多的在线音乐版权是谢国民能团结酷狗音乐、酷我音乐的重要原因。海洋音乐还曾想收购天天动听，但忙着处理酷我音乐、酷狗音乐的事，最终天天动听被阿里巴巴收购，继而倒闭。

为避免音乐行业像视频行业一样因恶性竞争而两败俱伤，CMC一直努力推动与腾讯音乐合并。但开始腾讯不太积极，一直未能达成双方认可的合并方案。2016年3月开始，并购了酷狗音乐、酷我音乐的CMC聘请高盛和摩根坦利两家投行启动美国上市进程。当时大的市场环境比较好，CMC上市进展顺利。

或是考虑到CMC独立上市之后将有更多可能与阿里音乐、百度音乐或网易云音乐之间进行合纵连横，在2016年6月6日CMC进入上市实质阶段之后，腾讯对于合并态度转为主动，开始加速合并谈判，并最终同意了CMC提出的合并方案。

2016年7月，CMC和腾讯音乐（包含QQ音乐和全民K歌）正式合并，CMC随之终止了上市计划，双方开始进行业务整合。

因为双方在内容资源和用户市场上的高度互补和战略协同效应，合并之后新的音乐集团的用户、收入和利润各项核心指标开始高速增长。

在新公司中，腾讯高级执行副总裁汤道生兼任董事长，副总裁彭迦信任 CEO[一]。谢振宇、谢国民分别任腾讯音乐联席总裁，雷鸣则从腾讯音乐淡出。

谢国民、谢振宇、雷鸣及腾讯的高管在做在线音乐这件事情上都体现出了极大的胸怀，彼此曾经竞争很多年，打得你死我活，如果不能包容，合并后的腾讯音乐很难走到今天。今天的在线音乐市场的消费习惯发生了很大改变，消费者也已经习惯付费，在线音乐市场也形成了一个很大的产业。

这和中国网络视频行业很不一样，一直到今天，网络视频行业依然是烧钱的重灾区。

当然，到 2019 年 6 月，谢国民因个人原因辞任腾讯音乐董事及联席总裁和其他所有行政职务，联席总裁谢振宇兼任集团首席技术官（CTO）。腾讯音乐任命集团副总裁陈琳琳担任酷狗业务线负责人，副总裁史力学担任酷我业务线负责人，二人均向首席执行官彭迦信汇报。

谢国民算是功成身退，开始追求属于自己的新事业。

消费者为付费埋单

这些年，腾讯一直在持续加大对音乐产业链上下游的投入力

[一] 2021 年 4 月，腾讯音乐管理层进行调整，任命彭迦信为执行董事长、梁柱为新任 CEO。

度。2020年6月,华纳音乐在美国上市,腾讯投资超过2亿美元。

2020年3月,腾讯牵头的财团完成对环球音乐10%股权的收购交易,2020年12月,腾讯音乐宣布,通过旗下一家全资子公司参与的由腾讯控股牵头的财团将行使认购权,以企业价值300亿欧元的估值收购 Vivendi SE 旗下环球音乐集团(UMG)额外10%的股权。

作为全球最大录制音乐公司和第二大词曲版权公司,UMG拥有包括 The Beatles、Queen 等传奇音乐人和 Taylor Swift、Billie Eilish 等顶尖音乐人在内的音乐内容。

随着时间的推移,腾讯音乐在中国音乐版权市场一家独大,行业老二网易云音乐尽管拿到了阿里巴巴、百度的投资,但依然生存很艰难,网易云音乐上有很多知名歌曲因为版权原因被下线。

虾米音乐是国内最早的数字音乐平台之一,曾一度跻身行业第一梯队。2015年,虾米音乐与天天动听被阿里巴巴合并组建成为阿里音乐。虾米音乐进入阿里体系后也未迎来高速发展,反而一步步下滑,直到被关闭。这之前,天天动听早已关闭。外界指责是阿里巴巴通过收购扼杀了两款经典产品。

其实更核心的原因是,虾米音乐在发展过程中曾错失一些关键机会。尤其是在音乐版权内容获取上,虾米音乐没能很好地满足用户多元化的音乐需求。而音乐市场版权集中的结果就是,消费者为付费埋单,付出更高的成本。

小牛电动 IPO
四年跌宕起伏 李一男圆梦

2018年10月,小牛电动在美国挂牌上市,小牛电动CEO李彦当时接受我的连线时表示,在全球股市非常艰难的情况下,还能成功在纳斯达克上市,这体现出投资者对小牛电动产品和团队的信任,这点让小牛电动团队非常开心。

梅花创投是小牛电动的重要投资人。梅花投资创始合伙人吴世春说,不到4年时间一路坎坷曲折,走到上市,这只是一个新起点。"小牛电动这支从苦难中杀出来的团队必会做出千亿的公司来。希望每个创业者都立大志,为自己的人生争取到敲钟的高光时刻。"

小牛电动早期投资人、明势资本合伙人黄明明也表示,虽然大市非常不好,小牛还是站到了那里,敲开了纳斯达克的大门。"真实的创业故事永远比我们想象得更残酷和曲折。"黄明明说,小牛电动出生在聚光灯下,一开始就万众瞩目,中间跌落低谷,在褪去光环后慢慢通过产品实力再次赢得大众的青睐。

"过去四年,我们亲身见证小牛团队在各种质疑和困难中百折而不挠,愈战而愈勇。如今迎来上市,4年来的跌宕起伏,每一幕都历历在目,令我感慨良多。"黄明明指出,外界总喜欢用天才的灵光乍现和领袖的雄才大略,笼统概括创业成功的理由。唯有身处其间,才会更深刻地明白团队的力量。无兄弟,不创业。

小牛电动创始人李一男也现身小牛电动上市现场。尽管不再具体运营小牛电动,但小牛电动的上市对李一男来说意义重大。李一男是小牛电动的大股东,在小牛电动的基金名称为 Glory Achievement Fund Limited。Glory 在英文中的意思是荣耀,Achievement 是取得的意思。李一男将基金的名称取名为 Glory Achievement 意味深长。

行业内的人都知道,李一男被行业称为"少年得志的技术天才",其 23 岁进入华为,不到 30 岁就成为华为最年轻的副总裁,被称为任正非的接班人。

但此后李一男出走华为,相继履职百度、中国移动、金沙江创投,还经历了港湾网络、小牛电动两次创业,还曾因内幕交易入狱,一路走来可以说是跌跌撞撞。

当年,华为成立"打港办"让李一男的创业梦想破灭。此次小牛电动上市,对李一男来说不仅是荣耀的再次获得,也是曾经跌倒后再爬起来的一次圆梦。

走出过山车般的人生

在中国科技圈,很少有人有李一男这样激荡起伏的人生。

李一男 15 岁考入华中理工大学少年班,26 岁被任正非任命为常务副总裁,在华为位居第二,甚至被认为是任正非的接班人。

出走华为时，任正非曾举办欢送会，但此后李一男创办的港湾网络与华为的斗争轰动一时。不少华为人至今仍记得当初举公司之力成立"打港办"，对付港湾网络。

到 2006 年，港湾网络被华为彻底击溃，李一男回到华为，继续出任副总裁。

在华为两年以后的 2008 年，李一男再次出走，又先后出任百度 CTO、中国移动旗下综合信息服务平台 12580 的 CEO；2011 年 8 月，李一男以合伙人的身份加盟金沙江创业投资基金。李一男在百度时，还曾主导了百度搜索技术"阿拉丁""框"技术和凤巢等项目的开发。一些产品迄今对百度的影响依然很大，但李一男在百度仅待了一年多时间。

在小牛电动声势最鼎盛时，李一男却因内幕交易被捕，关了两年半。可以说，李一男的前半生很辉煌，却走出了一个过山车一般的人生，虽远离江湖，江湖却一直有他的传说。

出来之后的李一男并未重返小牛电动，而是加盟梅花天使创投并担任合伙人职务，负责旗下成长基金的投资业务㊀。吴世春当时对我说："小牛发展得很好，很快就要上市了，一男就没再回小牛。一男是受我的邀请一起做梅花天使创投的，他愉快地答应了。"

李一男入狱期间曾数次申请取保候审，因为那是小牛电动的关键时期。《财新》曾报道称，李一男曾多次表示："我是公司的创始人和核心灵魂人物，我的情况导致公司人心不稳，投资人信心不足""每天内心都在滴血"。

㊀ 2020 年，李一男被曝出再次创业。2021 年 12 月，其创办的牛创汽车正式亮相。

黄明明这样回顾过这段创业往事：在关于小牛"团队"的故事里，李一男的名字永远会写在前面。正是李一男对锂电出行前景的笃定，才有了后来仅仅两周时间他就做出和胡依林搭档创业的决定，并在最初一个月内快速组建了小牛的基石创始人团队。是李一男在还没有产品原型的时候就敢拍板把产品定位于国际高端；是李一男在项目缺乏资金时，一次次地追加注资；更是李一男把"技术＋务实"的基因注入小牛团队，为小牛奠定了坚韧创新的团队根基。

"虽然因为个人原因，他现在离开了管理团队，但是没有一男，就没有现在的小牛。感谢一男！"黄明明说。

小牛电动的另一个灵魂人物是胡依林，是他大胆且务实的原创研发精神，让小牛的身影出现在欧洲各国城市的街道上，给在漫长黑暗中摸索前行的团队和投资人带来了巨大的信心。黄明明说："是胡依林赋予小牛'让城市出行更美好'的初心，用他对产品的近乎疯狂的执着，把这种初心变成了整个团队的信仰。"

黄明明说，尤其感谢临危受命、火线加入的CEO李彦。在所有人都不看好小牛的时候，李彦不顾外界抛向他的众多橄榄枝，决定在最危难时候挑起小牛的大梁。"我还记得小牛第一场发布会后，紧急成立五人工作小组（李彦、胡依林、老何、一博和我），自此李彦逐渐担当起团队的催化剂、黏合剂和领导者。"黄明明评价说，李彦不是空降的职业经理人，而是当之无愧的小牛联合创始人，是帮助小牛挺过最危难时刻、自始至终和我们一起并肩战斗的兄弟。

无论对多少事失望 也没理由对最好的时代失望

在小牛电动 2015 年的首场发布会上，李一男曾有一段自白。李一男说：

我起起伏伏的人生，如同过山车一样……很快我就满 45 岁了，我想，青春就是去做自己想做的事情。

我读大学时学的是物理，1998 年代表学校去参加最后一届 CUSPEA 中美物理研究生招考，当时我信心满满，结果比最低录取分数线差了好几十分，让我自信心特受打击。经历了相当长一段时间的迷茫，我想，既然我在物理这条路上没办法做到最好，我就转工科，我想用科技改变生活的梦想总是可以实现的。

读工科研究生的时候，我就去了华为实习，当时的华为远没有今天这么有名。没过多久，我 23 岁的时候就带领了一个 20 多人的团队，做了一个很重要的项目。当时感觉到的是沉甸甸的责任，特别幸运的是，我们居然真的把这个项目做成了，这段时间给我的感受就是敢担当，勇于承担自己的责任。

因为热爱，我选择了创业，年轻的时候就想拼一把；然后 30 岁的时候来到北京创业，当时非常非常的努力，最后的结果大家也知道，失败了。

我想年轻就是努力去做好自己想做的事，而不论结果是什么样。机缘巧合，2008 年的时候，我得以加入互联网和移动互联网的大潮，百度和 12580 的工作经历给了我新的视野。

我想起导师的一句话，当上帝关上一扇门的时候，会打开一扇窗，办法总是比问题更多，只要足够执着。能够加入金沙江创投我感到非常幸运,他们也是我们这个项目最早的天使投资人,在这期间,我们接触了许许多多的项目和许许多多的创业者,他们那种追梦、敢想敢拼、不解决问题誓不罢休的劲头,深深地感动着我。

我相信他们的未来充满着无限的可能,这是一个年轻人的世界,这是一个无限可能的时代,我想用下面的话来对我的过去和未来做一个小结。

学生时代爱追梦,进入职场以后不知天高地厚了,承担了许许多多自己承担不起的责任,30岁的时候想创业,年轻的时候就想拼一把,中间犯了许许多多的错误。我也栽过很多跟头,要问我心里面疼不疼,说句实话,我一直想着,真疼啊!但是我想,谁没有在年轻的时候经历过彻骨的疼痛呢,只要是足够执着,即便到了我这样的年龄,我相信依然有无限的可能。

在这场发布会上,李一男说:"这是我这次创业,在我的生命中写下的一段话,无论对多少事情失望,也没有理由对最好的时代失望,这也是我内心的真实写照。"

到2019年,李一男也从当初意气风发的青年,一晃成了知天命的中年。李一男不在江湖的这段日子,中国互联网行业又发生了翻天覆地的变化,李一男错过了很多。但正如李一男所说的,无论对多少事情失望,也没有理由对最好的时代失望。从小牛电动出来的李一男依然有不一样的人生。

美团奋斗8年终上市
王兴在白热化竞争中杀出血路

2018年9月20日,美团点评①登陆港交所,发行价69港元,募集资金约325.5亿港元(约41亿美元)。在美团点评上市的过程中,腾讯继续加持美团点评。腾讯是美团点评最重要的基石投资人之一,美团点评从5家基石基金共募集资金15亿美元。

美团点评在2017年10月还曾获得40亿美元融资,引入战略投资方The Priceline Group、红杉资本、新加坡政府投资公司(GIC)、挚信资本、加拿大养老金投资公司(Canada Pension Plan Investment Board)、老虎基金等也参与了。这意味着美团点评在不到两年的时间前后融资超过80亿美元。

美团点评也是继小米之后香港第二只"同股不同权"IPO,加上其上市规模巨大,所以备受市场关注。美团点评上市当天,港交所现场提供的是小米同款的"大锣"。

美团点评CEO王兴在致辞中感谢了美团点评3.4亿用户、470万商户、60万外卖小哥和曾经、现在的投资人,感谢了美团点评的所有员工,还特别感谢了乔布斯。王兴感谢乔布斯的理由

---

① 美团点评现已更名为美团。

是，乔布斯发明了 iPhone，开启了移动互联网时代。

王兴说，美团点评逐渐覆盖了消费者的整个生命周期。"从'吃'到'生活'，从外卖到出行、差旅、娱乐、购物，美团走出了自己独有的且不可复制的一条路。"

从当初的千团大战，到这一天的上市，王兴奋斗 8 年终上市，也是在与阿里巴巴、携程、滴滴等企业的白热化竞争中杀出了一条血路。

美团点评从最早的团购起家，业务不断往外延伸，覆盖到外卖、旅游、票务、出行等多个领域。美团点评擅长在成熟市场找到突破口。外界称美团点评是一家战斗能力很强的公司，而其面对的对手也不可小视，都是阿里巴巴、携程、滴滴这样的大玩家。

红杉资本在 2010 年成为美团点评的 A 轮投资人，也是 A 轮唯一的投资人。美团点评上市当天，红杉资本合伙人沈南鹏发布公开信，感谢王兴在美团点评创立之初就选择了红杉。"这可能是我们十几年投资中最重要的一个决定：经历百团、千团大战，以及 O2O 一拨拨企业的跌宕起伏后，美团点评不断拓展新的本地生活领域。"

沈南鹏说，在这场混战中，王兴带领团队越战越勇，硬是在白热化的竞争中杀出一条血路。"对于美团点评和王兴，今天是一个荣耀时刻，更是崭新起点，相信他们会在从移动时代跨向智能时代的跃迁中，既往不恋，纵情向前。"

高瓴资本创始人张磊也在同一天表示，美团点评的业务扩张、开疆拓土，看似霸王枪法，大开大合，让人难以归类，无从对标。"但透过纵横八方的业务逻辑，你会发现，王兴一直坚持以第一性原理思考问题,美团无不在为所切入的领域提升效率,为用户创造价值。"

参与单车战局——27 亿美元收购摩拜单车

说起美团点评上市,不得不说的一件事情,美团点评斥资 28 亿美元收购摩拜单车。这在共享单车领域具有标志性的意义。这之前摩拜单车和 ofo 小黄车还是脉冲式的融资,各大投资机构纷纷站队。

据多位接近事件的人士对我透露,2018 年 4 月 3 日晚上 9 点,摩拜单车股东大会在嘉里中心举行,一直持续到 11 点,最终摩拜单车的股东投票通过美团点评 27 亿美元收购摩拜单车的计划。此次摩拜单车交易细则是,美团点评出 16 亿美元现金,加 11 亿美元的美团点评股票。摩拜单车的股东退出,换成一部分的现金及一部分美团点评的股票。

其实美团点评要收购摩拜单车的事情并不突然,王兴与摩拜单车早期投资人李斌已进行了半年的谈判,一直到收购前两周细节才大致敲定下来。在摩拜单车最有话语权的不是时任摩拜单车 CEO 的王晓峰,也不是摩拜单车创始人胡玮炜,而是李斌。早年是李斌找的胡玮炜做摩拜单车,因此,李斌在摩拜单车拥有很大的话语权。

但摩拜单车的出售计划在股东内部引发了激烈反对,摩拜单车的所有人都觉得摩拜单车至少是一个 50 亿~100 亿美元的生意,却没有想到在 20 亿~30 亿美元规模的时候就要出售。甚至李斌的妻子王屹芝用"悲喜交集"来形容这一交易。

王晓峰当时也持反对出售的立场，他在股东大会上说，摩拜单车的团队犯了很多错误，自己的态度一直是坚持公司独立发展，但胳膊拧不过大腿，创业公司永远绕不开各种巨头。"好多股东也问我的意见，坦率说，公司独立发展有着非常大的机会，也有挑战，但是我没办法……我相信投资机构有自己的业务判断。"

王晓峰还说，规则就是规则，投票就是投票，如果大家做了这个决定，希望大家不要后悔。

胡玮炜则表示："大家都更喜欢戏剧性，我更愿意积极看待一切。谢谢所有人把我们捧到改变世界的高度，也谢谢大家对摩拜的重新审视。并不存在所谓的'出局'。"

但事实就是，最后摩拜单车的几个核心管理层均出局，王晓峰在美团点评收购摩拜单车的当月就离职，胡玮炜接任摩拜单车CEO，刘禹担任摩拜单车总裁的职务。但在2018年12月底，胡玮炜辞去摩拜单车CEO的职位，由公司总裁刘禹接任CEO一职。紧接着在2019年1月，刘禹辞去摩拜单车CEO的职务，并从公司离开，也意味着摩拜单车原有团队成员都不再担任重要职务。

2019年1月，美团点评联合创始人王慧文发布内部信，宣布摩拜单车全面接入美团App，摩拜单车成为美团LBS平台单车事业部，由他本人兼任事业部总经理。"目前美团App和摩拜App均支持扫码骑车，未来摩拜单车品牌更名为美团单车，美团App成为其国内唯一入口。"

到2019年，无论是摩拜单车的投资人，还是最初的管理层，可能都要庆幸美团点评接收了摩拜单车，因为到2018年年底的时候ofo小黄车的处境已经非常艰难了。

ofo 从 2018 年下半年开始就遭遇了严重的危机,到 2019 年春节前,线下退押金的人流冒着北京的寒冬,一度从 1 楼排到 5 楼,且广场上都是人,而线上退押金的人更是超过千万。而 ofo 的股东不仅没有出手相救,传闻核心股东一度是 ofo 新一轮融资的阻力。

ofo 最大的可悲就是,很少有创业者能够像 ofo 这样同时将两个最核心的股东滴滴、阿里巴巴都得罪,但也没去赢取腾讯的欢心。

连一向被业界认为很强势的京东集团 CEO 刘强东、美团点评 CEO 王兴都站队了,ofo 还要保持独立。保持独立、保持傲气需要本钱,尤其是在自身造血能力不强,实现盈利根本无望,行业的天花板已经看得到的情况下,得罪投资人的后果会非常严重。

ofo 创始人戴威是知名的"90 后"创业者,这位北大的骄子在持续犯了一系列的错误后,为自己的高傲和不屈服付出了血的代价。纵然戴威有不错的学历,傲人的家庭背景,但无论是对于阿里巴巴、滴滴,还是朱啸虎来说,戴威都显得太年轻。

在一群巨头和大佬面前很难赢得尊重,总像个小孩一样被呼来喝去,戴威无法忍受这样的屈辱,但与滴滴决裂、与阿里巴巴僵持的背后,是 ofo 陷入了绝境。

2017 年下半年,ofo 早期投资人朱啸虎在 4 个月内 3 次呼吁 ofo 与摩拜"合二为一"。朱啸虎认为,摩拜和 ofo 占据共享单车 95% 的市场份额,仍要投入大量资金运营,只有两家合并才有可能实现盈利。"战局比较明朗化了,再打消耗战就没有意义了。"

但戴威当时说,非常感谢资本,因为资本助力企业快速发展,但资本也要理解创业者的理想和决心,创业者应该与投资人良性互动，共同发展、共同解决问题。

错过了摩拜和 ofo 的合并，朱啸虎将手上的股份及一票否决权转让给阿里巴巴，阿里巴巴有能力在 ofo 的重大决策上与滴滴分庭抗礼，阿里巴巴的入股让腾讯对摩拜和 ofo 的合并失去了信心，进一步促成了美团点评收购摩拜。

很多人都看得出 ofo 的问题，《中国企业家》前执行总编辑何伊凡将戴威与 ofo 的关系比作一个 8 岁的孩子去举 100 斤重的东西——"这 100 斤主要来自哪呢？主要来自他需要处理的复杂关系。因为资本是这样的，一步错，步步错，如果你早期（拿钱）的时候，一些最基本的关系没有处理好，到后期你一定会付出非常沉痛的代价。"

当然，美团点评也不是冲昏头脑地去收购摩拜单车。因为 2017 年 12 月底，王兴通过内部信宣布公司组织升级，聚焦到店、到家、旅行、出行这四大 LBS 场景。

美团点评还成立了出行事业部，由王慧文负责。在出行领域，单车是解决 3 公里以内行程的非常有效的途径，在美团点评瞄准要做出行的情况下，将摩拜单车纳入版图之中也是合理的选择。

不甘心做傀儡 与阿里巴巴持续竞争

相比于与携程、滴滴的竞争，美团点评与阿里巴巴则是从当初的暧昧，走向了全面竞争，作为曾经的股东，阿里巴巴收购饿了么，与蚂蚁金服联手成立阿里口碑，其实都是在与美团点评做较量。

2018年10月，阿里巴巴集团宣布正式成立本地生活服务公司，饿了么和口碑会师合并组成本地生活服务平台。阿里本地生活服务公司也明确了未来的目标——重新定义城市生活。

阿里巴巴合伙人王磊（花名昆阳）任阿里本地生活服务公司CEO[1]，向阿里巴巴集团CEO张勇汇报，兼任饿了么CEO，新的公司收到来自阿里巴巴集团和软银等机构超过30亿美元的投资承诺。

美团点评与阿里巴巴的彻底决裂是从美团点评和大众点评合并开始的，随着以王兴为首的团队主导了新的公司，新公司彻底倒向了腾讯阵营，与阿里巴巴的关系也日趋紧张，以至于在美团点评融资阶段，阿里巴巴一直威胁要打折卖老股票。而阿里巴巴与美团点评纷争的根源在于，阿里巴巴集团想要控制美团点评，使美团点评成为其生态圈的一个部分，但王兴显然有更大的梦想。

美团点评上市后，王兴看起来有点"放飞自我"，2019年4月，王兴在接受《彭博商业周刊》采访时谈到当年阿里巴巴董事局主席马云将支付宝从阿里巴巴集团剥离一事，认为此事对中国商界领袖在全球的声誉造成了持久伤害："我仍然认为他有诚信问题。"这并非王兴首次点评阿里巴巴，早在2017年接受《财新》采访时，王兴就明确表示："如果阿里巴巴各方面做得更有底线一点，我会更尊敬他们。"

这件事情引发了阿里巴巴集团首席市场官王帅的反驳，王帅则说，阿里巴巴为当时关于支付宝的决定感到骄傲和自豪，这个

---

[1] 2021年7月，王磊卸任阿里本地生活服务公司CEO职务。

决定同时也赢得了新老股东和董事的尊重和支持。王帅还借机表扬饿了么团队，暗指饿了么下沉三四线城市之后对竞争对手形成硬核打击，从而引起对手失态。王帅又说，企业领导人的境界和格局决定了企业的未来，恶意中伤不能让自己摆脱竞争的困局。

美团点评的高管都非常低调，王兴也非常善于学习。美团点评 IPO 后，王兴说，自己花了更多的时间放在机构的能力建设上面。"投资人可能更愿意听到公司业务战略方面的内容，但我认为关注组织能力的基础建设也同样重要。"

谈及与竞争对手的关系时，王兴曾公开表示，美团点评不是一家竞争驱动型的公司，其实竞和争本身还不是一回事，同向为竞，相向为争，这两件事情有很大的区别。比方说跑步，大家都是为了到达一个目的地，看谁跑得快，你不是为了把对方绊倒，这是同向为竞。但相向为争，而且即使是争的话，也还分两种，一种是拳击式竞争，一种是足球式竞争。

即便说竞争，美团点评的竞争也是偏向于足球式竞争，美团点评的目的是把球踢进对方的门框里去，并不是为了把对方铲倒，中间有一些过人、铲球、假动作的行为可以理解。拳击式竞争是另外一码事，其胜利意味着要把对方打倒，打倒对方是拳击式竞争目的，但美团点评不是这样的企业。

王兴特别澄清说，有些行业和媒体朋友认为美团点评非常热衷于打仗，也是比较善于打仗的公司，这可能真的是对美团点评的误解。

2017 年 11 月，美团点评曾停止充电宝项目试运营，美团点评联合创始人王慧文披露了美团点评涉足新业务的逻辑，具体有 5 点，分别是：

第一,看业务是否和企业使命相关,"让大家吃得更好,活得更好";第二,新业务所处的行业,在未来一段时间是否会发生巨大的变化;第三,新业务所处的行业,用户和商家是否对现状满意;第四,新业务未来的市场规模;第五,和美团点评已有业务之间的关系。

王慧文说,外界认为美团点评是一家有能力抓住新业务机会并不断拓展业务边界,同时新业务成功率很高的公司,这或多或少影响了很多同事对于新业务成功率的预期。"与外界看到的成功发展起来的业务相比,其实美团点评还有更多探索不成功被关掉的业务。如果说得更远一点,在创办校内网之前曾经有接近10个探索业务失败了。"

王慧文指出,当时只是因为公司体量比较小,并没有被外界所关注。如今,美团点评在新业务的扩展上要建立方法论,让内部对新业务有统一客观的认知。原因是,美团点评一方面要减少无效竞争,另一方面要腾出更多资源和精力探索更多业务,因为美团点评面临的市场有众多机会,应该把最优秀的人员和资源都倾斜到新业务的探索上面去。

2018年以来,美团点评与滴滴的关系一度非常紧张,因为美团点评准备大张旗鼓进入网约车行业,但此后,美团点评放低了音量,不再强调与滴滴公开为敌。

美团点评市值持续走高

2019年上半年,美团点评营收人民币227亿元,较上年同期的人民币151亿元增长50.6%。经调整EBITDA(税息折旧及摊销前利润）达人民币 23 亿元，经调整净利润为人民币 15 亿元，首次实现整体盈利。随着业绩的持续改善，美团点评的股价也重回到发行价以上。

2019 年 10 月 8 日，美团点评市值突破 5000 亿港元，2019 年 11 月 27 日，美团点评市值突破 6000 亿港元。2020 年 6 月 16 日，美团点评的市值突破 1 万亿港元，市值仅次于腾讯和阿里巴巴。2021 年 2 月 19 日，美团点评市值超过 2 万亿港元。

市值创新高的同时，美团点评对人才的考核也进入新阶段。2019 年 9 月底，王兴在内部沟通会再次分享《领导梯队》，王兴认为，在互联网上半场，市场红利仍在，业务可以依靠"市场+创新"驱动发展，而进入互联网下半场，已经转化为"领导力+创新"驱动，人才培养就成为重中之重。人是美团的核心资产，持续培育更多的优秀人才，是美团的核心竞争力。

王兴说："建设领导梯队，提升组织能力，需要看得更长远。在考虑美团未来 10 年时，我们如何通过各方面努力，让新一批各层级领导者成长起来，是我们应该开始做的最重要的事。"

王慧文退出美团管理

2020 年 1 月，王兴宣布公司启动"领导梯队培养计划"，推动公司人才盘点、轮岗锻炼、继任计划等一系列工作有序开展，为下一个 10 年人才梯队培养提供组织和制度保障。

公告宣布联合创始人、S–team 成员、高级副总裁王慧文于 2020 年 12 月退出公司具体事务的管理，S–team 成员、高级副总裁刘琳因个人及家庭原因转任公司高级顾问。

王慧文称，一直以来都不能很好地处理工作与家庭、健康的关系；也处理不好业务经营所需要的专注精进与个人散乱不稳定的兴趣之间的关系；不热爱管理却又不得不做管理的痛苦也与日俱增；也一直担心人生被惯性主导，怠于熟悉的环境而错过了不同的精彩。

因此，王慧文准备在美团十周年之际选择退休，换一个人生轨道和生活方式。"2020年我会和大家并肩作战，全力以赴推动美团发展，确保各项工作有序交接。"

王兴发布邮件称，王慧文是其1997年8月底到清华大学入学报到时认识的第一个同学，转眼23年，从清华到校内网，再到美团。"老王和我是有共同志趣的同学和室友，是携手创业的搭档和并肩战斗的战友，更是可以思想碰撞、灵魂对话的一生挚友。"

王兴还说，大江大河，皆向大海。今后无论在什么样的轨道，用什么样的方式，都会继续求真务实，为客户和社会创造价值，不负时代。

2020年9月，美团点评将公司名称简化为美团，抹去了点评的痕迹。美团点评称，公司名称的简化将有助于对外建立公司统一的品牌形象，增强用户、商户等对公司多业务能力的认知，从而推动公司在聚焦"Food + Platform"战略的同时继续探索新业态，为生态体系中的所有参与者以及社会创造更长远的价值。

2020年12月18日，美团发布内部信，宣布为进一步增强领导梯队建设，公司成立"中高管发展部"，加强对中高级管理者的培养发展、选拔调动、评估任用、考核激励，由联合创始人穆荣均负责。同时宣布美团平台、智慧交通平台、点评事业部及专业委员会等组织调整和任命。美团联合创始人、高级副总裁王慧文顺利完成交棒,按计划正式退休。

在美团点评上市当天,我与王慧文有一个对话,以下是具体的对话内容。

雷建平:美团点评基本上都是在已经有玩家的情况下进入一个相当成熟的市场,还抢占了一个不小的份额,好多人觉得你们善于战斗,是这样吗?

王慧文:我们只是为了进入正确的市场而不回避竞争而已。市场比竞争重要。其实很多市场本身不是我们把市场从别人手里抢过来的,而是我们在进入增量市场中把增量做得更大了。

在把增量做得更大的过程中,我们在赚取增量空间这方面做得更快,获得了更多的用户、更多的商家,导致更快的增长。同行也在跟我们竞争的过程中变大,我认为这是非常关键的。

好的市场一定会有人存在。不能假定说我们能发现一个市场,别人都发现不了。某个市场特别好,增长得又快,然后我们就先进来了,这种可能性有没有?可能性很低的。

大概率是很多人差不多在同一时间发现了一个很好的市场,就像当年的千团大战,因为市场很好,所以很多人进来,竞争很激烈。

雷建平:千团大战真正活下来的很少。

王慧文:我认为跟市场本身的规模效应强不强相关,市场规模效应强,最后这个市场就会只剩一两家,如果规模效应弱就会剩很多家。

但如果市场既增长快,门槛又低,会导致参与者众多,最后剩下的几家不是被我们打死的,而是这个市场的规模效应导致市场只剩下一两家,强规模效应的市场就会这样子,跟竞争者没关系。

比如说广告公司,现在就剩下很多家,因为这个市场规模效应不强。

雷建平:美团外卖的模式和美团点评其他的业务不一样,有人跟我讲,你们曾经组织一些城市经理一起喝酒,说一些豪言壮语,这和科技行业的模式也有点不一样。

王慧文:我认为这跟业务所处的阶段有关系,每一个团队从最开始组建,到对业务的认知,需要强化的地方是不一样的。尤其是早期的时候,可能业务量很少,很重要的一点是让大家相信这个业务有价值、有未来。随着业务体量的发展,大家都相信这件事了,这个时候可能要做的是精细化运营。

对于美团外卖的业务来说,不同的阶段也有不同的作业方式,一线业务人员的工作内容其实是在变化的,并不是从第一天开始就一成不变。我们需要告诉他们朝哪变、变化阶段怎么管理、变化阶段需要怎样顺过来。

雷建平:美团外卖基本是美团点评最核心的业务,怎么看待美团外卖在美团点评的地位?

王慧文:我觉得要回答这个问题应该回到整个公司的大战略上,我们的大战略是 Food + Platform,你可以理解为在 Food 这个领域可做的事非常多。

从最开始我们做点评,后来做团购、做外卖,也给商家提供RMS(Restaurant Management System,餐厅管理系统,简称RMS)。这个产业里没有规模很大的参与者,我们有能力也有义务做更多的工作来推动这个产业的发展。

这会让我们形成各种各样的资源和能力,然后将形成的资源和能力平台化。

我们用 Platform 覆盖整个本地服务里的不同品类，这是整个大战略。在整个 Food 里面，外卖是占我们业务比例比较高的一个业务，当前也是增速比较快的一个业务。

相对来说，我们在 Food 这个大环节里，不仅要做外卖，还要进一步向商家延伸，比如给商家做 IT 系统，做 RMS，做供应链，我们认为这些将来做起来也是很大的业务。

我们认为将来整个公司在业务构成方面会非常丰富多样，可能不同业务所需具备的核心能力差别比较大，比如说我们做供应链，就需要我们培养新能力。

沿着 Food 整个产业链，我们认为整个公司的资源和核心能力在未来会越来越多样。

随时评估美团点评在尝试的业务

雷建平：美团点评现在和滴滴的关系有些紧张，但我看您在路演的时候说，在美团打车这一块暂时不会加大投入力度，原因是什么？

王慧文：对于我们来说，要同时运作多个业务，所以我们需要评估不同业务的投入产出比，我们肯定优先考虑投入产出比更高的领域。

我们怎么评估投入产出比？大概有以下几个要素：

第一，和美团点评大战略的匹配度，跟大战略匹配度越高，资源投入产出比就越高；第二，业务所在行业未来的想象空间，产业未来的想象空间越大，美团点评的投资意愿越大；第三，时间窗口，因为做业务时间窗口非常重要。

很多人奇怪美团点评做了很多业务，还都做得不错，原因在于美团点评在随时评估那些在尝试的业务，始终选择资源投入产出比更高的领域。

比如，2013年我们做外卖之前大概是试点了7个业务，RMS是其中一个，外卖也是其中一个。

在那个时间点，我们评估认为外卖时间窗口好，我们并不是认为RMS的业务不好，只是觉得在那个时间窗口里，RMS没有快速变化，而外卖业务在快速变化，我们认为应该首先做外卖业务，因为外卖业务的投入产出比更高。

所以我们当时就把RMS业务暂停了，把资源都投入外卖业务中。

过了3年，我们在2016年四五月的时候又重新进行了评估，认为RMS业务的时间窗口变得更好，所以我们从2016年四五月开始进行试点，2017年四五月开始正式推广。

为什么在这个时间窗口做RMS会非常好，归根结底是由两个要素决定的，一个是需求，另一个是基础建设。

需求发生了什么变化呢？之前商家没有和互联网交互的需求，而团购、外卖、手机支付这三个业务快速发展之后，导致商家在做生意时需要跟互联网交互的比例上升了。

但是在和互联网交互的时候，商家希望能将RMS整合到原有的IT系统中，但过去的IT系统根本不是这么设计的，这就导致商家需要新的软件系统。

基础建设发生了什么变化呢？过去要给商家做RMS系统有几个要素：第一个是网络，因为接外卖订单必须要有网络，商家需要接入网络，会增加网络成本。第二个是之前做RMS只能在

Windows 系统中做，商家需要买电脑，电脑很贵，好几千元钱。

现在变成什么？可以在 Andorid 系统和平板电脑上直接集成软件，不仅成本低，稳定性也更高。

这些要素的变化导致在 2016 年的时候，行业增速发生了很大的变化，和 2013 年的时候完全不一样了，所以我们在这个时间来做这个业务，投入产出比应该是更高的。

美团点评不是为打仗而打仗 关键看产业机会

雷建平：总体来说，美团点评高层的清华气息特别浓厚，给外界的印象也是特别善于战斗。

王慧文：我认为这是行业决定的，在今天的中国市场中，大家能看得上的、快速增长的业务，实际上都有很多人参与，很多人参与自然表现得好像是在战斗一样。

但是我们觉得不是我们主动说我们一定要战斗，我觉得那是次要的，关键还是在于市场机会。

雷建平：但外界总体感觉美团不断在打仗，每一次都能在成熟市场中咬很大的一块份额下来。

王慧文：我觉得美团点评不是为了打仗而打仗，关键要看市场机会，还是回到那一点，不存在一个市场只有你看到了机会，这个可能性是非常低的。

比如埃隆·马斯克做特斯拉，电动车这个行业只有他自己看到了机会吗？也不是这样，比亚迪也是做电动车的，做得比他早。

这很重要，其实一个行业有机会，看到的人应该是很多的，要参与必然就会有竞争。

于刚激情创业
连续创业 联手刘峻岭送111集团上市

2018年9月,互联网医药健康企业111集团在美国纳斯达克证券交易所挂牌上市,成为中国互联网医药健康赴美上市第一股。

这是在创办1号店后,111集团联合创始人、执行董事长于刚博士与111集团联合创始人、董事长兼CEO刘峻岭再度联手创业,终于成功将1药网送上市。

在上市当天致辞中,于刚说,以前的两次创业都渴望着能带领大家把公司做到上市,但没能如愿,今天终于实现,了却了一个心愿,但这仅是一个新的起点。

对于创业三次的互联网老兵于刚来说，在职场起起伏伏，历经磨难，牺牲了无数个和家人团聚的日子，111集团的上市无疑具有很大的意义。

实际上，111集团上市当天也有一个非常惊险的故事，在于刚致完辞后，刘峻岭上台发言，称"大家先不要急着庆祝，我们还有一个非常重要的事情要处理。我们一个很重要的股东，账号还没开好，钱还没打进来"，然后就急匆匆地走出去了。

好在当天9点30分之前，这个股东的账号问题解决了，钱总算顺利打进来了。111集团当天并没有真正举办敲钟仪式，而是第二天在纳斯达克补了一个上市敲钟。

1 药网脱胎于1号店

111集团由于刚、刘峻岭在2010年创建，于刚和刘峻岭也是电商平台1号店的创始人，搭档11年。当年1号店的规模做得很大，年销售额近200亿元，但并未实现盈利。

业界普遍的看法是，1号店与控股股东沃尔玛之间存在分歧，合作貌合神离。1号店需要快速决策，跟上瞬息万变的市场，而沃尔玛要求决策走冗长和烦琐的流程以保证合规；1号店要求独立经营、独立发展，而沃尔玛认为电商仅是其全零售的一枚棋子，不能破坏现有的格局，双方经营理念相悖。

另一个原因是，1号店最初获得时任沃尔玛全球CEO的麦道克（Mike Duke）的全力支持，董明伦（Doug McMillon）接替麦道克的职务后，带来一连串反应，影响1号店在电商及中国市场的人事和业务调整。

在失去控制权后，于刚和刘峻岭将 1 号店卖给沃尔玛。失去 1 号店创始人及大半高管团队后，沃尔玛将 1 号店出售给京东集团，并达成了深度战略合作；京东则拥有"1 号店"包括品牌、网站、App 在内的主要资产。

于刚和刘峻岭对 1 号店倾注很多感情，离开 1 号店时，于刚和刘峻岭表示，这次选择是人生事业中最艰难的一次，也是最难以割舍的一次。离开后，他们也经常参加 1 号店老员工的聚会。

"我们把 1 号店看成我们的孩子，倾注了所有的心血和情感，我们吃饭、走路、做梦都想到 1 号店，1 号店是我们的一切，我们用'心'而不仅是用'脑'做 1 号店。"

离开 1 号店后，于刚和刘峻岭决定运作医药电商"1 药网"，再次创造辉煌。

2015 年 7 月从 1 号店离开后，于刚和刘峻岭就专心投入 111 集团的运作中。1 药网曾是 1 号店的一个频道，沃尔玛控股 1 号店时，由于国家政策管制，沃尔玛不能在中国从事互联网医药健康行业的经营活动。于是于刚和刘峻岭将 1 药网从 1 号店全额收购，从 1 号店体系中剥离出来。

好的合作伙伴是一份来自上帝的礼物

在 1 药网母公司 111 集团上市的酒会上，于刚说，要感谢的非常重要的人就是合作伙伴刘峻岭。刘峻岭和于刚一起创业 11 年，当初两人在戴尔结缘，之后在一个湖北餐厅一起吃了一顿午餐，受刘峻岭之邀，于刚答应和他一起创业。

在创立 1 号店前，于刚和刘峻岭都曾是世界 500 强高管。于刚曾先后担任亚马逊全球供应链副总裁、戴尔全球采购副总裁，他对亚马逊的供应链进行改造并取得了巨大的成功。

刘峻岭先后担任亚美亚（AVAYA）中国区总裁和戴尔中国内地和香港地区总裁，对于管理和运营具有非凡的能力，带来了戴尔业务在中国的腾飞。

两个人都是非常强势的人，都曾管理过很大的团队，这就使得合作伙伴关系的维护非常重要。

这么多年来，于刚和刘峻岭是怎么维护关系的？于刚透露，两人有一个很好的沟通机制，每隔两个星期，在周五上午9点把门一关，不准任何人打扰，做半个小时的批评与自我批评。

"过去两周，哪些地方做得好，哪些地方做得不好，哪些决策是正确的，哪些决策是错误的，在这个时候，我们完全摊开说清楚。"

于刚和刘峻岭从来不在意某件事上是你对还是我对，重要的是要找到真理在哪里。有一次，两人的意见完全相左，就把团队叫过来讨论，最后拿出来的是团队提出来的方案，而不是两人的方案。

于刚认为，这是两个人做得最好的一次决策。于刚反复强调，好的合作伙伴是一份来自上帝的礼物，可遇而不可求，大家都有心胸，一起全身心投入。

于刚和刘峻岭良好合作的背后，离不开家庭的支持，两人在上市当天也都首先感谢了家人。

于刚说，今天的成功有妻子一半功劳，她默默在后面付出了很多艰辛，也感谢自己的一对儿女。"他们舍弃了大量父子、父女亲情，让我成就我的事业，我为我有这样的儿女感到骄傲和自豪。"

刘峻岭说,大家只看到了今天 IPO 的荣光,没看到背后的艰辛,和于刚开始创业的时候,两个人是没工资的。"没有工资怎么办?我的老婆得出去工作,她去养家,有一段时间我也是'被女人养着的人'。这么多年来,不论我做什么,她都无条件支持。"

激情创业 让不可能变为可能

以梦为马,莫负韶华,创业路上,永远不要低估一颗冠军之心。激情创业,让不可能变为可能。这些年,于刚和刘峻岭为了创业,都熬白了很多头发,但始终充满激情。

于刚说:"也许生理年龄我没办法留住,但我的心理年龄和年轻人是一样的。创业靠的就是内心的信念和激情,有了激情才能用心来做事,用心享受这个过程。"

于刚的一生得到了很多贵人的帮助,也深受他们影响。其中,他从沃顿商学院的导师 Fisher 教授那里学会了低调,虚怀若谷,认认真真做学问。另一位是他在德克萨斯大学奥斯汀分校的同事 Cooper 教授,87 岁还和于刚一起做学问,合作写了四篇文章,于刚从他那感悟到怎样成为绅士,如何做到大气和具有前瞻性。他从亚马逊的创始人贝佐斯那里学到了如何创新和用文化、机制和系统去领导团队完成宏大的事业。

于刚是一个很重感情的人。在 111 集团上市的当天,于刚感谢了每一个帮助他的人,还提及卓尔集团董事长阎志、药明康德集团董事长李革、小米 CEO 雷军、信中利合伙人陈丹等人的帮助。

于刚的团队还专门从中国带来了上百本书,送给了参加111集团上市的嘉宾。于刚在现场用毛笔认认真真地签名,送给大家。

我当时也参加了111集团的上市活动,于刚对我说:"建平,你希望我写什么。要不我给你写一个'追随内心'吧。"我对于刚的采访是从纳斯达克证券交易所回到于刚住的酒店的路上完成的。于刚说:"就像你采访我,我们从纳斯达克出来,一路上你录下了很多纽约路上的声音,这是很珍贵的。"

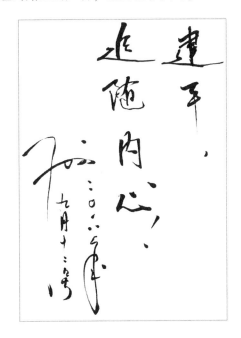

上市后,于刚在武汉参加卓尔书店讲课活动时也提及这段故事,他说:

"9月12日上市的时候,我先后接受了12个采访。有个自媒体人叫雷建平,说要采访我10分钟。我说,好吧,现在回酒店刚好要走10分钟。雷建平说,街道这么嘈杂,效果不好,听不清。我说,这不是最好的采访和记录吗?这样嘈杂的街道,就是此刻的真实。你记录的是现实,也是历史。"

"很多人羡慕成功人士的高光时刻,这些时刻都是用低谷、失望和挫折换来的。上市敲钟了很开心,庆祝一晚上,第二天你还是要回办公室。一进门,各种烦心的事情都来了,但这些都是创业的一部分……"

"我所做的只能是,在每个时刻,在每个领域,都尽最大的努力。而不断地挑战自我,也让我不断地感到没有白活。"

"每个人都有自己的人生,你想做的事情都尽力去做了,剩下的交给上苍。我从不羡慕别人,因为每个人都可以创造属于自己的精彩。尽管有的人认为我并不精彩,没有关系,我认为我尽最大的努力去创造了属于自己的精彩。"

实际上,人员的加盟与离开的确是常态。上市仅仅半年,时任111集团CFO的徐伟豪就于2019年3月离职。徐伟豪是111集团在上市募资过程中从投行中挑选出来的人。而徐伟豪做完上市就撤离了,又回归其原来的投资行业。

徐伟豪的接替人是爱康国宾前CFO陈阳。在加入111集团之前,陈阳曾在爱康国宾医疗集团工作6年,担任首席财务官,负责财务管理及并购、IPO等工作。在爱康国宾被阿里巴巴和云锋基金私有化后,陈阳加盟了111集团。

111集团上市后品牌有了大幅提升,并先后与辉瑞、礼来、同仁堂、哈药等知名药企开展战略合作,截至2019年6月30日,与111集团建立直采战略合作关系的国内外知名药企数量增至124家，环比增长26.5%。

上市也给111集团带来更多压力，比如，因为亏损及资本环境的影响，111集团的股价一直承压，市值下跌了不少。在111集团很快要进入上市一周年的时候，于刚再次接受了我的采访，于刚说，上市是非常正确的决策，使企业管理更加规范和透明，获得了更多的关注和客户。

上市一定不是目标，而是新的起点。111集团更关注的不应该是资本市场，不是股价的涨涨跌跌，而是要聚焦到111集团的客户身上，更好地做好服务。"如果我们真正实现了我们公司的价值，将我们的客户体验做到最好，所有资本市场的认可都是水到渠成的。"

于刚认为，当前111集团的市值完全没体现公司的真实价值，公司是被低估的，但自己不会去抱怨，而是要低承诺、高兑现，最终赢得市场认可。于刚的信心来源于111集团销售翻倍增长，所有运营指标向好发展，比如，客户黏性越来越强，对平台的忠诚度、购买深度和宽度越来越强。同时，111集团的营销成本、后台运营成本、仓储成本、物流成本都在下降，可以清晰地看到实现盈利的趋势。未来111集团的规模效应会得到体现。

尽管111集团还处于亏损状态，但公司一直处于正向现金流运营，111集团从运营中产生的现金几乎可以支撑自身的业务发展。这与于刚曾经在亚马逊工作的经验有关系。因为，亚马逊也曾经长期亏损，但创始人贝佐斯一直坚持永远产生正向的现金流，最终成为一家市值近9000亿美元的公司。

整个2018年到2019年，中国经济环境面临挑战，企业融资也遭遇困难,作为一位创业老兵,于刚给创业者的建议是,现金流是万商之母,一定要管理好现金流,否则,创业者可能会因管理失误而导致企业陷入生存危机。

于刚在2019年向武汉大学捐了800万美元建大楼,谈及这个事情时,于刚说:"我每天都怀有感恩之心。我觉得过去有很多的人、很多的事成就了我,包括我的母校,我的小学、我的中学、我的大学,它们成就了我。

我今天取得的所有成就不是我一个人努力的结果,在这个过程中有很多人帮助过我,我学到了很多的东西,母校也是我形成世界观的地方。我觉得以各种方式回馈母校,回馈社会,这是义不容辞的。所以说类似的事情只要我有经济条件,我一定会持续做下去。"

以下是于刚在111集团上市当天接受我采访时的部分实录。

若没刘峻岭 就没我后面创业的精彩

雷建平:很多创业伙伴往往是不欢而散,甚至反目成仇。而您和刘总(刘峻岭)持续合作这么多年,挺不容易的,你们是怎么做到这么长时间都配合得这么好的?

于刚:我觉得共同的价值观很重要,大家是一起来做一个事业,而且都比较有心胸,不太计较是你对还是我对,而是说真理在什么地方。不要为一些小事闹得不愉快,大家都看大方向。

每个人都有自己的性格,没关系,我尊重你,你尊重我,该争论时就争论,我们都是对事不对人。我们经常复盘过去一段时间哪些事做得对,哪些事做得不对,还有什么地方可以做得更好,这样不断往前走。

我们本来是事业的伙伴，后来变成生活中的朋友，我们两个家庭的关系也非常好，在一起很开心，经常一起活动。

雷建平：夫妻之间都经常吵架，你们之间有些时候也会产生很大的矛盾吧？

于刚：最关键还是要有心胸，愿意为了我们共同的事业而不去计较个人的得失，这点很重要的。

我们不是送了你一本书嘛，书中我专门就合作伙伴写了几个章节，我认为一个好的合作伙伴是一份来自上帝的礼物，可遇而不可求。

雷建平：您在111集团酒会致辞的时候，特别提及刘总，还相互进行了拥抱。怎么评价这个合作伙伴？

于刚：事业上大家互相补位，我来补你的漏，我有事你顶着，遇到问题大家拍拍肩膀互相鼓励，这些都会过去的，再难再苦都会过去的。

雷建平：您也特别感谢了自己的家人，提到在上海的时候搬了五次家，甚至很多箱子都没打开，为什么这些事情让你印象深刻？

于刚：一家人毫无条件地支持我，这也是我能取得成功的一个很重要的要素。如果你在前面创业，后院起火，怎么能安心创业？

创业的时候很艰难，一天到晚见不到我的孩子，回去总是心事重重，家里没有一个安静的港湾，怎么可能好好创业呢？家人对我的支持是巨大的。

雷建平：您说1药网的上市是了却了一个心愿，这是您第三次创业，为什么一直有这个心愿？

于刚：我老觉得一些事情我想到就应该能做到。我做过学者，做过职业经理人，现在又来创业，创业我总想着去完成一个事业，一个梦想。

上市也是我的一个很重要的里程碑，我希望自己能达到这个高度。上市并不是一个终点，而是一个新的起点，让我们去做更大的事业。我给我的人生定了很多的目标，希望能一一达成。

上市是阶段性目标，上市能帮助我们获取更多的资源，让整个企业的品牌形象更好，让我们可以发展得更快，让我们做出更大的事业。

雷建平：在111集团的上市过程中也出现了一些波折，遇到波折时，您会是什么样的心态？

于刚：作为创业者，我们每天都会遇到波折。有时候是大波折，有时候是小波折，我们不把波折当回事，我们认为这就是创业的一部分。

如果做任何事情都很简单、很顺利，那做完了就忘了。只有那些很难的事情才让人难以忘怀，才让人有成就感。为什么我的那本书的副标题叫"把不可能变成可能"？就是指把不可能的事情做成了，才特别有成就感。

雷建平：蔚来汽车和111集团在同一天上市，有创业者评论说，111集团的上市比蔚来汽车更加可贵，因为您在这个年龄还能做出这么大的事业，说明年龄不是做事业的障碍。

于刚：我从来没觉得我年龄大，我跟年轻人一样有激情。为什么我写《激情创业》？出版社几次让我改成别的书名，我觉得都和我的本意不符，我认为《激情创业》是最合适的。

人有生理年龄和心理年龄，生理年龄是我没有办法改变的，但我的心理年龄和年轻人是一样的。我一天到晚充满激情地做事情，我愿意跟年轻人在一起尝试很多新的东西，去探索一些未知的事情，我觉得这让我一直保持年轻。

我以前合作过的一位老先生，98岁去世的，他87岁的时候，我还跟他合作写了四篇文章。他这种敬业精神和激情感染了我。

与人建立个性化关系 珍惜所有过程

雷建平：您本身平时也比较忙，为什么还要坚持写书？在111集团IPO晚宴上，您还现场亲笔签名赠送《激情创业》这本书给每一位来的嘉宾，还坚持写毛笔字，为何要这样做？

于刚：我很重感情，如果说随随便便送一本书，不带我个人的东西，意义会小很多。

不管我的毛笔字写得好还是不好，我都会写，因为那是我本人的，我很重视每个人的个性化。如果我信任你，我会跟你建立起个性化的关系。

我珍惜所有过程，今天是我们的高光时刻，明天我们就要讨论下一步要做什么，这些东西就是一瞬间，但是你会记起来这些人和事。就像你采访我，我们从纳斯达克出来，一路上你录下了很多纽约路上嘈杂的声音，这些都是很珍贵的。

你会记得在纽约的大街上采访了一个人，他的公司刚刚上市，这些记忆很珍贵，比你做的很多事情都珍贵。

21 触宝上市
从小办公室起步 5个联合创始人来敲钟

很多创业伙伴最后都分手了,甚至闹得反目成仇,能够10年如一日并携手走下去的并不多,可能除了111集团创始人于刚和刘峻岭,就是触宝的创始人了。

当年,5个创始人从微软、NTT、交大校园聚到上海紫竹的一间小办公室里创立了触宝,一晃已过去10年,可谓是十年磨一剑。难得的是,10年后的2018年9月,触宝的5个联合创始人又一起来到纽约,敲响纽交所开市钟。

触宝董事长张瞰在上市致辞中说,能遇到一起走过10年、不离不弃的合伙人,是创业最大的幸运。触宝CEO王佳梁[一]也表示,创业10年最大的幸运是遇到4位联合创始人。

在触宝的几个联合创始人中,有3个在微软的时候就是同事,触宝的联合创始人任腾则是王佳梁从学校中招募过来的。

在触宝上市当天的答谢酒会上,王佳梁对我说,当时自己在复旦大学内部网发英文帖子,说你是要做世界500强的螺丝钉,还是要做改变世界的人,有一个人响应了,那就是任腾。

当时任腾才上大二,进入触宝后一直到毕业,任腾都是睡在

[一] 王佳梁于2021年11月卸任CEO职务。

公司做技术。任腾非常有天赋,迅速帮助触宝在技术方面做了改进,并在后面成了触宝的第 5 位联合创始人和首席科学家。

王佳梁说,触宝 5 位创始人的价值观非常一致,有背靠背的信任。"甚至我跟其他 4 位创始人在一起的时间超过了陪伴自己太太的时间。"

触宝的创始团队之间也会吵架。有一次,王佳梁和张瞰吵的声音特别大,甚至在办公室拍桌子瞪眼,其他员工都听到了,以为公司要分家,但后来一切都如往常一样。原因在于,触宝创始人之间的争论都是对事不对人,敢把不同的理解当面直接说,这是对彼此的信任。

触宝也曾几次面临绝境

触宝走到上市也并不容易,10 年中很多当初与触宝在海外同行的优秀团队黯然离场,触宝也遇到过不少挫折和困难,甚至好几次面临绝境。

触宝董事长张瞰说:"我们经历过一次次绝望,又一次次从绝望中咬牙坚持了下来。现在回过头看,无数次面对艰难时刻,我们一起坚持做出了正确的选择,是你们让触宝变得更强大。"触宝坚信过硬的技术是纵横全球互联网的通行证,面对挫折触宝敢于亮剑,当年没能打倒触宝的困难都让触宝变得更加强大。

为何触宝曾经面临绝境?2012 年,基于过硬的创新能力,很多公司选择了触宝的合作方案,引起了巨头 Nuance 的注意与进一步的战略遏制。这也直接引发 2012 年 Nuance 对触宝的专利诉讼。

2019 年 7 月,触宝再次遭遇到挑战——谷歌暂停触宝海外应用通过 Play Store 渠道获客,触宝相应地对各业务线进行优化,重新设计调整了组织架构，为业务开展提供底层技术、数据等资源支撑，提升创新效率，降低创新成本，逐步构建全功能团队，提高决策和响应的速度。

张瞰表示："相信谷歌下架触宝全球产品 App 事件的影响是短暂的，凭借触宝对用户深入而独特的了解，我们有能力驱动用户增长，继续提供独特的价值主张。"

在触宝上市当天，我曾与王佳梁深入地聊了聊，并记录下触宝的这段故事。

雷建平：触宝团队 5 个创始人一起创业，坚持了 10 年，一直走到了现在，而且最重要的几个创始人一直都在一线，你们是怎么走到今天的？

王佳梁：5 个人创业、一起坚持 10 年这样的现象应该很少见。在我们 5 个创始人中，有 3 个是从微软出来的，有两个是后来加入的。我觉得最重要的首先是创始人的价值观问题。

其次是我们在创业过程中都没有在意太多的眼前利益。我刚毕业就拿到了 60 万年薪在投行工作的机会，以及去咨询公司工作的机会，我都没有去。我加入微软时的年薪可能只有投行年薪的 1/4。我在去微软面试的时候，我的上司问我对于 5 年之后的工作是怎么设想的，我当时就说 5 年之后我肯定不在微软了，因为我要创业。

我加入微软的时候就想好了我要找合伙人。其实我的几个合伙人跟我的想法是非常一致的。我们是在创立这家公司的时候就想过要拿风投，要去上市。我们更在乎的是怎么创造价值，用创新的东西改变这个世界。可能你会觉得好像很宏大，但这就是我们的价值观。

所以，对于我们5位创始人来讲，第一，我们有背靠背的信任，也就是说我从来不会担心其他创始人在背后说我的坏话。

第二，我们根本不在意一些利益上的分配。刚开始谈股权的时候，从地铁的台阶上面走到底下我们3个人的股权分配就谈完了，谈完了之后10年时间没有改变过，就是非常简单。我们是一个非常单纯，或者说非常诚恳、非常真实的团队，这是我特别高兴的地方。说实话，创业10年能遇到另外4个合伙人，在我看来真的不容易。

雷建平：几个联合创始人跟您的履历都很接近，都有很高的学历，一路上坚持到今天，想对他们说什么？

王佳梁：几个合伙人在一起工作，包括在微软的经历，可能有超过13年时间了，甚至我跟他们在一起的时间比我跟太太在一起的时间还要多。

在我看来，触宝这10年时间已经成了我人生中一个抹不去的烙印，成为我人生的一部分，而这几个合伙人也成了我人生当中最重要的几个人。所以，不管公司取得怎样的成就，我觉得人生中能有这几个合伙人就非常幸运。

我们经常开玩笑说，有时候感觉那部《中国合伙人》电影拍的就是我们，因为触宝也经历过国际诉讼。

邝总（启明创投创始主管合伙人邝子平）就跟我们讲，他投资了那么多公司，没有一家公司真的能像我们创始团队这么团结。

投资人对触宝团队非常信任

雷建平：触宝的股权结构有些奇怪，启明创投和红杉资本的持股比例比触宝合伙人的持股比例要高，您怎么看待投资人跟你们的关系？

王佳梁：敲钟的两位都是我们的投资人。其中启明创投的合伙人邝总是从 2010 年就开始投资的，他在整个过程中没有任何退出，包括这次上市，他自己都拿出钱买我们的股票。

对于投资人而言，他们非常看好我们的未来，也看好我们的团队。而且我觉得我们的几个投资人，包括红杉资本的孙谦，对我们都是非常支持的。

一方面投资人坚信我们未来会发展得更好，包括我们上市之后，他们都觉得我们公司的体量以及将来的价值是能够成倍增长的，所以才会这么长时间地持有。

另一方面，这些投资人和我们的价值观也非常一致。

雷建平：2018 年正好是触宝成立十周年，这 10 年时间，很多优秀的同行黯然离场，触宝也遇到了很多的挫折，甚至面临绝境，为什么会出现这样的情况？

王佳梁：创业本身就是九死一生的事。而且我觉得触宝能走到今天，和我们的努力有很大的关系，但同时我们也是幸运的。很多的公司尽管自己再怎么努力，还是失去了这样的机会。

我举个简单的例子，刚开始创业的时候，我每天睡四五个小时，但是我一点都不觉得困，为什么？因为我会在每天早上起来打开邮箱看一下用户的反馈，如果用户说很喜欢我们的产品，我就会像打了鸡血一样。

到现在创业 10 年了，你仍然可以感觉到我对于我做的事情非常有热情。

我认为我在做一件有价值的事情，所以在面临困难时，我不会在乎得失和成败，我更在乎的是我去努力做我自己真正想要做的事情。

雷建平：您指的触宝面临绝境是指国外巨头对你们发起反击吗？

王佳梁：有好几次。比如触宝遭遇的"337调查"，当时国际巨头Nuance对触宝进行了专利诉讼。可以说当时我们几乎看不到任何希望，因为它是比我们体量大100倍的美国上市公司。我们那个时候还是一个很小的创业公司。而且本身对于"337调查"，超过一半的中国公司是不会应诉的，他们连应诉都不敢。

剩下的这些公司里面能打赢的中国公司寥寥无几。所以，那个时候我们的胜算真的非常小。我有一段时间非常挣扎，最后我就告诉自己我创业的目的其实就是为了能够创造价值，而我觉得正确的事情就是坚守自己的价值观。

雷建平：您指的挣扎是Nuance对你们发起调查的时候吗？

王佳梁：发起调查时，Nuance起诉触宝侵犯5项专利，对于Nuance而言，只要证明1项专利侵权就可以了，而触宝最后要证明5项专利全部不侵权或者无效，那个概率本身就不一样。

再加上律师费，当时的律师费要几百万美元，而且不管是打赢或者是打输都要付这个钱，你可以想象这个压力有多大。万一官司我们打了，最后还打输了，这个时候对我们来讲是一个巨大的挑战。

但最后触宝打赢了，这是一个巨大的成功。触宝敲钟现场来了两位律师，就是当年帮触宝打官司的律师，当时他们帮我们打赢这场官司之后，也是一战成名。

因为帮这么小的公司打赢一场与国际巨头之间的官司，对于他们来说也是非常值得骄傲的事情。

启明创投邝子平：触宝团队 10 年坚守不易

启明创投是在 2010 年上半年投资的触宝，当时邝子平与触宝团队进行了深入沟通。邝子平在上市现场对我说："现在一晃 8 年多时间过去了，触宝上市对我来说也是非常开心的事情。"

邝子平认为，触宝成立 10 年，5 个联合创始人一直在一线，一直很团结，这是很少见的现象。邝子平说，创业本身就很难，很难从第一天就看透 10 年后的事情，在这个过程当中肯定会有很多的变数。在企业每个转折点都需要做策略的调整，几位创始人的想法未必都一样，未必都想往同一个方向转。

触宝有一个好处，最初选的大方向跟今天做的没有太大差别，他们出道就是做输入法，虽然当时整个移动互联网的市场远没有今天这么好，但当年他们看准了这个大的方向。人自然是很重要的因素，选对方向让他们的团队避免了一些非常激烈的纷争，也营造了一个比较好的环境。

邝子平说，触宝的领头人胸怀很广，既能起一个老大哥的作用，也能够照顾到、容纳得下大家的不同看法。这在绝大部分创业公司中确实是可遇不可求的，即便是看到了触宝今天的成功，我仍然不建议创业公司有太多的联合创始人。

触宝团队坚持了 10 多年，一直到 2020 年 4 月，触宝联合创始人、CTO 王健递交辞呈，这一局面才被打破。

拼多多上市

五环外经济崛起 市值超千亿美元

拼多多是2018年跑出来的黑马,当很多人都以为互联网红利已经消失的时候,拼多多凭借五环外经济崛起。

2018年7月,拼多多在美国上市,市值达240亿美元。为迎接拼多多上市,纳斯达克破例将敲钟按钮由纽约送至上海,由6位消费者于两地同时敲钟,这在中国企业历史上尚属首次。

IPO前,拼多多创始人黄峥在拼多多所占股比为50.7%,对公司拥有绝对的控制权。腾讯所占股比为18.5%,高榕资本所占股比为10.1%,红杉资本所占股比为7.4%。IPO后,黄峥所占股比为46.8%,拥有89.8%的投票权,腾讯所占股比为17%,高榕所占股比为9.3%,红杉所占股比为6.8%。

拼多多此次上市最大的一个特点是,黄峥没有去纳斯达克敲钟,而是在上海。遗憾错过阿里巴巴的上海非常重视,时任上海市委常委、常务副市长的周波在上海衡山宾馆会见了黄峥,称作为一家诞生并成长于上海本地的互联网企业,拼多多是上海新经济的代表之一,令人瞩目。

拼多多的上市,也意味着拼多多正式从阿里巴巴、京东电商两极中走了出来,对阿里巴巴、京东这样的电商巨头形成挑战。

上市当天,黄峥接受媒体群访时表示,尽管上市对很多人来讲是一件大事,但只是公司成长过程中很小的一部分。"我们一直是说要以消费者为中心,我觉得在这个时候,如果把消费者、媒体朋友、投资人请过来,跟大家待在一起,远比一个人在美国敲钟要有意义。"

黄峥认为,上市只是"起点",拼多多刚刚踏上赛道,渴望释放力量,创造更多价值。"我们深知,今天过后,明天的挑战会越来越多;但我们也坚信,冲破重重难关,明天将无限美好。"

拼多多有非常优秀的团队,非常聚焦,同样是一个凹凸镜,能获得的能量就这么多,如果足够聚焦,就可以点燃这个世界。

分析人士认为,拼多多成功的关键点是"拼"和极致低价。

第一是"拼"。"拼"这个字把一个个信息孤岛连接起来,汇聚了巨大的流量。也就是说,如果用户要买一个东西,需要三个人在一起买,会刺激用户把链接发到一个群里,如果一个不够,就发到更多的群。很多商品通过用户分享、拼团在微信里自发传播,最终在那些愿意为找低价商品付出时间的用户中销售出去。

腾讯押注拼多多,拼多多也利用了腾讯的资源,在淘宝和天猫无法触达的庞大微信群中,拼多多游刃有余,大量地"吃进"了微信用户,还不会被微信封杀。

第二是极致低价。当别人"9块9包邮"时,拼多多上商品的价格更低,这让很多平价电商非常难受。拼多多还利用了消费降级的概念,在广大的二三四线城市吸引了非常庞大的用户群体。

拼多多火起来的大背景是,商家在淘宝、天猫、京东这些电商平台上参与营销活动的门槛越来越高,低价商品参与活动很难赚钱，不参与活动又很难获得流量。

上市前后争议不断

快速成长的拼多多在2018年遭遇非常多的风波，最大的问题是产品质量和违规问题，导致投诉多。2018年"618"期间，多个商家还曾在拼多多上海总部维权。

黄峥随后接受了媒体群访，表示自己心里很难受，觉得很委屈。"我没有想到，这样一个规模的事情，被放大到这个程度，这是我工作以来从来没有遇到过的。也是这么多年来，我妈第一次就我工作的事情打电话给我，询问我你怎么了。"

黄峥说，商家到拼多多总部来维权背后的种种迹象显示有人在推动，但首先拼多多还是要反思自身的问题，拼多多已经做到了这样一个体量，的确会影响很多人。"我们在对外沟通时采取了鸵鸟政策，我是要负主要责任的，这是不成熟的表现。拼多多应该越来越像公众公司一样去处理问题。希望以这个事情为契机，让公司更加透明。"

当然，黄峥认为，在这么大体量的情况下，有一些矛盾是不可避免的。吵吵架有时不一定是坏事，如果一对夫妻从来不吵架，那一吵架肯定是离婚，如果天天因为一些小事吵架，关系可能反而更好。

舆论风波在拼多多上市两周后达到顶峰，拼多多不仅被指是"消费降级"的罪魁祸首，更被指是坑害三四五六线用户的帮凶，甚至是让中国打假倒退20年。

比如，拼多多上市后，网上有段子称，以下品牌恭祝拼多多成功在美国上市：小米新品、松下新品、老于妈、粤利粤、雷碧、康帅傅、娃娃哈、大白兔、太白兔、七匹狼、绿剪口香糖、可日可乐、必相印纸巾、帮宝造（排名不分先后）。

对此，拼多多新闻发言人曾说，几乎所有跟帖当中都添加了被炮制出来的"拼多多旋转剃须刀""拼多多门锁型照相机""拼多多小块黑面膜"等从未在拼多多平台上出现过的产品，上述内容均系网络谣言，在网络上被有组织地进行推广，拼多多深受其害。

拼多多还强调，自身打假的决心始终没有变过，如果仅靠售卖山寨和假货而没有核心价值，相信任何一个电商平台都注定不会长久。

黄峥在2018年7月31日表示，段子中小米新品的确存在，但类似康帅傅、雷碧、七匹狼，甚至是可日可乐都是网友想象出来的，在拼多多平台上并不存在。近期舆情对于拼多多山寨电器的争论，根源在于很多产业产能过剩，很多中小企业希望通过蹭流量的方式来销售产品。

"一家厂商如果立志高远，就不会做这样的事情，但并不是所有的厂商都会有此抱负，人在短期利益面前是会动摇的。"黄峥说，"要去疏导这些白牌机厂商，要跟大禹治水一样，不能只靠堵，也要靠疏导，要将其往好的地方去引。"

黄峥当天同时透露，拼多多团队做出了一个艰难的决定：拼多多全体员工的期权锁定3年，3年中，所有的人不能从股票市场（兑现）套现一分钱。

为何要锁定3年？黄峥说，首先拼多多上市是业务的战略选择，是为把公司做得更好，而不是为让一部分人快速套现，公司本身没有太多老股东，从未出现任何套现行为；其次是希望通过上市让公司规范化，包括这次的舆情风波都是外界反馈的体现；最后就是让所有的人心思能够单纯一点，不要去想这个问题，股价涨和跌，跟拼多多的员工没有关系。大家都要回归到相对单纯的状态，以钉钉子的心态一锤一锤地来解决问题。

作为一家靠五环外经济崛起的企业，有很多舆论称，四五线城市的居民贪小便宜。

黄峥则指出他非常不赞同贪小便宜这个说法，不同的人有不同的收入，消费的选择是不一样的，但消费的公平是第一位的。消费者一定要在知情的情况下去消费。比如说有一台创家电视机，但消费者以为是创维，然后就买了，这个时候就相当于是误导了消费者，消费者是受伤的，他不但没有占便宜，反而是一个受害者。

但如果消费者一个月的工资就 3000 元，也知道买一台好电视机需要 3000 元，他觉得花 500 元买个电视机就够了，也不在乎品牌或不在乎品牌有多知名，那么这对他来说就是比较好的选择，也是他负担得起的选择。

曾和巴菲特吃过饭 还获段永平与孙彤宇加持

相比于上市前后在国内市场遭遇持续的抨击，拼多多在美股市场则受到了普遍的欢迎，拼多多在上市时认购非常火爆，甚至可以提价，但拼多多并没有那样做，而是依然坚持将 19 美元作为发行价。

黄峥说，突然之间冒出来几十倍认购的时候，涨价也可以。

如果企业发行价格涨了,投资人也只能接受,但这在一定程度上有点占他人便宜的意思。国外的舆论之所以和国内不一样,一方面是因为美国外市场相对更成熟、更理性,受情绪化影响较少;另一方面是因为美国市场离中国有一定的距离,投资者会更多地站在相对宏观和理性的角度来思考问题。

"当然,我觉得投资人也会很兴奋,确实拼多多在很短的时间内就做到了让人不可忽略的体量。这个体量以及发展速度在一定程度上证明了一种新的模式的成立。拼多多目前还处在初期阶段,自然有很大的上升空间。"

拼多多为何要这么快上市?黄峥说,拼多多现象已经变成一个社会现象,这是拼多多的规模导致的。拼多多缺少和媒体的沟通,如果不上市,往往讲出来的东西可信度反而低。所以上市是一个好的方式,把公司所有的东西都在太阳底下晒出来,并且通过有公信力的机构以及大家都认可的流程来认定。

"把这些问题都放在招股书上,让投资人来一个一个拷问,这样就会变得更加有公信力,在一定程度上减轻了我们的负担,也有利于大家的理解,我觉得这是最重要的。作为这种形态的公司,再过三年、五年也没有太大差别,还不如把这个公司放到监管之下。"

拼多多从五环外经济崛起,而作为"80后"的黄峥绝对是精英人士。据介绍,黄峥12岁时就进入杭州外国语学校。黄峥说:"这所中学开启了我的新世界。"之后,黄峥被直接保送进入浙江大学竺可桢学院,主修计算机专业。2002年的黄峥,即将从浙大毕业,开始赴美留学。网易CEO丁磊还主动联系过黄峥,希望黄峥帮助其解决一个技术问题。

丁磊和黄峥是浙江大学的校友。黄峥曾回忆说："那天下课，我回寝室上网，发现一个陌生人在 MSN 上加我，说他是丁磊，正在研究一个技术问题，当时我还以为他是骗子。"而丁磊又帮黄峥引荐了另一个大佬——段永平，82 级浙江大学老学长。2002 年的段永平早已是江湖大佬，步步高、小霸王都是他的封神作品，他还是 vivo、OPPO 背后的老板。

那个时候，段永平刚刚获得美国绿卡，举家移民美国，也开启了他的投资事业，黄峥也已赴美留学，初次见面两个人聊得很投机。毕业时，段永平还建议黄峥加盟当时未上市的谷歌工作，而非如日中天的微软。很快，黄峥就因为跟随谷歌上市而拥有了百万美元身家。

更神奇的在后面，段永平在 2006 年以 62 万美元的价格拍下"股神"巴菲特的午餐，成了第一位这样做的华人，而他带过去的人中就有黄峥。

黄峥曾说："老段对我的影响非常大，陈明永是他的大徒弟，沈炜是他的二徒弟，金志江是他的三徒弟，我算是他的四徒弟。"黄峥上面提到的 3 位"师兄"陈永明、沈炜和金志江分别是 OPPO 的创始人、vivo 的创始人和步步高的 CEO。黄峥回国创业的第一家公司的投资就来自于段永平。

黄峥认可的另一位大佬是孙彤宇，如今孙彤宇在互联网江湖的知名度不如他的妻子彭蕾大。彭蕾曾是蚂蚁金服的 CEO、董事长，但孙彤宇曾是淘宝创始人，2003 年，孙彤宇受命带着一个团队开启新的创业项目，一手搭建起淘宝。当时孙彤宇任淘宝总经理，兼任阿里巴巴副总裁。

2007 年年底，孙彤宇卸任淘宝总裁的职位，被派往海外学习。孙彤宇回归电商的方式很特别,在成为拼多多的天使投资人后,孙彤宇为拼多多注入了他的电商思想,教会了拼多多如何更好地满足消费者的需求。

不得不说,拼多多成功的背后聚集了非常多的牛人,丁磊、段永平、孙彤宇,还有顺丰创始人王卫,再加上后来腾讯、红杉、高瓴资本这些力量,在互联网江湖创造了一个巨大的奇迹。

在拼多多上市时黄峥曾被问及与段永平和孙彤宇是怎么样熟悉起来的,黄峥说:"这两个人我都认识了10年左右,段永平是丁磊介绍给我的,后来我在美国住得离他家很近,就比较熟了。孙彤宇是国内最早做电商的,我有很多问题会去请教他。我很认同他们的商业理念,并将其融入招股书中,可见他们对我的影响有多深。"

成为上海首家巨型电商公司

上市之后的拼多多也开始了内部治理,黄峥在2018年11月的财报上说,拼多多在不断尝试通过创新技术手段来加强平台治理,比如利用算法模型与图像识别技术打击"傍名牌"。"哪怕消费者在搜索框输入山寨词,也只能搜到正规品牌,倒逼'傍名牌'商家知难而退。"

2019年2月,拼多多又募集了10亿美元,这次发行由原持股股东出售以及新股发行两部分组成。拼多多的创始团队、管理层及员工继续履行此前"三年锁定"的承诺,不在此次售股名单上。拼多多方面表示,募资所得主要投入涉及"农产品上行"与"新品牌计划"等新商业基础设施,以及部分技术研发项目。

拼多多同时披露的《2018拼多多消费者权益保护年报》的数据显示，2018年全年，通过严密的大数据风控系统与人工巡检，拼多多主动关闭超过6万家涉嫌违法违规店铺，下架近4500万件违规商品，前置拦截近3000万条侵权及违规链接。

2019年4月，拼多多发布首份年报，黄峥在致股东信中表示，虽然拼多多成长很快，也有了一定的规模，但从成立到现在仅有4年时间，依然是一家创业公司。就好比是刚读小学的姚明，个头虽高但依然只是个小学生。在这个阶段，拼多多虽然偶尔也会被推上球场，与大块头的成年球员较量较量，但它更需要的是充足的营养和适当的磨炼。

"因为进入了赛场，这个小大人具备了随时产生收入和赚钱的能力。同样，现在的拼多多也具备了产生大额营收的能力，当前的短期开销和营收只有很弱的关联。账面上的短期费用（我们认为相当一部分是有价值的投资）也有极强的随时可调性。"

黄峥表示，拿"储蓄罐"里的钱去存定期恐怕不是一个好主意。拼多多在相当长的一段时间内不会改变现在的经营策略，将持续聚焦在企业内生价值上，积极寻找对公司长期价值有利的投入机会，即使这些投入按照会计准则会被记为大额短期费用。

拼多多的发展势头非常猛，与阿里巴巴存在越来越多的竞争。在致股东信中，黄峥表示，拼多多当前面临的空前"二选一"㊀会持续一段时间，但固有的藩篱必将被打破，形成以创新和增量为导向的竞合是必然。

㊀ 2021年4月，国家市场监督管理总局对阿里巴巴在国内网络零售平台服务市场实施"二选一"的垄断行为做出行政处罚，不允许"二选一"。

黄峥指出，拼多多的出现初步打破了既有电商的格局，自然会让其他平台有所反应，这种反应有时甚至是夸张的。但所有的这些行为并不会给消费者创造价值，也不会给品牌商、生产者创造价值，甚至大多数是以伤害生态相关主体及消费者利益为代价的。

这种为了争取或维持某种垄断而进行的消耗与伤害有时是"杀敌一千，自损两百"，有时是"杀敌一千，自损两千"，如果不能维持长期的"独家排他"，那终将只是消耗而无所得。

黄峥认为，"长期独家排他"是必然会被打破的，假设长期没有一个像拼多多这样体量的新电商存在，那整个产业上下游、品牌商、资金流、物流都将只能在实际上唯一可选的体系内流转，那是不可想象的，也不符合商业逻辑和自然规律。恐怕连自身认为获益的当事方都会逐渐意识到这是个灾难。"所以大体量的新电商是必然会出现的，不是现在的拼多多，就是未来的'好市多 + 迪士尼'。"

2020年4月，黄峥在股东信中说："新的世界正在到来，新的物种必然出现。"

拼多多2019年实现营收人民币301.4亿元。拼多多持有现金、现金等价物及短期投资共计人民币410.6亿元，其中不包括2020年一季度11亿美元的定向增发融资。

拼多多在2020年4月还宣布将认购国美零售发行的2亿美元可转债，期限三年，票面年利率为5%。如最终全部行使转换权，拼多多可最多获配12.8亿股国美新股份，约占后者发行转换股份扩大后股本的5.62%。

同时，双方宣布达成全面战略合作，国美零售全量商品将上架拼多多，品牌大家电将接入拼多多"百亿补贴"计划。

新冠肺炎疫情并未阻碍拼多多的发展，2020年6月，拼多多市值突破1000亿美元，成为上海首家巨型电商企业，并给阿里巴巴带来不小的威胁。

福布斯数据显示，截至2020年6月底，黄峥总身家达454亿美元，超越了阿里巴巴创始人马云（439亿美元），成为中国第二大富翁。

在此时刻，拼多多进行了公司上市以来最大的调整，其中，黄峥通过致全员信的方式宣布，经董事会批准公司原CTO陈磊将出任首席执行官。黄峥则继续担任董事长。拼多多还任命高级副总裁朱健翀为公司首席法务官（General Counsel），任命马靖为公司财务副总裁。

黄峥表示，这几年里，拼多多经历了飞速的发展。"团队的快速扩张、业务的高速增长和外部环境的剧烈变化，都在催促我们进一步迭代升级我们的管理团队和公司治理结构。"

此次调整后，黄峥将花更多的时间和董事会制定公司中长期战略，研究完善包括合伙人机制在内的公司治理结构，努力从制度层面推进拼多多再上台阶，逐步使拼多多成为有国际竞争力的公众机构。

黄峥应该是不愿做中国首富，他同时宣布按照IPO时的承诺，正式成立"繁星慈善基金"，并连同创始团队捐赠名下拼多多上市公司113 548 920股普通股（约占公司总股数的2.37%），旨在推动社会责任建设和科学研究。

同时，黄峥划出个人名下拼多多上市公司370 772 220股普通股（约占公司总股数的7.74%）给到拼多多合伙人集体。

2021年3月17日，黄峥发布2021年度致股东信，宣布卸任拼多多董事长，由现任CEO陈磊接任。

黄峥还表示，在不再担任董事长和拼多多管理职位后，自己1:10的超级投票权也失效。个人名下股份的投票权将委托拼多多董事会以投票的方式来进行决策。他承诺，个人名下的股票在未来3年内继续锁定，不出售。

京东进入了最好的状态

在拼多多快速发展的2018年，京东则经历了多灾多难的一年，这一年京东集团创始人刘强东遭遇巨大风波，声誉遭遇重创，京东的业务发展也受到很大冲击。

京东在2019年进行了大幅的调整，包括京东集团首席技术官张晨、京东集团首席法务官隆雨、京东集团执行副总裁兼首席公共事务官蓝烨相继离职。

京东曾在上市前的2011年到2013年，持续引入了大批的职业经理人。职业经理人一度在京东上市过程中发挥了重要作用，也为京东搭建了非常完善的人才与架构体系。

随着京东再次重视业务发展，以及外部竞争加剧，职业经理人逐渐在京东失宠。一个典型的标志是，2016年8月，京东商城前CEO沈皓瑜下课，为京东商城业绩发展缓慢担责。

另一个标志是，2015年7月初，在宝洁待了23年之久的大中华区美尚事业部副总裁熊青云加盟京东集团，全面负责京东商城的市场部工作，原负责人徐雷则改为负责移动业务。而不到一年，熊青云就在京东失宠，从负责集团市场部的副总裁调任首席品牌官,明升暗降,最终在2017年黯然离开京东。

职业经理人遭遇诟病的原因是战斗力不强,在京东和阿里巴巴的大战中容易落得下风。随之而来的是,京东集团老团队和京东管培生在京东的地位有所上升。

2017年4月,京东宣布原高级副总裁、京东商城运营体系负责人王振辉出任京东物流CEO。2018年7月,京东商城宣布实施轮值CEO制度,由京东集团CMO徐雷兼任首任京东商城轮值CEO,向京东集团CEO刘强东汇报,全面负责商城日常工作的开展。

2019年,在瑞士举办的达沃斯活动上,徐雷、陈生强、王振辉还作为京东集团旗下三大业务掌门人集体亮相,俨然在京东内部形成了一个管理梯队。刘强东对徐雷很信任。据说刘强东在最近一次京东集团内部会上当着100多位高层放出狠话:"谁不服徐雷,就是不服我。"

到2019年上半年,京东又恢复了增长,并且明显加大了对三四五线城市的关注。

2020年1月,徐雷在2019年度京东零售表彰大会上表示,2020年,京东零售要在交易额、收入、用户、利润这四大核心指标上均实现加速增长。

在刘强东淡出京东的时间里,徐雷带领京东进入了最好的状态。2020年6月18日,京东在香港实现二次上市,刘强东并未现身,徐雷为1号位。徐雷现场表示:"京东集团满怀着感恩之心来到香港,不仅是因为我们希望与更多的客户和合作伙伴分享我们的发展成果,更是因为我们对中国和中国经济的未来充满了信心。"

上市仪式现场，京东集团战略执行委员会（SEC）成员首次集体亮相，他们是京东的核心管理层，也标志着京东集团领军人才培养和梯队建设达到新高度。

到 2020 年 9 月，京东的市值已经超过 1200 亿美元。

2020 年 12 月，京东健康在港交所上市。

2021 年 5 月 28 日，京东物流也在港交所上市，募资 241.13 亿港元，市值超过 2500 亿港元，这意味着京东集团在不到一年时间，连续有 3 家企业在港交所上市，且市值都超过千亿元。

外界曾经质疑京东做物流一直是在烧钱，刘强东则坚持认为，京东烧钱是为了建设大量的物流中心和信息系统，是将这些钱实实在在转化成了公司未来的核心竞争力，转化成了用户体验。"为用户体验烧钱，我觉得值得。因为烧钱一定要烧出核心竞争力，任何一家公司只要烧出核心竞争力就可以成功。"

随着京东物流的壮大及上市，当初对京东做物流的质疑声也消失了。

2021 年 9 月，京东零售 CEO 徐雷升任京东集团总裁，正式成为京东集团 2 号人物。

小米奋斗 8 年终上市
世界默默奖赏勤奋厚道的人

2018 年 7 月 9 日，经过 8 年的奋斗，小米正式在香港主板上市。小米 IPO 发行价为每股 17 元港币，估值 543 亿美元。

小米是港交所自改革以来第一只同股不同权的股票，港交所特意选择了一个大锣。这一天港交所盛况空前，挤满了各路人群，雷军带领着高管也意气风发。

在此次小米上市现场，晨兴资本㈠创始合伙人刘芹以及顺为资本创始合伙人、CEO 许达来等投资方都来了，前 UC CEO 俞永福、小米前副总裁 Hugo Barra 也来到现场。

雷军在上市现场说，世界会默默奖赏勤奋厚道的人。小米上市是对小米奖赏的一部分。但这一切只是刚刚开始，上市从来不是小米的目标。"我们奋斗不是为了上市，我们上市是为了更好地奋斗。成功上市只是小米故事中的第一章的总结，第二章更加华丽绚烂。"

早期员工与晨兴资本均获得巨额回报

小米上市造就了一大批富翁员工。2018 年 6 月雷军等小米核心

㈠ 2020 年 10 月，晨兴资本更名为五源资本。

高管在香港路演之际，小米 6~15 号员工进行了一次聚餐，这是小米成立 8 年来的第一次。这些早期员工全部都坚守了下来，和小米一起走过 8 年时间，小米的上市，让这些员工都实现了财务自由。

小米上市后，收获最大的外部投资人是晨兴资本，晨兴资本不只是小米创立之初最早的种子期投资人和最大的外部机构投资人，也很早就捕捉到了 UC、YY、快手、大搜车和脉脉等众多独角兽公司的投资机会。

刘芹将经验总结为相信企业家精神、相信企业家、相信相信的力量。

尽管晨兴资本很成功，但刘芹却毫不掩饰地说，自己的偶像是小米早期的员工——管颖智，在小米上市的庆功宴上，刘芹找到了管颖智，还拍了一张合照，分享到朋友圈。

管颖智打动刘芹的原因是刚毕业就加入小米，在公司早期时真金白银地把自己的嫁妆投资给了小米。刘芹说："我真心崇拜管颖智，她是真正有信仰的投资人，她是我的偶像！"

发行 CDR "胎死腹中"

当然，小米的上市过程并非一帆风顺，在这之前，小米原计划在国内发行 CDR⊖，并且已经在中国证监会网站上公布了 CDR

⊖ CDR，即中国存托凭证（Chinese Depository Receipt），是指在境外（包括中国香港）上市公司将部分已发行上市的股票托管在当地保管银行，由中国境内的存托银行发行、在境内 A 股市场上市、以人民币交易结算、供国内投资者买卖的投资凭证，从而实现股票的异地买卖。

招股说明书。

接近小米的人士透露,当时小米在国内发行的 CDR 占发行后总股本的比例不低于 7%,按当时各大机构分析师给出的超 800 亿美元的市值来算,CDR 融资额度可能超 56 亿美元。

作为可能发行 CDR 第一股的小米却遭遇中国证监会的"最严问询",最终,在上市前不到一个月的时间,小米取消了发行 CDR。

这之后,中国互联网公司发行 CDR 的计划基本都"胎死腹中"了,2019 年 8 月 30 日,小米发布公告,称小米集团被批准撤回发起的主板存托凭证公开发行申请。"公司目前会将主要精力用于集中发展业务,并且公司资金充足,决定终止本次主板存托凭证公开发行事项。"

暂停发行 CDR 这件事情让小米的估值进一步遭受质疑,形势急转直下。小米内部原本保守的估值是至少 780 亿美元,但资本市场不买账,而发 CDR 一事受阻后,关于小米估值能否到 800 亿美元的声音就更多了。面对一堆分析师和投资人的质询,雷军有些赌气地说,小米估值的模型应该是苹果和腾讯的结合。

小米上市前经历了多轮融资,2014 年 12 月,小米完成 11 亿美元融资,投资人包括 All - stars、DST、GIC、厚朴投资和云峰基金等,当时估值已达到 450 亿美元。

到真正上市的时候,小米募集了近 50 亿美元,估值在 550 亿美元左右,这意味着其投前估值实际上较 4 年前基本上没有太大的提升,小米最后一轮投资人所能得到的回报并不高。

小米上市当天跌破发行价,雷军于小米上市第二天在朋友圈说:"今天早上,特意穿了件破洞裤,纪念一下昨天 IPO 首日的表现,时刻提醒自己:革命尚未成功,同志仍需努力!小米加油!"

好在雷军有一帮朋友在关键时刻力挺了小米的股价。在小米庆功宴上,李嘉诚的大管家也来了,雷军在现场不仅感谢了李嘉诚、马云和马化腾等大佬关键时刻力挺小米,也专门感谢了前 UC CEO 俞永福、美图董事长蔡文胜,及没有到场的何小鹏,称他们在小米上市时都大笔买入了小米的股权。

小米限售股解禁期结束后,小米于 2019 年 1 月 9 日发布公告称,出于对公司长期价值的信心,小米创始人、董事长兼 CEO 雷军和其他控股股东承诺持有的所有股票,继续锁定 365 天。

此前小米向港交所递交的招股书显示,雷军在小米的持股比例为 31.41%,其通过 AB 股双重股权架构拥有超过 50% 的表决权,为小米控股股东。

黎万强等联合创始人退休

小米在 2016 年短暂经历低谷,原因有两个:一是团队不断扩大带来了内部管理压力,小米需要修炼管理的基本功;二是小米早期专注电商,彼时遇到瓶颈。

雷军在小米的路演中说,小米走出低谷有三板斧:第一,夯实基础,打基本功;第二,从线上走到线下,打通新零售;第三,全球铺开。通过补课,小米迅速脱离低谷,恢复高速成长。

雷军还表示,小米的梦想是成为一家伟大的公司,好公司赚的是利润,伟大的公司赚的是人心,需要的是信任。

但在上市后，小米再一次进入困难期，比如，股票解禁后股价持续下跌，在上市一周年的时候，小米股价为9.5港元，已较发行价跌去了44%。小米上市之初，有部分机构对小米极度看好，甚至在800亿美元的估值时从小米部分股东处买入，这部分机构损失惨重。

尽管小米开启了第二轮回购，前后达19次，总耗资超过10亿港元，但小米股价还是跌跌不休。

在上市一周年这一天，晨兴资本持有小米股权8年后迎来解禁期，晨兴资本在股份解禁期到来前向合伙人分拆股份。

此外，小米的3位联合创始人刘德、洪峰、黎万强分别持有的3.24亿、6.74亿及6.78亿B类股也进入解禁期。

在2019年1月时，小米已经历了一轮解禁，DST旗下主体Apoletto Managers Ltd.出售近6亿股小米股份。当时有解释称，DST与晨兴资本不是舆论所认为的一味减持。DST为转仓配股，晨兴资本至少已进行配股。晨兴资本这一配股举动，还使得雷军持股数上升。

在小米股价面临腰斩之际，小米联合创始人林斌减持小米股权的行动引发外界质疑。

港交所披露易的数据显示，林斌在2019年8月持续卖出小米股份：8月21日以每股9.0731港元卖出2670万股，8月22日卖出555.96万股，8月23日卖出904.76万股，三日共计卖出4130.72万股。若以每股9港元计算，林斌总计套现近4亿港元。

此后，迫于舆论及内部的压力，林斌称10年前自己有幸受雷军邀请参与创办小米，从创业第一天，就把所有精力都投入了小米。

"对于我,小米就是我事业的全部,没有之一。这次减持只占我所有股份的1.48%,小米依然是我事业的全部。我爱小米,我对小米的未来充满信心,我相信小米模式一定能成功。"

林斌还说,这次自愿承诺未来12个月不再减持,也是其对小米有信心的体现。时间到了2020年9月,也就是林斌承诺的一周年后,他通过高盛转售3.5亿B类股,套现约10亿美元。

2019年以来,小米持续进行组织架构调整,设立财务部、参谋部、组织部三大部门,以及三大集团委员会,即质量委员会、技术委员会和采购委员会。小米完成6个部门的整体构建。

2019年11月29日,小米再次进行架构调整,宣布林斌担任集团副董事长,并继续兼任手机部总裁,向CEO汇报。另外,晋升王翔为集团总裁,协助CEO管理集团运营。

雷军称,王翔自从2015年加入小米之后,为小米集团国际化立下汗马功劳,率领国际部将小米的国际业务拓展到全球80多个国家和地区。2019年第三季度,小米境外市场营收达261亿元,占据小米总营收的48.7%。晋升为总裁之后,王翔身为总裁会协助CEO分担大量管理工作,使雷军可以专注对集团战略方向的把控。

此外,联合创始人黎万强因个人原因离职。高级副总裁祁燕因个人要求正式退休,改任高级顾问。

雷军表示:"感谢阿黎创业以来的长期付出和巨大贡献。阿黎带领MIUI、小米网、小米市场体系等多项业务持续开荒,在商业模式验证执行、企业文化及品牌建设等多个领域,都做出了不可磨灭的贡献。""祝阿黎从此彻底放飞自我,快意人生!"

黎万强表示:"我正式离开小米了,说一声道别,祝福小米未来越来越好。近 10 年征程,感谢雷总,感谢小米并肩作战过的兄弟们,感谢所有媒体朋友、合作伙伴的抬爱和支持,还有天南海北给过我建议和鼓励的米粉朋友!"

黎万强还表示:"还有我老爸 5 点摸黑起来煮的那锅开业小米粥,谢谢这滚烫沸腾的 10 年!"有熟悉黎万强的人士透露,黎万强此前已经与小米管理层达成一致,在 2019 年 4 月以后,就开始休假,目前正专注于自己热爱和追求的摄影和绘画。

而小米上市前夕,小米另外两位联合创始人周光平、黄江吉已辞去公司职务。雷军当时说,因为个人原因,两位联合创始人选择新的生活方式,决定辞去在公司担任的职务。

小米干部选拔原则:以内部提拔为主 海纳百川

小米上市后引入了很多人才,包括邀请金立前总裁卢伟冰担任小米集团副总裁兼红米(Redmi)品牌总经理,并将红米独立出来。红米的使命是直接与华为荣耀⊖竞争。

雷军在红米独立的发布会上风格大变,称以前自己都是悠着的,大家本质上都相安无事,包括友商的子品牌怼了小米五年时间,小米从来没回应过。

"今天我们请来了一员大将,做了一个'小金刚',对方又搞出来几篇文章,说是要科普,是个人都会急的。所以,我们决定不服就干,认真做好产品,死磕回去,教一教对手什么叫性价比。"

⊖ 2020 年 11 月,华为对荣耀业务进行了拆分。

雷军还发微博喊话友商，称担心"小金刚"的配置是绝对过虑，红米不惧任何对手，坚持死磕性价比，并称"生死看淡，不服就干！"

2019年10月，卢伟冰出任小米中国区总裁。小米还陆续引入了联想集团原副总裁常程、小辣椒手机创始人王晓雁、中兴手机原副总裁苗雷、暴风TV原CEO刘耀平等人。

雷军借着刘耀平入职小米，谈及小米干部选拔原则：第一，以内部提拔为主，至少占80%。第二，在同等情况下，优先提拔内部同事，优先提拔年轻人。第三，要强化外部引进，只有源源不断地引进外部人才，才能使团队充满活力。

"小米上市以来，内部提拔了一大批干部，包括集团副总裁颜克胜和崔宝秋，以及三十多位事业部总经理和职能部门总经理等。"

雷军称，外部引进了两位集团副总裁卢伟冰和常程。在事业部总经理这一级，小米刚刚实现了零的突破：刘耀平是我们引进的第一位，他有二十年的电视行业经验。小米将坚持"海纳百川"的人才政策，持续引进更多牛人。

2020年8月26日，小米宣布选定林世伟担任小米集团CFO兼集团副总裁，林世伟有极为丰富的资本市场从业经验和深刻的行业理解，此前任职瑞信亚太区投资银行与资本市场部董事总经理及科技、媒体与电信业务主管。

林世伟也曾担任摩根士丹利董事总经理，负责亚太区科技、媒体与电信行业的资本市场业务。林世伟执行过阿里巴巴、拼多多、金山云、小鹏汽车等美股IPO项目，也执行过阿里巴巴、小米、网易、美图等港股IPO上市项目。

困难和问题是成长历程中的磨刀石

在小米上市一周年的当天,小米 CEO 雷军与众多小米高管一并来到小米科技园开园仪式现场,雷军在现场讲了三个词:激动、感恩和再出发。

雷军曾说,小米在北京创业 5 年,几乎一年搬一次家,5 年内数次搬办公室,跟北漂一族频繁搬家如出一辙,为的是在繁华城市寻得自己的落脚处。

因此,雷军的第一个词是激动。雷军说,小米创业 9 年来,这是第一次拥有自己的"家",这个家还是超震撼的,34 万平方米,52 亿元的投资,4 年的时间,想一想还是很激动的。

"小米每年接待 20 万人次的访客,来自世界各地,他们充分体验了一下千亿创业公司是什么样子。(现在)我们不必再解释我们的创业环境为什么那么差。所以我的内心深处还是非常激动的。"

雷军说,从小米第一座科技园开始,后面还要落实超过 130 万平方米的办公室,小米的办公条件会得到空前改善。

第二个词是感恩,雷军说,主要是感谢科技园的所有建设者,以及所有为小米科技园的建设做出过贡献的同事和社会各界人士。希望小米以腾讯和阿里巴巴为目标,创造能比拟腾讯和阿里巴巴的伟大成就。

第三个词是再出发。雷军说,搬到新的办公室,很快将迎来小米的十周年,希望十周年既为过去画上一个句号,也为未来打开一扇窗户。

"今天小米在成长过程中遇到了各种困难、挫折,我觉得没有困难,没有挫折,是打造不出一家伟大企业的。"雷军说,这些困难和问题,在以后回头看时,都是成长历程中的磨刀石。

让雷军欣慰的是,2019年7月22日,美国《财富》杂志发布了2019年世界500强排行榜,小米首次登榜,排名468位,在上榜的全球互联网企业中排名第7,在上榜的中国企业中排名第112。小米成为继京东、阿里巴巴、腾讯之后第4家登榜的中国互联网企业,也是全球第7家登榜的互联网企业。小米的加入,也使中国登榜的互联网公司的数量超过美国。

雷军当天发布内部信,宣布将赠予每位小米同事1000股小米的股票,其中500股是给每位同事的全球500强成就纪念,另外500股是给每位同事的家人的纪念品。"因为有这么多要感谢的人,所以我们不能停步,唯有继续向前。世界500强考量的是营收规模,我们目前看起来已经成了一家大公司,但大不代表真正强大,更不代表伟大。"

雷军说,创业9年至今,小米模式已经被证明是成功的,但小米并不是为了这样的成功而创立的。接下来,小米还要向着伟大继续前进。

雷军在小米科技园开园庆典上说出金句:幸福都是奋斗出来的,奋斗本身也是一种幸福。

以冬天态度过四季,则四季存

2020年的新冠肺炎疫情重创了湖北,尤其是武汉,疫情期间,雷军还个人出资以小米集团名义捐赠了1070万元。

在金山云上市当天，雷军对我说，今天湖北面临的问题特别严峻，湖北最重要的还是要保持战疫过程当中的勇气和自信去面对挑战，湖北也要把握此次疫情中出现的新机会。政府也要对湖北的企业做相应的支持，帮助他们渡过难关。

雷军还说，小米武汉总部已有 2500 人，2020 年会再扩招一千人，部分解决湖北本地年轻人的就业问题，帮助小米生态链在湖北的企业复工复产。

疫情一度对小米的业务造成了冲击，引发了雷军的担忧。雷军在发给投资人的信中称，保持高效是跨越危机的终极策略。小米一直在践行最严苛的效率准则，既是对极致效率的自我追求，客观上也是一种未雨绸缪：以四季常态过冬天，则冬天亡；以冬天态度过四季，则四季存。

2020 年 8 月 11 日，雷军展开因疫情而耽搁已久的小米十周年演讲，他用 20 个故事回顾了小米过去的热血 10 年，也展望了新的 10 年。雷军公布小米三大铁律：技术为本、性价比为纲、做最酷的产品。

雷军说，要想固守今天的成绩，躺在过去的业绩上过日子，毫无疑问，守不住。要想继续不管不顾、猛冲猛打、粗放成长，毫无疑问，这条路也走不通。

未来的三条路径分别为：第一，重新创业，大胆启用创业型人才，大胆使用创业型的激励，大胆把握新的战略机遇。第二，相信互联网的方法论，坚持用互联网赋能制造业。在继续和代工厂真诚合作的基础上，小米将深度参与制造业。第三，做长期有价值的事情，和时间做朋友。同时，在战略上稳打稳扎，不要冒进。

小米上市一周年时，公司股价面临腰斩，小米上市两周年时，小米终于重回发行价。此后一个月，小米股价更是创下上市以来的新高，雷军总算扬眉吐气。

雷军说，两年多前，小米上市了，但小米的股价长达两年时间低于发行价。"说实话这说出来都比较丢人，这是我过去两年超级郁闷的事情。真的，我今天感到特别欣喜，小米的股价在 2020 年 7 月 10 日回到了发行价，免得让我愧对 17 元钱买小米股票的所有支持我的股东们，在这里我感谢大家。谢谢大家过去两年的支持！"

实际上，创办小米之初，雷军就已经成名，雷军一度担心再次创业失败，他曾在多个场合呼吁社会宽容对待失败者。雷军还说，做小米最怕的就是会不会输。

10 年走下来，小米有高峰，也有低谷，这么多年小米一路坚持了下来，把对手都给熬死了。一位业内人士称，2020 年的雷军，是否想过曾经做手机的贾跃亭会在 2017 年远走美国，曾经做锤子手机的罗永浩会在 2020 年转型做直播卖货，连最强劲的对手华为都出售了荣耀手机？

雷军：为小米汽车而战 我愿意押上我的全部声誉

2021 年 3 月 30 日，雷军又做了重大决定——小米宣布正式进军智能电动汽车市场，要在 10 年投入 100 亿美元，首期投入人民币 100 亿元。雷军说，自己又迎来一次新的蜕变，成了电动汽车行业的一个新兵。

10年前,雷军杀入智能手机市场,彼时他刚刚40岁,如今,雷军已经50岁了。雷军说:"这是我人生最后一个重大创业项目。我愿意押上我的全部声誉,亲自带队,为小米汽车而战!"

雷军说,从程序员到了管理者,从创业者到了投资人,从互联网行业杀到了硬件领域,都是认知结构和人生阅历的巨大变化和翻新。自己这几次变化有被动的变化,也有主动的选择,但回想起来,无论是哪一种,都需要无畏的勇气、坚定的意志和超强的学习能力,以及对抗巨大痛苦的韧劲,毕竟每进入一个新的领域,过去的知识、经验、声望、荣誉、人脉都清零了,你所有的依靠只有一颗一往无前的心。

"感谢这些痛苦和磨炼,可以说没有这些痛苦和磨炼就不会有今天的雷军。持续的蜕变,持续刷新,才能赢得更有趣的人生,所以最近我喜欢上了跑步,在清晨的阳光下奔跑,感受着生活和自然的美好,迎接一场又一场的挑战。"

对于雷军来说,小米进军只能电动汽车市场是一个非常艰难的决定。2021年1月15日,小米董事会建议雷军研究一下电动汽车的前景。刚开始,雷军的内心是非常抗拒的。雷军觉得小米花了5年时间,好不容易把手机业务做到今天,成了世界第三,手机这场仗还没有打完,做汽车会不会分心?但树欲静而风不止,在这个时代的大浪潮面前,小米将何去何从?

雷军说,做还是不做,这真的是个问题。这个决定对他来说真的太重要了,白天的时候能想到一百个理由做,晚上一冷静,又觉得有一百个理由不应该做。他经历了非常痛苦的一段时间,思考也很多。

"我当时在想,当初我们进入智能手机行业,刚刚创业的时候一无所有，所有的竞争对手都是巨头。通过 10 年的打拼，我们取得了今天的成就，小米已经成了一家世界 500 强企业，拥有 3 万多名员工，实力比 10 年前强太多，我们担心和害怕的是什么呢？我想了很久，其实很简单，就是我们今天还有没有 10 年前那种勇气？还有没有 10 年前那种决心？还有没有 10 年前那种体力和投入？这是我反复思考的关键点。"

最终，雷军认为，生生不息是坚定的信念与乐观的信心，生生不息是不断求新的精神和生机勃勃的希望，生生不息是每个人都参与其中推动世界不断向前的壮丽画卷。

小米造车并非完全没有基础。智能手机和智能汽车在软件上是相通的，而小米在 AIoT（人工智能互联网）领域布局已久。而且，在智能汽车市场方兴未艾，蔚来汽车、小鹏汽车、理想汽车相继上市，并在资本市场证明价值，苹果、百度也已经下场造车的背景下，小米此时下场造车的收益最大，而风险最低。

雷军对智能汽车也并不陌生。早在 2013 年，雷军就曾经两次拜访过特斯拉 CEO 马斯克，当时就开始关注电动汽车产业，并且对电动汽车产业一直非常看好。

雷军曾问马斯克："10 年前你为什么做特斯拉？那时电动汽车还没这么火，你是怎样看待这个机会的？"马斯克的回答让雷军终生难忘。马斯克说："我从不觉得这是个好机会，因为它的失败率要比成功率高得多，我只是觉得这是人类应该做的事情，也是值得做的事情，我不想苦苦等待着让别人来实现。"从硅谷回来后，雷军感叹说："我们干的好像都是别人能干的事情，而马斯克干的事情是别人想都想不到的。"

在过去的七八年时间里，雷军也投资了近 10 家电动汽车产业的公司。其中，雷军投资的最知名的是蔚来汽车和小鹏汽车，甚至蔚来汽车这个构思就是雷军和蔚来汽车创始人李斌一起想的，在李斌自掏腰包投资 1 亿美元之前，雷军已经先后投资了几千万美元。2018 年 12 月，蔚来 ES6 上市，雷军还去现场助阵，并和李斌夫妇一起吃了一顿盒饭。

雷军说，在过去的 75 天中，小米管理层进行了 85 场业内拜访沟通，与 200 多位汽车行业资深人士展开了深度交流，召开了 4 次管理层内部讨论会和两次正式的董事会，进行了极为严谨和详尽的调研与论证，才做出了这个小米发展史上最重大的决定。目前小米有 1 万多人的研发团队、稳健增长的全球第三手机业务、最好的智能生态，以及 1080 亿元的现金储备，这使得小米有底气造车。

雷军宣布造车后，刘芹说："关于小米造车的事，我和雷军进行过多次讨论，这让我今年春节过得内心澎湃。今天的雷军举重若轻，宛如 10 年前全力投入做手机的样子，依然很燃！"小鹏汽车 CEO 何小鹏说"人生很短，应多鼓起勇气，追求自己的精彩。要为勇敢者鼓掌，无论结果如何，当越来越多的人这样做之时，世界才会更灿烂！"

刘芹：投资小米是水到渠成的事情

在小米上市的前一天，我与晨兴资本创始合伙人刘芹进行了一番交流，具体如下。

雷建平：雷军在公开信中说，最早期的 VC 第一笔 500 万美元的投资，今天的回报高达 866 倍，很多人都猜到了是晨兴资本，晨兴资本为何会有这么高的回报？

刘芹：只能解释是晨兴资本参与投资小米比较早，我们可能是第一个在种子轮就参与投资小米的机构，是小米的第一个投资机构。这可能跟我们致力于希望成为好公司最早和最长期投资人的理念有关系。

雷建平：当初晨兴资本是怎么发现小米的项目，并很快就进行投资的？

刘芹：可能对小米的投资，对于我和雷军来说都是水到渠成的事情，投资小米的时候是2010年，这之前我们已经合作很多次，认识超过7年。

从雷军做天使投资开始，我们就有非常多的合作，合投了很多不错的项目，相互之间有很多信任，我也觉得他的投资理念跟他做公司的理念很合拍。

雷军那时候把天使投资当成一个复盘和反思，或在重新创业过程中长期的准备过程，在思考一些事情，即再次创业要做哪些事，用什么方式做，在这里面应该扮演什么角色。我一直都知道，他在寻找一个机会，如果再次创业，他一定要找一个足够大的机会。当他决定创立小米的时候，那一天，他跟我通了一个12个小时的电话。

雷建平：您是说2010年的一个通宵电话，让晨兴资本有机会参与创造了一个传奇，在投资上也创造了一个经典案例？

刘芹：确实打了12个小时的电话，通过这12个小时的电话，我就意识到雷军一直在寻找和等待的机会到了。电话里我们也讨论了很多方向，我也发现这个机会挺好的，是非常值得干的一件事，所以水到渠成。

外界误读晨兴资本卖老股

雷建平：在小米上市的过程中，外界对晨兴资本有一个争议，那就是晨兴资本卖小米的老股，具体是怎么回事？

刘芹：晨兴资本是一家机构投资人，一期基金是 2008 年成立的，已经有十多年了。从基金的时间安排上来讲，到十周年的时候应该做一个正常的退出安排。过去 8 年时间，我们对小米没有做任何退出安排。特别是在过去两年时间，小米也在一个起伏阶段，我们还在坚持持有。

在小米上市的过程中，雷总也和我商量，在公司估值、公司新融资和老股的销售上怎么来平衡，刚开始小米 IPO 的需求很强烈，那时候更多考虑的是股票流动性的问题。但是没有想到，现在成了大家关注的焦点，市场上有一种误解，认为我们在拼命卖股票，我觉得主要是因为小米的股价变得非常波动。

我们的退出不代表我们对公司不看好，其实我们对小米长期非常看好，就是因为看好，我们才接受 12 个月的锁定期。我们是小米所有投资人中唯一一个接受 12 个月锁定的期。

雷军长期被市场低估

雷建平：您和雷总相知 15 年，怎么评价雷总？

刘芹：雷军是这个行业里很早就进入中关村的人，他入行非常早。他开始做金山的时候，资本市场对于科技产业的影响还没有真正体现出来。

当他真的开始在思考创业这件事的时候，大家都低估了雷军的能力和实力。包括他做小米，我认为大家低估了他作为一个一流创业者的能力。

我跟雷军认识是在2003年，他后来做天使投资是在2006年和2007年，在那个过程中，我有幸有机会跟雷军交往，可以完整地了解他思考和反思的过程，以及他在金山发展过程中的一些思考。

他在思考的是如何利用资本市场来创造一个更快速的业务增长过程，我觉得他有非常多的反思，这就是为什么小米的发展异乎寻常的快速。

许达来：与雷军是一生挚友

顺为资本是雷军和许达来一起成立的基金，雷军与许达来在金山时代就认识，彼此相知很久。许达来也说明了自己和雷军以及顺为资本和小米的关系，具体如下。

雷建平：上市前，顺为资本持有小米近3%的股权，能否讲一讲顺为资本和小米这一路走下来的最大感受是什么？

许达来：最大的感受是小米今日所取得的成功十分令人震撼，雷总能在这么短的时间内将小米发展至如此规模，这个成就恐怕是空前绝后的。为什么能够有今天的成绩呢？

第一，依靠快速发展的移动互联网，除了小米，移动互联网也催生了大量的独角兽和超级独角兽公司。

第二，雷总带领的团队非常有竞争力，团队成员非常团结，也非常勤奋。

小米不要被短期股价、市值所干扰

雷建平：在这次上市的过程中，小米的估值整体来说有比较大的下调。您怎么看待小米的价值？

许达来：市场的起伏是非常正常的，而且就目前来看，整体市场形势不容乐观，A股、美股、港股，整体市场都不算很好。对于小米来说，上市只是一个里程碑，是新长征的起点，我们不要被短期股价、市值所干扰，这个不重要。

雷建平：您认识雷总很多年，小米还没创立之前就投资过金山，此后，又和雷总一起创办了顺为资本，顺为资本和小米一起投了很多项目，也投了小米，您怎么评价这个亲密的搭档？

许达来：我非常庆幸在十多年前就认识了雷总，十几年来，雷总对我来说就像兄长，更是协同作战的搭档，我们也会是一生的好朋友。尤其是对于我来说，我是新加坡人，在过去的十几年中，每当国内发生一些重要的事情，雷总总会与我探讨，我非常珍惜这样的机会与经历。

雷建平：怎么去形容顺为资本和小米之间的关系？

许达来：顺为资本和小米战略投资团队之间应该是兄弟关系，但我们追求的目标会有不同。小米主要追求的是整个集团的战略投资价值。

顺为资本主要追求的是财务投资价值。所以对于顺为来说，协助创业者创办优秀企业，助力本土行业发展，并且给我们的合伙人带来丰厚的回报，这些是我们坚持不懈的目标。

爱奇艺上市
本是男儿身 只在必要时"砸钱"

2018年3月29日,持续奋斗8年后,爱奇艺正式登陆美国纳斯达克,融资22.5亿美元,市值超过100亿美元。

爱奇艺能够上市,不得不提到一个人,就是百度元老任旭阳。2010年年初,任旭阳找到爱奇艺创始人兼CEO龚宇,谈及美国有一种HULU的视频模式,与视频网站YouTube不同,任旭阳只用了5分钟就打动了龚宇。

龚宇在爱奇艺上市现场说,8年前,任旭阳第一次和他谈到美国有一个新的视频模式,叫HULU模式。"HULU不做UGC,只做长视频,只做专业的内容,只卖广告,免费给用户看。"龚宇说,这5分钟的谈话奠定了爱奇艺8年能做到这么大规模的基础,甚至是改变了中国娱乐行业的结构。这是一个重要的时刻。

龚宇还说,西方投资者对爱奇艺的商业模式有一定程度的低估,但这不重要,最重要的是爱奇艺把目光放得更长远,可以在未来获取更多的关注和大家对爱奇艺价值的认可。

作为爱奇艺的大股东,百度CEO李彦宏也在现场。李彦宏说,对以龚宇为首的爱奇艺管理团队感到非常自豪,也对他们非常有信心。"13年前,百度在这里上市,募集了1亿美元,今天,爱奇艺募资超过20亿美元。"李彦宏说，希望爱奇艺会拥有比发行价更多倍的价值增长。

爱奇艺是百度投资最成功的一家

在百度所有的对外投资案例中，爱奇艺是百度投资最成功的一家。2014年11月，小米和顺为资本联合宣布以人民币18亿元（3亿美元）入股爱奇艺，百度也追加了对爱奇艺的投资。

2017年2月，爱奇艺完成15.3亿美元的可转债认购，参与可转债认购的除了百度外，还有高瓴资本、博裕资本、润良泰基金、IDG、光际资本、红杉资本等，这笔可转债已转化为爱奇艺股权。

谈及与大股东百度的关系时，龚宇在上市现场接受国内媒体电话连线时表示，爱奇艺在绝大部分时候与大股东百度的利益是一致的，不会有什么严重的冲突。

其原因是，龚宇代表的是爱奇艺管理团队和股东的利益，而百度是大股东，且在爱奇艺的投票权很高，所以二者绝大部分的利益是一致的，产生矛盾的概率很小。诸如在技术等层面，爱奇艺与百度可能会产生矛盾。但龚宇说，在过去8年中，无论是爱奇艺改变业务方向、强调自制等多次改变，都没有与百度产生冲突的历史。"Robin（李彦宏）是相信我、相信管理团队的判断的"。

龚宇指出，百度通过资金、资源对爱奇艺进行支持，日常管理还是爱奇艺团队来做，这种架构比事业部的模式具有更多的独立性。爱奇艺发展初期，来自百度的流量占到爱奇艺总流量的

80%。今天来自百度的流量依然很重要,但爱奇艺已是一个足够大的平台,流量和收入已经实现多元化。

龚宇表示,爱奇艺与百度之间的协同效应非常大,主要有三个方面:

第一,AI方面。AI对技术的要求很高,即便是爱奇艺,做支撑AI技术的基础工作还是很吃力。但通过百度的研发中心,爱奇艺会得到很多帮助。

第二,计算资源、存储资源、传输资源等。在龚宇看来,二者业务差异性很大,存在很好的互补作用。与此同时,因为规模足够大,也可以为双方降低成本。

第三,市场销售层面。爱奇艺面对的是品牌广告主,而百度面对的则是中小企业主,这相当于为爱奇艺提供了很多的客户资源。

龚宇也表示,爱奇艺与股东小米合作十分紧密。小米有着很好的互联网硬件入口,小米的默认播放、应用预置都为爱奇艺带来了大量流量。与此同时,爱奇艺平台也将小米的新产品展现给上亿用户,这部分用户是爱奇艺用户也是小米用户。

爱奇艺上市时,龚宇已经50岁了。当龚宇主动向媒体披露这一点时,我就在旁边,但所有的媒体都很难相信,因为从龚宇的相貌看,很难让人相信他已经50岁了。

龚宇在互联网圈的人脉非常广,被认为是一个很有能力的"老好人"。

据非常接近爱奇艺的核心人士披露,当初小米在选择投资爱奇艺还是优酷土豆的事情上,曾经与当初的优酷土豆创始人古永锵交流过,但感觉优酷土豆的初创团队缺乏战斗力,但小米CEO

雷军与龚宇接触后,很快就被龚宇的热情打动,下定决心投资了爱奇艺。

雷军并未出席爱奇艺在美国的上市,但他通过顺为资本CEO许达来用微信电话的形式给龚宇送去了祝福,当时我正好在现场,并用视频记录下了这一幕。

爱奇艺是男儿身 只在必要时"砸钱"

2015年,爱奇艺正式提出"大苹果树模型":即实现同一IP下的多种商业模式;2016年第一届"爱奇艺世界·大会"举办,展现了爱奇艺在纯网内容IP开发领域的创新力和发展规划;2017年,"一鱼多吃"爱奇艺娱乐生态亮相,九大货币化手段代表了文娱产业的成熟商业架构;2018年实现从"种树"到"造林"的苹果园模型构建,"一鱼多吃"模式日渐成熟。

龚宇说,爱奇艺的产品品牌矩阵的形成既是爱奇艺"苹果园模型"的布局成果呈现,又为其生态协同乘数效应进一步放大、"一鱼多吃"商业模式稳健发展构建了稳固基础——爱奇艺AI通过IP把不同内容和服务打通,并通过多产品品牌矩阵深入娱乐领域精细化运营满足用户需求,用多种服务匹配不同货币化方式,进而实现总收益最大化。

在爱奇艺的收入模型中,会员收入逐渐成长为最重要的板块。

2019年6月22日,爱奇艺公布了其最新会员规模数据,截至当日凌晨5点13分,爱奇艺会员数量突破1亿高点,中国视频付费市场正式进入"亿级"会员时代。

爱奇艺会员业务增长的核心驱动力来自于丰富多元的优质内容，推出了《盗墓笔记》《老九门》《延禧攻略》《破冰行动》《奇葩说》《中国有嘻哈》《偶像练习生》《中国新说唱》《青春有你》《乐队的夏天》等众多头部内容。这些内容有效地提升了爱奇艺的市场占有率和品牌溢价，也促使用户付费意愿提升和习惯养成。

爱奇艺通过自有团队制作、外部工作室合作、影视剧定制、参股或投资影视公司、版权采购等多种方式形成了稳定高效的内容供给系统，构建起类型多元、层次分明的内容矩阵，包括大剧、短剧、分账剧集、竖屏短片、互动剧等剧集类型，以及综艺、电影、少儿、动漫等多元内容。

当然，爱奇艺依然处于亏损状态，必须依赖于融资。2019年3月30日，爱奇艺宣布，已经完成2025年到期的12亿美元可转换优先债券的发行，其中包括基础债券发行10.5亿美元，债券初始认购者额外认购1.5亿美元。

对于持续的亏损和融资，龚宇在2017年3月对我有这样的解释：

"融资完成后，外界似乎说爱奇艺有钱了，就可以花钱大手大脚、无节制了。这是外界的误解，首先，大家似乎认为在发行这12亿美元可转换优先债券前爱奇艺没钱了，其实爱奇艺自从诞生之日起一直在有节奏、有规划地进行融资。融资是以我为首的核心团队的日常工作，融资形式包括股权融资、债务融资或其他灵活方式。"

"其次，爱奇艺从来就没烧过钱，而是在必要时'砸钱'。两者的区别在于：烧钱只图个热闹，连响声都没有，砸钱要有回报、有价值，要砸出坑，至少是个大响声。一味地持续竞价买电视台跟播剧是烧钱，一部数亿元的电视剧两三个星期就播完了，热闹之后什么都留不下来。"

"但是做出现象级的爱奇艺出品自制剧、自制网络综艺节目，哪怕成本再高，也要砸钱，要砸出新的路、新的模式、新的属于自己的 IP。"

龚宇还以男儿身来形容爱奇艺。同行说网络视频业务是女儿，要富养女，要舍得投入，不能让她有缺钱的艰难感。"我们好羡慕，因为我们不是女孩子，我们生来就是男儿身。""穷养儿"虽然一直没经历过吃不饱穿不暖的窘境，但爱奇艺也一直没有"饱汉子不知饿汉子饥"的感觉，反而一直有种饥饿感，对自己的前途诚惶诚恐，平时一个铜板都恨不得掰开了花。

"我们是男儿，在看准的时候敢孤注一掷拼一把，哪怕输了就一无所有。"龚宇说，幸好上帝对爱奇艺非常眷顾，没有让爱奇艺一无所有，反倒是让爱奇艺的钱包越来越沉甸甸。

到今天，综合视频网站只剩下爱奇艺、腾讯、优酷土豆，背后分别是百度、腾讯和阿里巴巴，相对于腾讯、优酷土豆对母公司的依赖，爱奇艺的独立性更强。

在爱奇艺 9 周年的媒体活动上，龚宇回顾网络视频行业的发展时说，曾经那么多的视频网站现在都消失了，爱奇艺还一直活着，而且活得很好，竞争者的资源和金钱打不倒爱奇艺。龚宇还说，目前的大环境更成熟、更理性，理性竞争环境更加有利于爱奇艺的发展。

在 2020 爱奇艺尖叫之夜晚会上，龚宇发布企业新使命——"让梦想绽放，让快乐简单"，龚宇表示："爱奇艺希望帮助每个人丰富并实现自己的梦想,与大家共成长。同时,爱奇艺希望利用 AI、5G、虚拟现实等技术,使用户获得快乐的成本更低、更便捷。"

发展到今天,爱奇艺对中国的影视、综艺等娱乐内容服务的影响力越来越大,造星能力也越来越强,爱奇艺推出的《偶像练习生》《中国有嘻哈》等综艺节目培养出了不少偶像明星。

当然,爱奇艺上市后并非一帆风顺,2020 年 4 月,爱奇艺就遭遇了一场做空,第三方机构 Wolfpack Research 在其网站上发布报告称,爱奇艺存在欺诈行为并在 IPO 后持续进行,涉及财务和运营数据等各方面。

爱奇艺回应称,其引用数据与结论严重失实,与实际情况不符。爱奇艺披露的所有财务和运营数据均是真实的,符合美国 SEC 的要求,对于所有不实指控坚决否认,并保留法律追诉权利。

龚宇则称"邪不压正,看最后谁赢","感谢大家的信任和鼎力支持,老老实实做人,踏踏实实做事!"

搜狗 CEO 王小川公开挺龚宇:"与龚宇相识有 14 年,在搜狐共事多年。他的为人、敬业、勤奋都是一等一的好。有机构报道说爱奇艺造假,我就三个字:不可能。"

百度回归香港上市
即便只有 1 元钱 也要投到技术上

爱奇艺上市 3 年后,爱奇艺大股东百度也在 2021 年 3 月 23 日回归香港上市,以当天的收盘价计算,百度市值超过 7000 亿港元。

百度创始人李彦宏在百度香港上市现场表示:"当年,我在纳斯达克大楼前拍了一张游客照。我是一个旅行者,路的起点是中国,纳斯达克只是其中一站,最终百度会回到中国来,因为我们的根在中国!今天,我们终于达成所愿,回到中国香港上市!我们回家了!"

"作为一家从开始到今天,始终相信和热爱技术的公司,我们也更愿意为长期投资、为未来投资，即使在最困难的时候，也一样坚持。有1元钱的时候，我们会投进技术里；有1亿元钱的时候，我们会投进技术里；有100亿元钱的时候，我们还是会投进技术里。因为，只有保持对技术创新的不断投入，我们才能抓住属于百度的云服务、智能交通、智能驾驶和其他人工智能领域的巨大市场机遇。"

李彦宏说，今天的百度，不再是鲜衣怒马的少年，而是踌躇满志的青年了，但是百度对技术的信仰没有一丝丝改变。回到香港二次上市，是百度的再次出发，是百度的二次创业。百度要始终保持着创业者"朝不保夕"的危机感，要有在机会面前"临渊一跃"的求生欲和勇敢，要在前行路上始终坚守百度的使命和担当。

在随后的致股东信中，李彦宏再次强调了对技术的坚持。李彦宏说："从过去到现在，我们的信仰没有变，我们相信技术可以改变世界。我们也有决心，有耐心。我们熬得过万丈孤独，藏得下星辰大海。"

"简单可依赖，还意味着，你要心无旁骛，认准了就去做，不跟风不动摇，你甚至要特立独行。"李彦宏说，百度的很多做法至今仍然没有得到多数人的认同，但百度生而不同，为什么要活成别人的样子？

没有一种坚持会被辜负

百度在2019年到2020年曾经有过两年的低谷，市值最低的时候跌破了400亿美元。而这段时期是中国其他互联网巨头快速发展壮大的时期，腾讯、阿里巴巴的市值与百度大幅拉开，拼多多、美团、京东等公司相继崛起，市值超过百度。

百度为中国互联网公司贡献了大量的技术人才。尤其是在自动驾驶领域，大量人才从百度出来后打造出了一系列知名企业。比如，自动驾驶公司小马智行、文远知行、地平线的创始人均来自百度自动驾驶部门。百度被称为中国无人驾驶领域的黄埔军校。

但长期以来，百度在智能驾驶方面的价值被低估，或者是并未得到体现，往往在百度的财报中还形成拖累。而自 2020 年 12 月以来，百度市值出现了持续反弹，最高市值突破千亿美元。2021 年春节以来，资本市场持续回调，但百度在香港上市时市值仍超过 800 亿美元。

百度市值的大幅回升，一方面得益于整个中国经济迅速从新冠肺炎疫情中恢复，广告市场反弹，百度的主营业务变得更加稳固，市场信心增强；另一方面则是百度在加速转型，加强在电商、本地生活等领域的投入，服务更加下沉，一定程度上减少了对广告业务的依赖。同时，百度在云服务、智能交通、智能驾驶及其他人工智能领域的投入开始有了产出。

当然，促使百度股价大幅提升的更大因素是百度在自动驾驶领域的耕耘逐渐获得认可，以及百度直接下场造车。

2021 年 1 月 11 日，百度宣布正式组建一家智能汽车公司。该智能汽车公司独立于母公司体系，保持自主运营；同时百度将人工智能、Apollo 自动驾驶、小度车载、百度地图等核心技术全面赋能该智能汽车公司，支持其快速成长。吉利为合作方。

百度造车并非没有基础。百度在 2013 年就开始布局自动驾驶,2017 年推出全球首个自动驾驶开放平台 Apollo。到 2021 年,百度布局智能驾驶已经进入第 9 年,百度称,Apollo 的策略是"攀登珠峰、沿途下蛋"。

截止到百度香港上市前,百度 Apollo 测试车队规模已达 500 辆级别,获得专利数 2900 件,测试里程总计超过 700 万公里,获得测试牌照总计近 200 张,其中载人测试牌超过 120 张。同时,百度还将北京市自动驾驶测试管理联席小组发布的首批 T4 级别自动驾驶测试牌照收入囊中。

因此,此次百度回归港股的时期,是百度历史上比较好的时期。走出了阴影的百度甚至还曾在 2020 年最后两天,发邮件感谢员工一起"爬雪山过草地",称过去两年公司经历了艰难的时刻,而今重回上升通道,股价画出了一个 U 形。"回首前尘,万千感叹在心头,没有一种坚持会被辜负。"

360 回归 A 股
周鸿祎携夫人敲钟 与齐向东分家

2018年2月的最后一天,江南嘉捷正式更名为三六零,这也意味着360终于回归A股。这一天,360公司董事长周鸿祎带着自己的太太胡欢及360高管团队出席了敲钟仪式。

360于2015年12月18日宣布私有化,全现金私有化交易估值大约93亿美元。买方团成员主要有中信国安、金砖丝路资本、红杉中国、泰康人寿、平安保险、阳光保险等。

2016年4月26日,国家发改委投资项目在线审批监管平台披露,360私有化项目获得国家发改委通过,2016年7月15日,360私有化正式完成。此后,360选择借壳江南嘉捷回归A股。

当然,360回归A股的道路并不平坦,中间充满了波折,主要原因是,当时中国的资本市场出现了巨大变化。不少要回归A股的企业纷纷下调私有化价格或取消计划,比如,当当就下调了私有化价格,而陌陌、欢聚时代的私有化没有成功。

当时《华尔街日报》一度发文称,360要下调私有化价格,因为360在私有化过程中背负了巨大的债务压力。原因在于,360在私有化过程中交易资金的需求量超过90亿美元,主要包括两部分:收购其他股东股权所需资金,对公司现存长期债务进行债务置换所需资金。360私有化阶段的资金来源初步确定为两个：权益融资约为60亿美元，债务融资不超过34亿美元。

为了获得这笔贷款，360位于北京酒仙桥的总部大楼及360的部分股票还被360作为资产进行抵押。不过，360最终并未下调私有化价格，还是以最初的价格实现了私有化。

360正式上市时，江南嘉捷发布公告，聘任周鸿祎担任总经理，聘任姚珏担任公司财务负责人，聘任姚珏、杨超、谭晓生、廖清红、曲冰和石晓虹担任公司副总经理，聘任张帆担任董事会秘书。公告显示，周鸿祎直接持有新的360公司12.14%股权，为第二大股东，天津奇信志成科技有限公司持股比例为48.74%，为最大股东，齐向东持股比例为1.79%。

那个时候，360的高管齐聚上交所，现场喜气洋洋，周鸿祎的太太胡欢首次在这样的公开场合亮相。

360完成退市一个月后，周鸿祎谈及360私有化，称360这种百亿美元体量的公司退市本身就意味着巨大的风险。此次360的私有化，不仅是中国最大的私有化，也是亚洲最大的私有化。

周鸿祎说，360之所以冒这么大的风险回归国内资本市场，是因为几年前他意识到网络安全已经越来越重要，中国有那么多的手机、电脑在360的安全系统下运营。

"虽然360是中国人创办的企业，但从资本结构来说，360是外资企业，360回归是要变成内资公司，变成中国的公司，这样就能更好地去开拓安全领域的业务。"

周鸿祎说，360当初上市时的发行价是每股14美元，私有化价格是每股77元，360支付了很多溢价。最终360私有化顺利完成，变成一家纯内资公司。所以360私有化不是基于资本考虑的。

周鸿祎指出，360 私有化的进展很快，获得了相关部门的巨大支持，如今回来是给中国的网络安全吃了一颗定心丸。

周鸿祎曾感叹：我的人生竟如此失败

回归上市是 360 最高光的时刻，市值一度冲到 5000 亿元，但在 360 回归 A 股满月的日子，周鸿祎突然感叹："我的人生竟然如此失败，没有任何意义。"

舆论哗然，很多人猜测与中国证券市场准备发行 CDR 有关。

CDR 的到来，意味着符合条件的中概股"回 A"，不需要再像 360 那样费尽周折借壳，甚至 IPO，而可以直接通过发行存托凭证的方式"享受"国内的投资市场，包括百度、京东、腾讯、阿里巴巴都有望通过 CDR 的方式实现回归 A 股。

当时不少人猜测周鸿祎的心境是："（CDR 之后）其他企业都可以轻松回 A 股，周鸿祎却花了一大笔钱。""（好比）自己花了 100 元钱买的门票，却发现别人花 10 元钱就买到了。"这之前，周鸿祎曾调侃自己说："（为了回归 A 股）我现在就是中国最大的'负翁'。"

周鸿祎则打破了所有人的猜想："是状态不好，挫败感源自平衡不好工作和家庭的无能，大家不必牵强附会瞎猜胡乱联想了，感谢很多朋友真诚的关心、问候、鼓励、支持，铭记在心。"

当然，CDR 的事情最终并未成行。

2018 年 11 月，360 遭遇了一个风波——在整个资本环境不佳的情况下，360 市值较最高峰时期跌去过半。

对于上市后市值的下跌，周鸿祎曾公开说，作为一个企业家不要太关心这个问题，还是要关心业务。在企业市值高的时候别觉得自己很了不起，而在企业市值跌得很低时也不要妄自菲薄，企业的价值不完全由市值决定。

2020年则是360的一道坎，开始偿还360私有化银团贷款费用，此外，公司的限售股进入到解禁期，股价面临着波动。

周鸿祎周边的"老人"基本走光

相比于周鸿祎感叹人生竟如此失败，发生在360高管层面的变化更让大家关注。2018年6月19日，周鸿祎突然发微博，要求人力资源部门要定期清理"小白兔员工"，否则就会发生"死海效应"。

职场小白兔的问题并非一个新话题，此前，阿里巴巴创始人马云和巨人网络CEO史玉柱就曾争论：究竟白兔对公司危害大，还是野狗对公司危害大？最终，史玉柱被说服，白兔对公司的危害更大。史玉柱就说，要每季度实行10%末位淘汰，让"兔子窝"变"狼群"。

风投女王徐新也认为，能否合情合理并且及时有效地"拿掉"小白兔，是对人力资源工作最大的考验，因为"没有功劳也有苦劳"的小白兔往往让人不忍下手或者无从下手。

不过，360回归A股后，内部却面临着极大的震荡，曾经在互联网PC时代的重要流量入口，在移动互联网时代变得相对次要，360在互联网中的地位也出现了下降，周鸿祎也显得很急，一帮360"老臣"也因为各种原因离开。到2019年5月初，360

的元老基本全部走光。

具体为：在私有化过程中，周鸿祎与总裁齐向东分家；回归A股后，高级管理人员姚珏、陈杰、杨超、廖清红、曲冰、张帆先后离职；360前副总裁李亮、李旺，高管尹小山、张备、许怡然也都已经离开。随着周鸿祎最铁杆的支持者石晓虹、谭晓生离职，360原有的核心团队就只剩下周鸿祎了。

在360这些离职高管中，姚珏是周鸿祎特殊对待过的一位。

周鸿祎曾专门给姚珏发过内部信，称"在经过几次长谈后，我理解了姚珏，所以最后我决定同意这位战友、朋友的想法，尊重并理解她在互联网行业征战多年，需要歇息休整的愿望"。

周鸿祎称，姚珏是他创建360至今最为重要的战友、朋友，或者说亲人。"她在帮助我和360完成了最为关键、最为重要的一些大事后才提出休息，从中可以体会到她对360有很深的感情，让我特别感动和钦佩。""现在姚珏因为个人原因需要休息，暂时离开。感谢姚珏为公司的巨大付出和倾注的全部心血，她始终和我们在一起。"

360核心高层持续动荡的背后，是周鸿祎希望团队更有激情和奋斗精神，但将核心团队彻底换掉后，360原有的精神传承也消失了。一位熟悉周鸿祎的前360高管称："老周总觉得外面的人好，从外界高价挖，但往往是用着用着，又觉得对方不行，又想着换人。"

当然，上市后的周鸿祎也一改往日的战斗作风，开始努力交朋友，跟谁都同框，甚至和曾经与360闹得不可开交的傅盛（周鸿祎曾经的下属，现猎豹移动CEO）还愉快地吃了饭。

和齐向东扛过枪打过仗 却从搭档变对手

说到360,不得不提及另一个人,那就是周鸿祎的老搭档——齐向东,齐向东曾是新华社系统最年轻的司局级干部之一。2003年,受周鸿祎的邀请,在新华社已经是正局级干部的齐向东离开新华网加入3721,任3721公司总经理。

雅虎收购3721后,周鸿祎就任雅虎中国区总裁,齐向东任雅虎中国区副总裁,负责雅虎中国网站的内容策划、运营、市场拓展以及3721公司的整体运营和公共事务战略等。

此后,周鸿祎与齐向东一起创办360,是非常好的搭档。

打完"3Q大战"后,360走向了上市,正式成为互联网小巨头,此后,又进军搜索领域,行业地位一度如日中天。

但这对老搭档在360私有化过程中出现了不和谐的声音,并开始"分家"。在360私有化过程中,齐向东进行大幅减持,套现数亿美元,储备资金致力于对360企业安全业务(奇安信)进行管理层收购(MBO)。

2019年4月,360与奇安信的脆弱关系进一步瓦解,360发布公告称,对外转让奇安信的全部股权。360公司此前是奇安信的第二大股东,持股比例为22.59%。本次股权转让完成后,360与奇安信之间将不再存在股权关系,双方"投资与被投资""授权与被授权"的关系宣告结束。

完成股权转让后,360公司获得37亿元的转让资金,投资收益近30亿元,而回笼资金用于360公司"大安全"战略的拓展。360同时表示,在大安全战略的系列版图中,政企网络安全市场不可或缺。政企安全领域成为360公司的重要战略方向和新业务增长点。360要通过包括不限于自建、投资、并购等方式,全力拓展政企安全市场。

接盘360所持股权的是中国电子,中国电子以37.31亿元持有奇安信22.59%的股份。这相当于是360将股权转让给了中国电子。

360转让奇安信股权,被认为是周鸿祎与齐向东彻底分家的标志。对于分家这件事情,周鸿祎在随后的沟通会上是这样说的:

"历史上360的两次上市都是以我为主,而齐向东说他特别希望自己能亲自带一家上市公司,360现在要帮他完成上市梦想。齐向东的第一个烙印是360,与自己一样都是360的联合合伙人,这是不可更改的。"

"今天分开了,大家依然是朋友,依然是合作伙伴,老齐也一年帮我赚了10亿元,也挺好的,这三年我也扶植老齐的公司快速成长。你也可以问问老齐,没有360的数据、品牌、核心技术的支持,新的公司在强手如云的企业安全市场里杀出来也是不容易的。"

"如果360今天不退出来,奇安信就上不了市,为了(奇安信)上市,我们最后依然表示了对老齐和他现在公司的友好,相当于助推了一下。经过三年的发展,奇安信也独立长大了,就和小孩似的,总有独立的一天,它有独立品牌,上市对它来说也不是一件坏事。"

谈及与齐向东关系时,周鸿祎说:

"我和老齐是老朋友了,一起扛过枪、打过仗,现在一两个月还能见一见、聊一聊。我个人认为他是非常优秀的创业者，非常勤奋，做事情非常扎实，我对他一直很有信心。"

"这两天外面'子弹'乱飞，各种说法都有，扯老账的、吐口水的、挑事儿的，分家的概念本来就没有，齐向东的公司是360扶植和投资的，相当于是360的一个生态公司。360不会与奇安信全面竞争，360对网络安全公司的定位就不一样，360的定位是技术赋能者、核心技术提供者，也是大数据的提供者，是生态的打造者。"

在周鸿祎举办的那场沟通会上，齐向东并未出现，但不少人注意到周鸿祎的座位旁边还有一个空位，现场的媒体向周鸿祎提及了这个问题："这个位置是给齐总留的吗？他今天会来吗？"

周鸿祎则说："你怎么这么'八卦'，这是工作人员摆的，我来的时候也很奇怪，本来就我一个人讲，怎么会摆两个位置呢？可能就为了好看，因为就摆一个椅子、茶几是不是有点怪。"就像摆了四瓶水，那不能说明今天会来四个人喝水吗？我现在给你表演我把四瓶水一下全喝完。当然，我邀请老齐了，但他今天下午有个会。"

当然，到2019年8月下旬时，周鸿祎和齐向东的关系就显得比较紧张了。

360提前奇安信两天举办了一场全国安全大会，在这场大会上，周鸿祎高调宣布，360将重返企业安全市场，使命和定位是，在国与国网络战下，帮助大家搭建基础设施，帮助企业和国家提升攻击、阻断攻击和修复系统的能力。

360之所以强调重返企业安全市场，原因是360转让所持企业安全股权后，让外界很多人产生了误解，以为360放弃企业安全业务了。对此,周鸿祎再次发声,以打消外界疑虑,周鸿祎也指出,360重返企业安全市场并非与所有的同行竞争,成为行业公敌。

"政企安全是大安全市场不可或缺的一块拼图,我们杀进来,不是要做小生意。有人还会说,是不是和已有公司去竞争?当然不是。我们进军企业安全市场要干点非360莫属的事,我们为党政军企提供安全服务。360未来在这个市场里不会跟某一家具体的网络安全公司在具体产品方面进行竞争,相反,360要做大安全生态的打造者和赋能者。"

齐向东两天后也谈及360收回品牌一事,称近三年来,奇安信和客户签署的购销合同并未使用360品牌,而是奇安信自有品牌。"所以,这次我们停用360的品牌,独立使用奇安信的品牌,对我们的业务没有什么影响。"

齐向东说,奇安信与360是完全不一样的技术,360有丰富的网民电脑数据,但靠这些数据解决不了政府和企业网络里具体场景的业务安全问题。"我们用五年时间已成为中国最大的政企安全大数据公司。我们现在为超过4000万台政企终端、超过100万台服务器提供保护。"

企业安全是一个很大的市场,美国企业安全公司CrowdStrike于2019年6月上市,上市首日股价涨70.59%,市值超过百亿美元。到2020年12月27日,CrowdStrike的市值超过400亿美元。

周鸿祎说:"CrowdStrike在美国是第一个在云端解决安全的公司,但能力比360要弱很多。"

毫无疑问,无论是周鸿祎还是齐向东,都对企业安全市场虎视眈眈,因为消费互联网市场的人口红利在消失,企业级市场方兴未艾。在企业安全市场上，周鸿祎和齐向东也从之前的搭档，变成了竞争者，未来他们的碰撞会越来越多。

对于周鸿祎和齐向东的这层关系，时任公安部网络安全保卫局巡视员、副局长、总工程师的郭启全看得很明白，也讲得特别坦诚。郭启全在演讲中直接说，没有强大的企业和产业支撑，网络安全不会取得好的成效，"奇安信和360等有竞争是好事，这对国家有利。"

虽然360与奇安信分家了，但周鸿祎和齐向东私下还见面。2019年10月20日，周鸿祎晒出"分家"后两人的合影，称"平日太忙，乌镇成了一个遇到老朋友的好地方，和很多老朋友合影都审美疲劳了，老齐应该是第一次来乌镇开会，合影纪念一下"。

在科创板开板一周年之际，齐向东旗下的奇安信也终于挂牌交易。奇安信原计划募资45亿元，实际募资达57.19亿元。齐向东也算是圆梦。

搜狗登陆纽交所
王小川不带女友而是带妈妈来敲钟

2017年11月9日,经过多年的发展后,搜狗在美国纽交所上市,以发行价计算,搜狗上市当天市值突破50亿美元。

当天,搜狐CEO张朝阳显得意气风发,他发朋友写道:"简短睡了一个好觉,一天都会很精神,纽约时间早晨5点24分,遥望2004年,搜狗推出'他搜狐咱搜狗',2006年,搜狗拼音输入法上线,最早的大数据应用,好事多磨,大器晚成。"

有传闻称,搜狗CEO王小川曾立下誓言:搜狗一天不上市,他就一天不找女朋友。随着搜狗成功上市,互联网圈人士打趣说:"王小川现在终于可以放心找女朋友了。"

不过,在搜狗上市现场,最让人意外的是,王小川没有带女友,而是带自己的妈妈来敲钟,让妈妈一起来感受儿子成功的喜悦。我在现场见证并拍下了这一幕。

在纽交所的门口,王小川向张朝阳介绍自己的母亲,张朝阳对王小川的妈妈说:"真替您高兴啊,您培养了一个优秀的儿子。"王小川的妈妈也回应张朝阳,感谢他这么多年一路照顾王小川。王小川在纽交所致辞时谈及自己的母亲,一度落泪,称自己1996年到北京,已经21年,工作不错,比较任性,感谢母亲和朋友。

搜狗上市当天非常热闹,来了很多人。散场后,时任搜狗COO的茹立云对着空荡荡的纽交所大厅说了一句,热闹总有要结束的时候。作为搜狗早期的核心员工,茹立云彼时已功成名就,2018年6月从搜狗离开,并投身在线教育领域,创办了葡萄智学。

搜狗独立上市不容易:迈过几道坎

对于中国互联网行业来说,搜狗是一个老兵,早在2003年就已成立,直到2004年8月搜狗才正式上线。当时,搜狐推出搜狗的目的,是增强搜狐的搜索技能,主要经营搜狐的搜索业务。

那个时候,王小川只有27岁,还是搜狐最年轻的副总裁。有说法是,张朝阳在王小川研究生毕业之后第一天,就亲自打来电话邀请他进搜狐工作。

不过,王小川在搜狗并非一直顺风顺水,2008—2010年一度很不得志，但王小川坚持了下来。导致王小川不得志的原因有很多，包括父亲去世、与女友分手，在工作上，王小川坚持要做搜索，而张朝阳送他一份"大礼"：让其他人接管搜索业务，王小川几乎被解职。

那是搜狐最辉煌的一年，要钱有畅游，要用户有搜狗输入法，要品牌有奥运，张朝阳也下定决心要做成搜索。王小川也是在搜狗输入法成功的过程中，突然明白应该如何做搜索：必须通过浏览器做桥梁，否则一点机会都没有。

王小川要做浏览器，张朝阳充满了质疑："微软的 IE 市场份额那么大，都没有把 Bing（微软搜索引擎产品）做起来，凭什么搜狗搜索做浏览器就能做成？"浏览器对搜狐当时的蓝图矩阵策略没太大帮助。

冲突最激烈的时候，张朝阳不仅解除了王小川的职务，还直接问"你还想做点什么"，那时很多人都以为他会离职。脉脉创始人林凡从 2003 年起开始和王小川一起做搜狗，形容搜狗就像他们自己的孩子，等到张朝阳调走王小川时，才强烈感觉到："公司和团队不是自己的，还是老板的。"

那是王小川最有理由离开搜狐的一次，但他没有。在没有控制权、没有资源投入的情况下，王小川打起"游击战"，一边做着公司需要的视频 P2P 项目，一边从各个项目抽调人做浏览器。

2009 年前后，百度从高层到李彦宏频繁接触王小川，那时王小川不再负责搜索，卯着一股子劲儿艰难地做浏览器。百度那边，2008 年挖来的 CTO 技术天才李一男 2010 年初离职，在其离职之前，百度内部讨论接替人选时首选王小川。百度希望王小川去接班的时候，王小川的回复是："实在放不下搜狗的战友们，要不您整体收购搜狗吧。"这件事情就不了了之了。

实际上,作为老板的张朝阳对王小川还是非常宽容的,对于"违规"做浏览器项目,他后来并没有强制干涉。"非法"浏览器项目打了一年半游击战。在原有搜索业务资源流失、业务量变化不大的情况下,张朝阳就开始着急了。这时王小川开始推浏览器,浏览器用户一涨搜索业务就线性上涨,这证明王小川很有眼光。当时王小川已认识到,不仅要做浏览器,还需要让搜狗独立发展。

搜狗在成长过程中的一个节点是:2010年,谷歌宣布退出中国。彼时,百度如日中天,360和腾讯干了一仗,势头正猛,周鸿祎正虎视眈眈地准备切入搜索领域,周鸿祎找到张朝阳,想要投资搜狗。周鸿祎同时向张朝阳提出,把搜狗浏览器业务转给360,同时360和搜狐成立一家合资公司专做搜索。

周鸿祎与张朝阳平日关系不错,张朝阳一度青睐于360的方案。就在这个时候,王小川只身一人飞赴杭州见阿里巴巴创始人马云,王小川与马云的见面时间只有40分钟,马云先问搜狗输入法是不是王小川做的,接着说了投资的三个原则:第一是有没有机会做成,第二是团队可不可信,第三是对阿里巴巴有没有好处。

这次谈话后,马云开始做调研,同时找张朝阳谈入股。张朝阳也明白阿里巴巴进入和360进入的不同意义,王小川帮他找了个新选择。2010年10月搜狐宣布分拆搜狗,阿里巴巴作为战略投资者、云锋基金作为财务投资者联手投资搜狗。

王小川回忆起这段故事,感慨道:"如果没有Charles(张朝阳)的坚持,就根本没有搜狗;如果没有周鸿祎获得搜狗技术的欲望，就没有搜狗的分拆；而如果没有马云的果断加入，就没有新搜狗的降生。"

几年后，搜狗再次走到十字路口，又面临着360的收购，只是这一次，王小川拉来了腾讯CEO马化腾。当时马化腾、刘炽平和王小川通了个电话，他们问王小川，搜狗的业务指标和业务规划是什么样的：量有多大、收入多少？问题涉及搜狗基础数据、用户量，以及收入模式和增长潜力。

他们没想到，王小川对搜狗的收入模式增长潜力如数家珍，对于搜搜内部体系的了解不亚于搜搜内部人。这让马化腾改变了主意，不再坚持腾讯控股的立场，于是谈判窗口再次重启。

这个结果让周鸿祎大为恼火，很快公开放话称"才知道搜狗姓王不姓张"。和周鸿祎已频繁过招的王小川笑笑，称这是周鸿祎的情绪发泄，并不会带来其他结果。"这是几个老板共同的选择，现在的结果也达到了预期。"

2013年9月，腾讯宣布以4.48亿美元入股搜狗，将搜搜和QQ输入法业务与搜狗现有业务进行合并，形成一个全新的搜狗公司。搜搜的通用搜索、问问和百科相关团队以及QQ输入法团队将与搜狗原有团队融合，共同组建新的搜狗团队，该团队继续由以王小川为CEO的搜狗现有管理层领导。

谈及这项合作时，马化腾当时指出，搜索引擎市场特别讲究规模效益，流量规模和变现能力息息相关。与其搜狗、搜搜恶性竞争，不如联合起来把流量共同做大。张朝阳则指出，搜狗的梦想肯定比上市要大，在给人们的生活带来便利方面也让人充满想象。搜狗以产品和技术见长，现在要大力宣传，不能"酒香不怕巷子深"。

当天晚上，当马化腾、张朝阳和王小川一起出现在搜狐媒体大厦专访间时，经历了漫长等待的媒体记者尽管已提前几分钟知道了搜狗命运落定的消息，却还是迟迟没能平息震惊和意外的心情，以至于长时间竟无人提问。

"要不大佬们先合个影吧！"时任搜狐 CFO 的余楚媛笑着提了个建议。拍照时，王小川在马化腾和张朝阳的执意要求下站在了三人中间，表情依然如往日一般略显拘束和腼腆。

当时，腾讯与搜狐谈判的主要焦点就是搜狐是否要让出控股股东的位置。最终的结果是，搜狐、腾讯和搜狗三方约定，腾讯将一部分投票权委托给搜狐，搜狐有权任命搜狗大多数董事会成员，从而搜狐成为搜狗的控股股东。

2020 年 7 月底，搜狗再次面临命运的转折点。搜狗发布公告，宣布腾讯向搜狗发出初步非约束性收购要约，腾讯有意以 9 美元/ADS 的价格收购搜狗剩余股份。

2021 年 7 月，国家市场监督管理总局无条件批准腾讯收购搜狗股权。2021 年 9 月，搜狗宣布与腾讯完成合并，并在 10 月初退市。

王小川则在 10 月中旬卸任搜狗 CEO 职务。他说："前段时间我在敦煌看千年的洞窟壁画，感叹那千年来的是非与成败，既是一瞬间，也是永恒。而我这 21 年间的喜悦、荣耀、曲折、遗憾，也已经定格，化为勋章，在心底安放。圆满的告别，会助推新的生命旅程。"

王小川还表示，感谢曾经极致努力的自己，把全部的爱奉献给搜狗。自己曾经对媒体骄傲地告白："搜狗就是我的老婆。"爱过，无怨无悔。爱过，就成熟了。"告别搜狗，我获得了更大的能力去爱亲人，去追寻一份迟到的爱情。"

哔哩哔哩董事长陈睿与王小川是同学

这么多年来,王小川的清华技术男作风不改。有意思的是,王小川与哔哩哔哩(B 站)董事长兼 CEO 陈睿还是成都七中 96 级 1 班的同班同学,彼此还是同桌。

哔哩哔哩是 2018 年 3 月在美国上市的,在哔哩哔哩在纽约举办的酒会上,陈睿对我说:"搜狗上市时,我买了搜狗的亲友股,哔哩哔哩上市的时候,小川买了哔哩哔哩的亲友股。这个不是钱的问题,是我支持他一辈子的事业,他也支持我一辈子的事业。"

陈睿说,王小川是一个特别有韧性的人,他做搜狗到今天坚持了 15 年。"王小川的这种韧性我特别喜欢。我也是一个希望坚持自己的理想,而且能够坚持很多年的人。"而在哔哩哔哩上市当晚,王小川不仅转发了哔哩哔哩上市的文章,还贴出了与陈睿的老照片。

搜狗与哔哩哔哩前后半年时间先后在美国纽交所上市，上市时公司市值均在 30 亿到 50 亿美元，而两家公司的 CEO 都是 70 后，且还是高中同班同学，这样的概率放眼全中国也没有几个。

为何会发生这样的现象？陈睿说，一定程度上是时代机遇，两人都是 1978 年出生，1978 年是个比较好的年份，既是改革开放的开始，往后推 22 年，2000 年又是中国互联网的第一年。"我们这代人还是挺幸运的，既能享受中国发展的红利，又赶上了互联网发展的黄金时期。"

其实陈睿和王小川都是非常有韧性的人。王小川大学毕业后，就一直在搜狐工作，在搜狗坚守。陈睿毕业后在金山软件待了很多年——陈睿在 2001 年加入金山软件，2002 年就被雷军指定做了其技术助理。他曾经历过金山与 360 的安全大战，同时是猎豹移动的 3 号人物，在猎豹移动上市后不久就决定在哔哩哔哩重新创业。

2018 年 10 月，腾讯通过认购增发新股的方式对哔哩哔哩进行注资，金额为 3.176 亿美元（约 21.83 亿元）。2019 年年初，阿里巴巴入股哔哩哔哩近 2400 万股，腾讯与阿里巴巴均成了哔哩哔哩的重要股东。2020 年 4 月，哔哩哔哩宣布获得索尼 4 亿美元的战略投资。同时，双方还在多个领域展开合作，尤其是动画和移动游戏领域。

哔哩哔哩在 2020 年持续壮大，市值突破 100 亿美元，陈睿说，用户增长是哔哩哔哩 2020 年最重要的工作。"哔哩哔哩是用内容吸引用户，用社区留住用户。所以哔哩哔哩用户增长的发动机是内容出圈。"

如今，哔哩哔哩一路成长，2021 年年初还斥资 80 亿元在上海买楼,建设新总部。哔哩哔哩的市值最高突破过500亿美元,已经是上海妥妥的互联网小巨头。

2021年3月29日,哔哩哔哩在香港上市,市值约3000亿港元。当然,哔哩哔哩这次上市也遭遇了破发的意外。陈睿在哔哩哔哩在香港上市当天回应破发时说,中概股遇到了过去5年来最大的一个跌幅。这应该算是一个"黑天鹅"事件。"3年前,我们也破发了。今天有一种'昨日重现'的感觉。"

陈睿指出,在资本大势不好的情况下,哔哩哔哩能顺利上市已经算是成功了。他对公司有充分的信心,未来的发展、长期的股价应该会证明一切。

互联网金融行业高峰过后留下不少风波

2017年10月18日,互联网金融企业趣店在美国纽交所上市,开启了一轮互联网金融企业的上市潮。此后,拍拍贷(现更名为"信也科技")、小赢科技、微贷网、360数科、乐信、玖富等一大批互联网金融企业在美国上市。

在这些上市企业中,趣店最有故事性。上市当天,趣店市值突破100亿美元,趣店创始人罗敏晋升为新锐富豪,身价过百亿元。

趣店走到上市也不容易,曾经历过多次失败。最早的时候,罗敏揣着2000元,租住在北京大学南门的一个地下室。早年,罗敏曾想做个PC版的卖盒饭平台,罗敏和其搭档为推广业务还在大街上卖过几个月盒饭,却惨淡收场。

在趣分期(趣店前身)推出之前,罗敏团队有1年4个月的时间都过得很艰难,那个时候做了很多创业项目,均以失败告终,以至于罗敏有时候都灰心了。

罗敏在接受我的采访时曾回忆说,在趣店B轮融资时,自己见过上百个投资人,但这些投资人都是只看不投,发短信不回,发微信也不回,打电话也不接,就是没有反馈,没有下文了。

"明明内心煎熬,都开始怀疑自己,但在团队面前要表现出有很多'美女'追你的样子。"罗敏依然不放弃任何见投资人的机会,顶着煎熬在外面找投资。最终,罗敏熬了下来,相继引入了昆仑万维和蚂蚁金服的投资,并成为国内分期信贷领域第一股。

趣店上市后,罗敏也成了励志故事的典型,"寒门出贵子""'80后'创业三年即成功IPO"的故事到处流传。罗敏在创业路上遇到了三个"贵人",分别是梅花天使创投创始人吴世春、源码资本创始人曹毅和昆仑万维创始人周亚辉,"这三个人在趣店集团发展壮大的资本运作中都曾发挥了巨大的作用"。

公关灾难 罗敏被要求闭嘴

趣店的上市也使得曹毅、吴世春、周亚辉等都成了大赢家。梅花天使创投称投资趣店获得了超过1000倍的回报,周亚辉更是写了万字长文的投资笔记。

周亚辉的投资笔记提及另一个人物——杜力。周亚辉在投资笔记中的原话是:趣店CEO罗敏拆VIE时,一开始并不太顺利,这个时候冒出来一个神秘的80后资本大佬——杜力同学,还引发了一场风波。

"这个人我以前从没有听说过,都不知道怎么发的家,是吴世春介绍来的,听说是跟吴世春打德州扑克认识的,后来俩人合作搞了一只基金,吴世春江湖人称'投资圈里打德州扑克打得最好的,德州扑克圈里投资投得最好的',也是罗敏的天使投资人。"

一家互联网金融公司突然上市,而且市值超过100亿美元,本就震惊了许多人,加上周亚辉、吴世春等投资人的纷纷宣传,趣店在行业中声名鹊起,也由此引发全社会对"现金贷"的关注,而趣店一系列糟糕的动作更是进一步引发了一场公关灾难。

趣店上市后不久,各种质疑声纷纷而来,包括"趣店上市背后:现金贷换汤不换药,监管大棒就在不远处"等,质疑趣店"商业上不牢靠,道德上不体面"。

趣店的一系列回应引发了一系列的公关灾难。趣店开始紧急公关,在知名媒体人程苓峰的文章《趣店罗敏回应一切》中有下面的对话。

程苓峰:你们有没有蓄意教唆人,在还不起钱的时候去向亲人和朋友借,去其他平台借钱,来还你们的钱。

罗敏:没有。凡是过期不还的,在我们这里就是坏账,对于坏账,我们一律不会催促他们来还钱。电话都不会给他们打。你不还钱,就算了,当作福利送你了。

这句话引发了行业群攻模式,对罗敏的质疑越来越猛烈,外界对罗敏不满的一点是,老板太爱公开回应又回应不到点上。以至于有媒体人说:"我最讨厌的就是那种明目张胆把你当傻子,跟你说瞎话,还理所应当认为你就该相信的人和公司。"还有媒体干脆在标题中写道"请趣店 CEO 罗敏闭嘴!"。

趣店引发媒体众怒有多种原因,其中一个让媒体非常不爽的原因是,在上市前,罗敏删了不少媒体人的微信,更是激怒了很多人。

在趣店之后上市的几家互联网金融类公司,包括拍拍贷、乐信等,无不谨小慎微,生怕引火烧身。而公关灾难已经发生,对这些后续上市公司的市值都造成了极大的影响。这件事情之后,现金贷更是成了行业众矢之的。

低头认错 重新加媒体微信

趣店上市3个月后，罗敏向媒体低头认错。罗敏在沟通会上说："趣店在2014年和2015年的时候趣店经常出现在媒体上，但2016年和2017年我们在媒体上基本消失了。那个时候我个人是有点逃避跟公众沟通的。"

"我以前一直觉得，对于一家公司的CEO来说，上市之前要把业务做好，要把公司团队带好，但很显然我以前没有把与公众沟通的事情当成最重要的事情之一，这是一个非常明显的失误。"

"其实从本质上来讲，是我认知不足。突然有一天，我有点恍然大悟了，恍然大悟并不是说就在那天有某一件事情触动了我，而是在过去两个多月的时间思考的结果。"

罗敏反思说："刚开始那么几天一点反思都没有，觉得很委屈，我发现不仅是我，很多企业比我们做得好、市值比我们大很多、业界影响力比我们大很多的企业家一样被很多人骂。这个时候他就很消极地对待这件事情吗？没有，还是很积极地与公众沟通。我就在想，我的企业还这么小，我未来还有那么多路要走，我为什么会发生这样的情况，反思之后我就觉得自己的认知是不够的。后面我意识到在那件事情上我做得不成熟，我开始改变了。"

在这次沟通活动上，罗敏的姿态很低，承认删除了很多媒体人的微信，得罪了很多媒体朋友，这次罗敏主动承担责任，并提出会后加大家微信，重新进行交流。

蚂蚁集团与昆仑万维退出

2019年4月，趣店递交2018年年报，年报显示，截至2019年3月31日，趣店CEO罗敏持股比例为21.4%，拥有73%的投票权；Phoenix Entities持股比例为12%，拥有4.1%的投票权；昆仑万维持股比例为6.5%，拥有2.2%的投票权；蚂蚁集团旗下API持股比例为12.7%，拥有4.3%的投票权。

到2019年5月，蚂蚁集团向美国SEC递交的文件显示，蚂蚁集团不再持有趣店任何股份。蚂蚁集团称："这是正常的商业决策。蚂蚁集团与趣店的正常商业合作不受影响。"这之前，趣店与昆仑万维达成协议，趣店将回购昆仑万维持有的全部趣店A类普通股票。

这就意味着，趣店曾经最重要的两个股东蚂蚁集团和昆仑万维均退出了趣店股东行列。早前，曾给趣店带来巨大风波的董事杜力也被罗敏请出了董事会。

当然，趣店的经营数据在2019年反而更好，在2019年6月还完成了总计3亿美元可转换债券的定价。本次可转债的发行，主要是为了公司股票回购及开放平台业务的战略投入。

罗敏是一个很理性的创业者，在某种程度上甚至被同事及行业批评太缺乏感性。比如，2016年，趣店决定关停线下推广业务，全部转为线上运营，1000余名地推铁军被裁撤。

创业早期时，罗敏曾说将来一定带创业的兄弟到三亚海边开年会。但到兑现诺言时，还留在三亚年会现场的老员工仅剩下不到100人，罗敏当场泣不成声。2018年年初，趣店上市后的首次厦门年会，罗敏再度主动提起此事，他向当初被迫离开的兄弟们郑重地说了一声抱歉："我向所有曾经因为自己的原因而离开的同学们说一声抱歉，我没能带领大家一起走到终点。"

2018年11月，趣店将总部迁移到了厦门，罗敏又一次被推到风口浪尖，原因是，趣店派遣200多名员工至厦门出差，承诺出差两个月后可返回北京，但出差不足两月，却被告知北京不再设办公地点，之后只能留在厦门工作或离职。在这个过程中，有很多趣店的员工离职。

罗敏就是这样一个人。曾经有离职员工评价罗敏：他眼中没有老员工和新员工，只有绩效好的员工和绩效差的员工。追随罗敏创业十余年的趣店联合创始人何洪佳也说过：罗敏给很多人的观感是"特别客观，谈事情的时候不谈感情，谈感情的时候不谈事情"。

而如今，罗敏已受聘为厦门市投资顾问，并开始为厦门的招商摇旗呐喊了。

当然，受互联网金融行业的影响，趣店的业绩在2019年下半年出现了很大波动，趣店CFO杨家康辞职。2020年以来，趣店也在谋求转型，但市值已一路走低，不再有上市时的辉煌。

乐信：互联网金融行业监管新政颁布后首家赴美IPO

谈到趣店，就不得不提另一个企业，那就是乐信。乐信CEO肖文杰与罗敏是江西老乡，当年腾讯投资电商企业好乐买时，作为腾讯财付通的中层管理者，肖文杰就与时任好乐买副总裁的罗敏有很多交流。后来，肖文杰离开腾讯创业做分期乐（乐信前身），罗敏也出来创业。

但罗敏创业没有肖文杰顺利，作为老乡，肖文杰很欣赏罗敏的才华，对罗敏发出邀请，希望罗敏加盟分期乐，并对罗敏讲述了分期乐的具体运营模式。肖文杰原本在深圳静静地期待罗敏的加盟，让人意外的是，罗敏在北京迅速调整方向，做了趣分期，而且在行业的声势比分期乐还大不少。

早期分期乐的模式其实很简单，就是平台和电商对接，另一端对接投资理财的人。学生在这些平台上发出借款购买标的，投资人选择借款人将钱借给对方。

借款标的被投满之后，大学生用这笔钱去消费，再按月偿还本息给出借人。借款学生的个人信息和购买需求在平台上都一目了然。大学生消费的主要产品是价值数千元的3C产品，尤其是iPhone。分期乐通过其在全国各地庞大的地推团队实现线下落地，先在广州实验出地推标准模式，从2014年上半年开始复制到全国五个大区的结点城市。

2015年年初，肖文杰接受我采访时说，选择创业方向时大致有3个标准，第一，必须是大市场；第二，不依靠外部广告流量导入；第三，要有好的商业模式，不能离钱太远。大学生分期消费市场正好满足这些条件：第一，这是一个巨大的市场；第二，这一模式走线下，可以自己获取流量、获取用户；第三，有很好的商业模式，在资本市场寒冬下仍能生存。

更重要的是，线下模式可以标准化。如肖文杰曾花费了3个月的时间在广州跑线下模式，研究线下应该配备什么人，分别是什么角色，不同角色的人配备多少个，分别做什么样的事。

创业初期，肖文杰天天在广州和市场团队一起，每天500公里，硬生生建立了一套体系，连发传单也研究出一套规则——甚至不同的地方有不同的策略。肖文杰说，有的地方阿姨每天早晨10点打扫卫生，分期乐发的传单都被阿姨扫走了，分期乐就要求团队把每个宿舍的作息时间和阿姨打扫卫生的时间都记下来，以避免传单发送失效。

在广州地推模式研究取到成效后，分期乐还研究出一本手册，所有地推人员按照手册操作即可。

罗敏为何很快能学习到分期乐的模式？原因在于，罗敏曾在鞋类电商好乐买担任高管，好乐买虽然创业失败，但留下了很好的校园体系，罗敏在好乐买时就负责这套体系。

罗敏有很强的执行力，罗敏曾对我说，早期的时候人很少，团队大部分人包括他自己一直到处发传单，对很多互联网创业者来说，天天去学校里面发传单，或去大街上发传单，会很排斥，觉得很低级，还可能遭遇周围人的白眼。创业者在心理上就很难克服这层障碍。

罗敏说，"当时所有事情都由我做，因为团队很小，要经历这样的过程。"

也是经历了这个过程，罗敏的内心更加强大。这里也不得不提及另一件事情——分期乐获得DST的投资引发了周亚辉的兴趣。

周亚辉曾自豪地提及投资趣店的过程：当时很多投资人听说投资了京东和小米的DST已经投了另一家分期公司，大家担心此举意味着市场格局已定，因而对趣店望而却步。周亚辉却有股韧劲，偏要向虎山行。周亚辉说，当时互联网金融火热，人人网CEO陈一舟也投过类似项目如SoFi；若趣分期团队不行，就当交了学费。

这笔投资给周亚辉和昆仑万维带来巨大回报,周亚辉曾说,投资趣店至少让他赚了 20 亿元。

当前,乐信与趣店的业务差异越来越大,彼此走上了很不同的发展路径。2019 年 9 月 28 日,乐信还参与成立了江西省首家民营银行——江西裕民银行。

玖富赴美上市

2019 年 8 月 15 日,玖富在纳斯达克挂牌上市,募集资金 8455 万美元,成为互联网金融行业又一家上市企业。不过,玖富的上市并不容易。

玖富高级副总裁、CFO 林彦军对我说,玖富上市这一路走下来很不容易,直到最后一刻,都是捏一把汗。"最终我们在这样的时间窗口实现了上市。上市让玖富变成一个更透明的公司,上市也是新的起点,让玖富为用户、股东、合作伙伴提供更好的服务,也更符合监管机构的要求。"

玖富上市时大环境处在中美贸易摩擦持续升温的过程中,影响了投资人的信心。在香港路演的过程中,还遇到了机场连续两日的瘫痪,导致其无法和投资人进行面对面的沟通,最后采用的是电话会议的方式。

在上市的前一天,玖富递交给纽交所的文件还在审核中,纽交所给玖富团队的反馈是,要继续递交新的资料。林彦军当即下决定,将公司的上市地点从纽交所换到了纳斯达克。林彦军紧急联系了纳斯达克亚太区主席鲍勃·麦柯奕(Bob McCooey),他在一天的时间内召开会议并接收玖富递交的资料,且在美国时间当天下午 1 点半前审核通过。

对玖富来说,这实在是一个与时间赛跑的游戏,因为如果当天下午 1 点不通过,美国证券交易委员会(SEC)就无法予以审核,如果玖富要再次上市,可能就得再等上好几个月。好在最后一刻,玖富的上市手续都完成了,最终成功上市。

这一天变化有多突然?我当时也应邀参加上市,北京时间 8 月 14 日晚上 10 点半起飞前,还被告知上市地点是纽交所,但到北京时间 8 月 15 日中午下飞机,突然被告知上市地点换成了纳斯达克。而玖富是北京时间 8 月 15 日晚上 9 点半在纳斯达克上市的。林彦军说:"幸亏这一切都顺利完成了,要不然你们都只当是来纽约短途旅行了,我就真成了千古罪人了。"

当然,玖富上市后的日子也不好过,在 2020 年遭遇了不少风波。

美利车金融曾离上市仅一步之遥 一朝遣散全体员工

其实,无论是趣店还是玖富,相对来说还是幸运的。曾经美利车金融离上市仅一步之遥,但突然之间,创始人被抓,IPO 梦碎,紧接着大裁员,到 2020 年 3 月 16 日,美利车金融更是裁掉全部员工。

美利车金融于 2019 年 10 月 31 日递交招股书,如果不出意外,会在 2019 年年底上市。但就在美利车金融递交招股书后一天,深圳市公安局技术侦查支队接办"1105"专案。11 月 8 日,该支队组织收网部署。2019 年 11 月 11 日早上 6 点,在公安部的统一指挥下,深圳、武汉和石家庄等地展开联合收网。美利车金融北京总部也遭经侦上门调查。当时,刘雁南、周治臣、柯遵宏和马鑫在境外。但此后,刘雁南被抓,导致美利车金融 IPO 梦碎。

2020 年 1 月 2 日,美利车金融爆发裁员,原来有 5000 多人,这次裁员后,只留下了 150 人。而突然而至的新冠肺炎疫情对美利车金融造成了最后一击,美利车金融直接在 2020 年 3 月裁掉了所有员工。

他山之石
美国科技公司掀上市潮

如果说2018年是中概股上市大年，那2019年就是美国科技股上市大年。

创始人现身却被拒绝上台敲钟

在这一批美国科技股上市潮中，Uber是最受关注的一家。Uber发行价为每股45美元，股份完全稀释后Uber的市值达到824亿美元，要低于2018年年底投行曾向Uber提出的冲击1200亿美元市值的目标。Uber上市当天就跌破了发行价。

Uber诞生于2008年的某个雪夜，当时浪迹在巴黎街头的加勒特·坎普（Garrett Camp）和他的好友查尔韦斯·卡兰尼克（Travis Kalanick）在苦于打不到车的时候突发灵感，想要开发一款颠覆传统出租车的叫车软件，于是便创立了Uber。

在成立的早期，Uber一度在全球市场攻城略地，查尔韦斯·卡兰尼克（Travis Kalanick）的作风也非常彪悍。

不过，Uber在2017年遭遇非常严重的危机，不仅COO、CFO先后离职，查尔韦斯·卡兰尼克也不再担任CEO职务，Uber还被调查出存在200多起不当行为。

有网友调侃当时的 Uber 是一家"无人驾驶"的公司。也是在这种情况下,作为职业经理人的达拉·科斯罗萨西(Dara Khosrowshah)加盟 Uber,并出任 CEO 职务。

Uber 上市当天,查尔韦斯·卡兰尼克和他的父亲一起现身纽交所,不过,达拉·科斯罗萨西拒绝了查尔韦斯·卡兰尼克上台敲钟,而是选择了一名女性早期员工敲上市钟。一起敲钟的还有 Uber 的司机和全球高管,及一名使用 Uber 外卖服务的餐厅老板。

Uber 在全球拥有非常多的资产,比如,Uber 将优步中国与滴滴合并,换取了滴滴的股权。截止到 2018 年 9 月 30 日,Uber 持有滴滴约 15.4% 的股权。Uber 将东南亚业务与东南亚打车软件 Grab 合并,换取了后者 30% 的股权,截止到 2018 年 12 月 31 日,仍持有 Grab 约 23.2% 的股权。

Uber、滴滴、Grab 背后都有一个重要股东,那就是软银,Uber 在纽交所 IPO 前,软银持有 Uber16.3% 的股权;IPO 后,软银持股比例降至 12.8%,仍为第一大股东。

软银还在 2017 年先后投资了滴滴 80 亿美元,是滴滴排名前二的股东。Grab 至少获得软银愿景基金(Softbank Vision Fund)14.6 亿美元的投资,滴滴也是 Grab 的股东。

Uber 还将其俄罗斯的业务与俄罗斯搜索引擎 Yandex 旗下的打车服务 Yandex.Taxi 合并。Uber 持有 Yandex.Taxi 约 38% 的股权。不过,华尔街对 Uber 并不买账,因为 Uber 巨额亏损,看不到盈利的时间表,而 Uber 在美国的竞争对手 Lyft 的表现也差强人意。

招股书显示,Uber 在 2018 年营收 112.7 亿美元,高于上年的 79.32 亿美元;Uber 在 2018 年运营亏损为 30 亿美元,上年同期运营亏损为 40.80 亿美元,两年亏了 70 多亿美元。

在上市后不到半年，Uber 与 Lyft 的 COO 均离职，其中，2019年 6 月，Uber 宣布首席运营官巴尼·哈福德（Barney Harford）和首席营销官丽贝卡·梅西纳（Rebecca Messina）卸任。

Lyft 也在 2019 年 7 月底提交的一份文件中披露，COO 乔恩·麦克尼尔（Jon McNeill）离开 Lyft，此前他在 Lyft 任职不到两年。Uber 和 Lyft 上市后半年股价均大幅下挫。而 Uber 刚结束禁售期，查尔韦斯·卡兰尼克就清空了 Uber 的股票，套现近 30 亿美元，并从 Uber 董事会退出。

2020 年，新冠肺炎疫情重创了 Uber，尤其是打车业务，与此同时，Uber 的送餐业务 Uber Eats 收入提升，取代打车业务，成为 Uber 最核心的收入来源。

为实现盈利，Uber 已出售空中出租车项目，还作价 40 亿美元将旗下自动驾驶部门优步先进技术集团（ATG）出售给自动驾驶汽车初创公司 Aurora[一]。Uber 同时向 Aurora 投资 4 亿美元，使 Aurora 估值达到 100 亿美元。在完全稀释的基础上，Uber 持有 Aurora 约 26% 的所有权。

这意味着 Uber 梦碎无人驾驶，变成由 Aurora 来实现梦想，与 Alphabet 旗下自动驾驶部门 Waymo 展开竞争。Waymo 在 2020 年获 30 亿美元的融资，而 Aurora 的核心高管就出自谷歌前自动驾驶团队，Waymo 与 Aurora 也算是上演同门之争。

搁浅的 WeWork 上市 创始人被炒鱿鱼

2019 年 8 月，共享办公空间巨头 WeWork 递交招股书，原计

[一] Aurora 于 2021 年 11 月在美股上市。

划 2019 年 9 月上市，不过，WeWork 在上市过程中遭遇了一系列麻烦。

截至 2019 年 1 月，WeWork 估值还高达 470 亿美元，被认为是继 Uber 之后的美股第二大 IPO。但在尝试首次上市发行中，WeWork 估值一降再降，甚至 WeWork 寻求 100 亿～120 亿美元的估值上市，仅是其原有的 470 亿美元估值的近 1/5。

在这之前，WeWork 估值虚高的现象已有曝光。

WeWork 的最大金主是软银。软银曾计划收购 WeWork 多数股权，当时这笔交易估值在 150 亿美元至 200 亿美元。但软银愿景基金的主要投资者，包括沙特阿拉伯和阿布扎比主权基金对交易表示担忧。软银最终把对 WeWork 的新一轮注资从 160 亿美元砍至 20 亿美元。

外界对 WeWork 有非常多的质疑，招股书显示，WeWork 在 2016 年、2017 年、2018 年的净亏损分别为 4.29 亿美元、9.33 亿美元、19.27 亿美元；WeWork 在 2019 年上半年的净亏损为 9.04 亿美元，上年同期为净亏损 7.22 亿美元。

造成 WeWork 很难盈利的很大原因是，租金成本在持续上涨。比如，WeWork 在 2018 年的租金成本高达 8.51 亿美元，较上年同期的 4.58 亿美元增长 86%。

在寻求上市的过程中，WeWork 也被曝出很多的问题，包括联合创始人亚当·诺依曼（Adam Neumann）靠 WeWork 牟利。比如，诺依曼是许多房地产的业主，而他的公司则是租户。诺依曼将"We"商标卖给 WeWork，获利 590 万美元。

诺依曼还利用自己的股票作为抵押品，从摩根大通等债主手中借入约 3.8 亿美元。诺依曼的妻子丽贝卡（Rebekah）还是公司的首席品牌和影响力官，一度是公司 CEO 的接班人。在 WeWork 的招股书中，公司做出了新的规定，若诺依曼去世，则将丽贝卡从接班人中移除。

诺依曼的行为也很古怪，比如在公司内部向员工大吼大叫，要求办公场所有震耳欲聋的音乐声，他还喜欢光脚在街上走路。

为挽救上市，WeWork 董事会对公司进行了一系列调整，包括将诺依曼的高优先级股票影响力减半，防止他的家族其他成员进入董事会，并赋予董事会罢免首席执行官的权力。和诺依曼约定在上市后一年内不出售股份。在最新的文件中，诺依曼还同意在 IPO 后的第二年和第三年每年出售不超过 10% 的股份。

但 WeWork 上市计划最终还是搁浅，诺依曼也被迫辞去 CEO 的职务，仅保留非执行主席的职务。诺依曼在声明中称："针对我的审查已引发太多负面关注，为此，我决定辞去 CEO 一职，这符合公司最大利益原则。"

诺依曼辞职后，WeWork 的第一件事情就是持续清洗 WeWork 原有的核心团队，其中，包括诺依曼的妻子丽贝卡。

不仅如此，在诺依曼原有的核心圈子管理层中，公司副董事长迈克尔·格罗斯（Michael Gross）、房地产投资部门联合负责人温迪·希尔维斯坦（Wendy Silverstein）、首席产品官克里斯·希尔（Chris Hill）等相继离职，WeWork 日本负责人也被更换。

WeWork 估值的大幅下挫以及上市的失败也极大地损害了股东软银的形象。在 2019 年原本最大的两场科技企业 IPO 中，软银向 WeWork 总计投入约 106.5 亿美元，向 Uber 总计投入约 93 亿美元。有媒体写道：本应是少年颠覆者与造王者的相遇，写下科技创业史上最精彩的一篇。但结果在资本的强力灌输下，却变成了溺爱纵容的长辈和巨婴的畸形关系。

最终,还是软银出手收拾了残局,软银原计划再投入数十亿美元,获得WeWork经过稀释的80%的股权。

讽刺的是,软银已向WeWork总计投入约106.5亿美元,现在又投入数十亿美元,而WeWork此轮估值只有80亿美元。

《硅谷百年史》的作者皮埃罗接受我采访时说,WeWork不值120亿美元的估值,但WeWork有其价值在,就算没有软银,也可能会有其他的公司救WeWork。如果一个公司不赚钱,估值就应该是零,估值也迟早会崩塌,而不是价值数十亿美元。

皮埃罗认为,90%的独角兽公司在估值方面都讲不通,很大的原因得归咎于投资者,因为投资者会进行疯狂的投机,把独角兽公司的估值给炒上去,从而产生很多泡沫。

但更戏剧性的事情是,2020年4月,软银决定撤回30亿美元的股票收购计划,其理由是,双方在2019年10月达成协议后,出现了新的重大刑事和民事调查,这是软银放弃交易的原因之一。软银还提到各国为控制新冠肺炎疫情而实施的限制措施,这些措施正在影响WeWork的运营。

对诺依曼而言,其损失了向软银出售自己持有的9.7亿美元股份的机会,个人净资产在不到一年的时间里缩水超过97%。

WeWork董事会则宣布向特拉华州衡平法院提起诉讼,指控软银违反协议,未能完成30亿美元要约收购WeWork股权资产的交易。声明中表示:"软银未能完成收购要约,这明显违反其在主交易协议中的合同义务,也违反了软银对WeWork少数股东(包括数百名现任和前员工)的信托义务。令特别委员会(WeWork董事会下属机构)感到遗憾的是,软银继续将自己的利益置于 WeWork 少数股东的利益之上。"

已经从"硅谷神话"变成"硅谷笑话"的诺伊曼也被曝出对软银发起了起诉,这对曾经亲密的战友走向了反目,直到 2021 年初才和解。

2021 年 10 月,WeWork 通过与特殊目的公司合并实现上市,结束了动荡两年的上市旅程,市值 90 亿美元。

Zoom 上市:华人创始人走向人生巅峰

2019 年,美国视频会议软件开发商 Zoom 受到追捧,Zoom 与 Pinterest 在同一天上市,Zoom 上市当天最高股价上涨超过 80%,市值突破 200 亿美元。

Zoom 的竞争对手包括思科 WebEx、微软 Skype、谷歌和 LogMeIn,且亚马逊和 Facebook 在未来可能在视频通信工具方面展开投资。

Zoom 的创始人兼 CEO 是一名华人,名叫袁征(Eric Yuan),Zoom 上市前,其拥有 Zoom 约 22% 的股份,是公司的最大股东。Zoom 在其网站上谈到袁征时说:"在 1997 到 2011 年间担任 WebEx 的创始工程师和工程副总裁时,袁征是 WebEx 产品的核心和灵魂。"

袁征的经历很传奇,他出生在山东泰安,小时候的一大爱好就是买书、看书。1996 年的时候袁征就想在网上卖书,但在当时,国内金钱流通都是通过邮局电汇,袁征找不到从客户那收钱的便捷方法,就想去美国看看他们怎么做互联网。袁征申请美国签证有 8 次被拒,直到在第 9 次签证申请通过后,袁征才在 1997

年 8 月到了美国，开始在 WebEx 工作。

初到美国，语言障碍导致袁征只能在公司写代码，直到 2002 年。对袁征命运最大改变的一件事情是思科以 32 亿美元收购 WebEx。随后袁征升职为思科工程副总裁。

对多数硅谷华人工程师来说，走到这样的位置已是"人生巅峰"。但袁征并不满足于此，2011 年决定创业，40 多名工程师跟随他离职创办 Zoom。

袁征说，当时离开思科做 Zoom，主要基于以下的原因：理论上讲我们花了十几年时间和心血做 WebEx，客户应该比较开心，但每次去拜访客户，都发现没有一名客户是开心的。当我们注意到这个问题时才意识到，当初开发业务的时候我们只关注自己想做的，而没有切实去了解客户的想法。当我们了解了客户的想法后，新的问题就出现了，需要用新的方案去解决。

思科并不需要新的业务，这是袁征离开的重要原因。"一个月后，Zoom 成立了。随着硅谷的朋友、李嘉诚、红杉资本等资本的进入，Zoom 也慢慢发展壮大起来。"

据说，Zoom 的雏形还与袁征 20 世纪 80 年代的经历有关。那时还在读大学的他，因苦于与女友漫长的"异地恋"而萌生开发远程视频软件的想法。

Zoom 成立之初，网络会议软件市场竞争激烈，前有 WebEx 等巨头开山，后有几乎同时期出现的苹果 Facetime 和谷歌 Hangout。即便如此，Zoom 仍然成为"黑马"脱颖而出。

要有美国打法 保证 Zoom 的每件事都透明

作为一个在美国打拼的华人，袁征有一套自己的管理经验。

袁征说，有些人尤其是中国员工异常勤奋，周末加班加点把一个项目做好了，然后拿着去找主管，但大部分主管都会非常不开心，把他们痛批一顿。

因为他们做项目之前没有提前将自己的想法说出来，只是自己盲目去做，很有可能公司别的团队也正在做这个项目，这样一来就浪费了公司的资源。因此做任何事情之前都应该保持公司内部的透明性。"在我们公司，每两个星期，所有员工都可以用匿名的形式问任何问题，不管问题有多么尖锐，我们从来都不会改，一定会保证每件事都是透明的（工资除外，工资是隐私问题）。"

袁征指出，这些问题和答案对所有人都是公开的，每个问题和答案都会被记录下来。这些问题都是由其本人或部门领导一起来回答。"这项制度刚开始实行的时候，受到了很多高管的抵制，因为问题太尖锐会导致他们没面子。但是我们依旧在推行这个制度，因为一旦考虑到公司的利益，就不会有太多的顾虑。"

袁征说，如果有人因为这个原因离开，那么只能说明他没有把公司的利益放到第一位，他也不是公司长期的合作伙伴。很多公司存在这种现象：部门之间有问题，彼此有误会，都憋着不说出来。这样其实对公司非常不好，Zoom 就鼓励员工保持透明沟通。

2020 年年初，新冠肺炎疫情让全球大多数产业都备受打击，但远程办公领域非常火热，专注远程会议这个细分领域的 Zoom 红得发紫。Zoom 日活跃用户从 2019 年 12 月的 1000 万人在几个月时间就增到 2 亿人，欧美用户开会、上课、做培训，探亲、访友、看医生，甚至连办婚礼、开葬礼也都用 Zoom。

Zoom 的股价也是一路上涨，很快翻番，2020 年年初，知名投资机构高瓴资本就清空蔚来汽车股权，重仓 Zoom。

　　当然，成为当红炸子鸡的 Zoom 却遭遇烦恼，比如隐私问题，Zoom 正面临着越来越多的审查。Zoom 面临的问题是，无法进行端到端加密。有人可以在未被邀请的情况下参与和恶意搅乱视频会议，迫使会议中止。这种恶搞行为被称为"Zoom–bombing（Zoom 炸弹）"。

　　Zoom 存在的另一个问题则是涉及 Facebook，Zoom 甚至没有通知用户它是根据隐私政策向 Facebook 发送分析数据的。数以万计的私人 Zoom 视频被上传至公开网页，任何人都可在线围观。

　　大量安全和隐私投诉问题让 Zoom 创始人袁征也觉得无奈，"感觉我们好像成了靶子。""现在，我们每天都能看到一些负面的消息。我只是突然不知道这一切从何而来。"袁征接受采访时表示，"我们不想成为那种可左可右的平台。""我们想成为最安全的平台。"

　　Zoom 最终克服了这些问题，到 2020 年 9 月 2 日，Zoom 市值突破 1200 亿美元，市值已经超过老牌科技公司 IBM 及电脑处理器制造商 AMD，是虚拟机软件公司 VMware 的两倍多。袁征的身价也超过 200 亿美元。

美国独角兽 Slack 直接上市：效仿 Spotify

　　2019 年 6 月是美国科技公司上市的一个重要月份，"邮件杀手"Slack、宠物电商 Chewy、美国二手奢侈品电商企业 The RealReal 等相继上市。这些企业都非常有特点。

Slack 类似于钉钉或商务版 QQ，或企业微信，是一款企业协作应用，集合聊天群组、大规模工具集成、文件整合、统一搜索功能为一体，成为分散沟通方式的聚集中心，可以在工作场景中实现信息聚合。

Slack 的宗旨只有一个：让用户在工作中不被无关通知干扰，真正专注于工作。Slack 的最大特色有三点：搜索、同步和文件共享。即用户在阅读文件或对话时标记和存储的内容在下次检索时能被轻易找到，且可以同步到几个设备中，以及进行简单的文件共享。

作为企业内部协作的整合接口，Slack 比起邮箱更能提高团队内部沟通的效率，减少无关邮件对团队的干扰。Slack 被称为"邮件杀手"，有统计表明，使用 Slack 之后，用户对邮件的使用次数至少减少了 50%。

而 Slack 的盈利模式也由此而来：Slack 的付费版就在于它能搜索的信息数更多，可供使用的外部接口也更多。当团队开始尝到整合信息和检索方便的甜头时，已离不开 Slack 的帮助。Slack 创始人斯图尔特·巴特菲尔德 Stewart Butterfield 在上市当天表示："未来 5~7 年，企业电子邮件将加速走向消亡，当然，电子邮件在其他领域仍有用武之地，不会整体被淘汰。"

斯图尔特·巴特菲尔德本人是一个连续创业者，曾与合作伙伴共同创立过图片分享平台 Flickr，后以 3.5 亿美元的价格被雅虎收购。

Slack 上市当天市值突破过 150 亿美元，当然，Slack 此次上市没有进行路演，也没有发行新股，而是选择直接上市，这也使 Slack 成为仅次于音乐流媒体公司 Spotify 的又一个绕过传统 IPO

的方式上市的科技公司。

在传统的 IPO 中，投行从中赚取高额的费用，以 1 亿美元发行额度为例，通常所有的上市费用（包括承销费和所有其他中介费）加在一起大概是 800 万~1000 万美元。因此，IPO 也是投行最赚钱的业务之一。Slack 选择直接上市的好处是省却烦琐的 IPO 步骤，节省了等待时间，还没有中间商（投行）赚差价。

当然，这需要勇气。Slack 选择直接上市，原因有三点：

第一，Slack 有充足的现金流，不需要通过上市来筹集大量资金，招股书显示，截至 2019 年 4 月 30 日，其持有现金及现金等价物为 7.92 亿美元。

第二，Slack 在企业服务市场足够有名气，无须靠 IPO 宣传。

第三，Slack 的付费用户具有一定规模，营收稳定，B 端客户的黏性很强。

实际上，中国企业中指控股选择的也是直接上市的模式，而各大交易所也可能会采取类似直接上市的方式吸引独角兽。

2020 年 12 月，软件巨头 Salesforce（赛富时）宣布，以现金和股票形式收购协作软件公司 Slack，共计作价 277 亿美元。

宠物电商 Chewy 上市：市值超 100 亿美元

美国宠物电商 Chewy 的知名度并不高，不过，也是一家市值超过 100 亿美元的公司。

Chewy 创办于 2011 年，由赖安·科恩（Ryan Cohen）和迈克尔·戴（Michael Day）共同创办，早期从风险投资公司 Volition Capital、共同基金 T. Rowe Price 和黑石集团处累计募集到至少

2.36 亿美元资金。曾创办在线珠宝零售网站 Blue Nile 和母婴用品网站 Zulily 的电商产业知名人士马克·瓦登（Mark Vadon）担任过董事会主席。

2017 年 4 月，美国宠物用品零售商 PetSmart 宣布收购 Chewy，当时传闻的价格是 33.5 亿美元。这比沃尔玛买下在线零售商 Jet.com 的 33 亿美元成交价还要高，这也是美国宠物电商领域最大规模的并购交易。在被收购后，Chewy 的两位创始人就退出了核心管理层。

PetSmart 诞生于 20 世纪 80 年代，其依靠自建与收购战略快速拓展门店、布局全球。截至 2017 年 9 月，PetSmart 已在世界各地运营着 1556 家零售商。PetSmar 在 2014 年年底被 BC Partners 为首的私募财团以 87 亿美元的价格收购。所以，当前 Chewy 的实际控制人即为 BC Partners。

2020 年，Chewy 股价实现大涨，市值超过 300 亿美元。实际上，在 Chewy 上市前，也曾有一家名为 Pets.com 的宠物网站上市。那个时候，正值互联网热潮，Pets.com 一炮而红，亚马逊狂砸 6000 万美元进行投资，之后 Pets.com 通过 IPO 交易融资了 1.1 亿美元。

但 Pets.com 运营了仅仅 20 个月就倒闭了，成为有史以来寿命最短的上市公司。在 Pets.com 倒闭的那天——2000 年 11 月 8 日凌晨 4 点，几个月里承受着巨大压力的 Pets.com 创始人朱莉·温赖特（Julie Wainwright）被丈夫叫醒，说要离婚。朱莉·温赖特此后一早就回到公司，遣散了 100 多名员工并关门歇业。

Pets.com 风光之时，朱莉·温赖特被誉为"商业奇才"，获得无数赞誉，Pets.com 倒闭后，她成为被人嘲笑的靶子，被评为当时"十大最差的 CEO"之一。

不过，54 岁后，朱莉·温赖特凭着坚韧不拔的精神，硬是经过 8 年奋斗，做成 The RealReal 这样一家上市企业，东山再起。

国内也有一家宠物电商——波奇宠物在 2020 年 9 月底上市，不过，相比于 Chewy，波奇宠物无论是规模还是市值都相差甚远。

云计算企业 Snowflake 上市：股神巴菲特加持

进入 2020 年下半年，美国的科技股也加快了上市步伐。2020 年 9 月，硅谷成长速度最快的云计算服务公司 Snowflake 在美国纽交所上市，发行价为每股 120 美元。Snowflake 最初发行价区间为 75～85 美元，后续上调到 100～110 美元，上市时发行价达到 120 美元。

Snowflake 此次募资达 33.6 亿美元，并获巴菲特旗下伯克希尔哈撒韦公司及软件巨头 Salesforce 的加持，两家各投资 2.5 亿美元。巴菲特极少参与新股认购，很多人都清楚，巴菲特喜欢购买那些经过市场验证、具有长期价值的股票，他曾说不投看不懂的科技股，而且一直避免参与 IPO。巴菲特在 2016 年曾说："不必关心 IPO 市场，每天都有人中彩票。"

而巴菲特大手笔参与 Snowflake，也让 Snowflake 的上市异常火爆，当天股价就翻番，市值突破 700 亿美元。

作为全球数据仓库解决方案领域的领头羊，Snowflake 放弃传统数据仓库架构，创造性地提出 DWaaS（Data-Warehouse-as-a-Service）概念。Snowflake 将存储和计算彻底分离，从本质上解决了传统架构系统架构易崩溃、高频读写难、数据复制与迁移难等诸多问题，成为未来数据仓的发展主流。

Snowflake 销售的数据库软件能在亚马逊的云端运行，为企业提供高性能、易扩张的环境存储大规模信息，用以机器学习算法等应用的处理。Snowflake 虽依靠亚马逊、微软和谷歌的基础架构来存储数据，但也与这些供应商存在竞争关系。AWS、谷歌云平台（GCP）和微软 Azure 分别拥有自己的数据库，分别是 Redshift、BigQuery 和 Synapse。

2017 年 Snowflake 融资 1 亿美元，2018 年，Snowflake 获 2.63 亿美元融资，2020 年 2 月，Snowflake 在 G 轮融资中获 4.79 亿美元融资，当时估值才 124 亿美元，这意味着在很短的时间内，Snowflake 的估值就实现了大幅的增长。

Palantir 直接上市　PayPal 帮在硅谷创造神话

2020 年 10 月，美国最神秘的独角兽企业 Palantir 在美国纽交所上市，Palantir 成立于 2004 年，联合创始人为 PayPal 创始人之一、Facebook 早期投资人彼得·蒂尔（Peter Thiel）。

Palantir 的总部位于美国加州，公司名称来源于《指环王》中洞悉万物的水晶球。Palantir 以大数据分析出名，主要客户为政府机构和金融机构。

Palantir 最出名的案例是以大数据技术帮助美国军方定位和击毙基地组织首脑本·拉登。这是 PayPal 帮又一创业成功案例。

PayPal 帮是如何形成的？这得追溯到 20 多年前，当时，麦克斯·莱佛青（Max Levchin）、彼得·蒂尔和卢克·诺赛克（Luke Nosek）三人创办 Confinity，该公司开发出通过电子邮件转账的方法，这个产品就是 PayPal。2000 年 3 月时，Confinity 与竞争对手

X.com（创始人：埃隆·马斯克）合并，新成立的公司便决定用其最受欢迎的产品 PayPal 命名。

彼得·蒂尔创办公司时就跟麦克斯·莱佛青提到，希望创立一家每个人都是好朋友的公司，这种员工介绍自己认可的朋友或同学加入的招募方式，让创始员工之间，除了认同公司的理念外，也多了份情谊与默契。

共同创办 PayPal 的几名合伙人脱离 PayPal 后另行创业，都取得了极大的成功，特斯拉、领英、Palantir、SpaceX、Yelp、YouTube、Yammer 等大批"独角兽公司"应运而生，成了硅谷新时代的代表力量，被市场称为"PayPal 黑手党"（PayPal Mafia）。

2021 年年初，美国移动支付企业 Affirm 在美国纳斯达克上市，这是继 Palantir 上市后，又一 PayPal 帮创办的企业在美股上市。Affirm 创始人为麦克斯·莱佛青，是 PayPal 的联合创始人兼前 CTO。Palantir、Affirm 都成了市值数百亿美元的企业。

共享经济鼻祖 Airbnb 上市：曾遭疫情重创

Airbnb 是全球共享经济的鼻祖，致力于创造人与人之间的美好连接，为旅行者提供原汁原味的旅行体验，持续为当地社区创造更大的社会和经济价值。用户通过 Airbnb 可发布、搜索度假房屋租赁信息并完成在线预定程序，曾被《时代周刊》称为"住房中的 eBay"。

2007 年秋天，住在旧金山的布莱恩·切斯基（Brian Chesky）和乔·杰比亚（Joe Gebbia）为租金问题一筹莫展。这时乔·杰比亚和布莱恩·切斯基了解到旧金山即将举办一场设计展，而由于展览的火爆，当地的所有酒店都已经被预订了。乔·杰比亚从中发现商机，给布莱恩·切斯基写了一封邮件陈述他的想法：他们可以在客厅放几张空气床垫，然后将床位出租出去，为前来参会的设计师们提供一个落脚之地，并向他们提供房内的无线网、书桌、床垫和早餐等服务。

后来他们建立了一个网站，给他们的空气床打广告，居然在周末招徕了三个租客。他们将这项出租服务称为"空气床和早餐（Air bed and breakfast）"。谁也没有想到这个网站日后会成为价值数百亿美元的共享经济平台。

Airbnb 这种共享模式比 Uber 都还要早一年，经过 13 年的发展，Airbnb 已经拥有 400 多万名房东，接待了来自全世界各地的超 8 亿人次用户。2015 年，Airbnb 正式进入中国市场，以 Airbnb 为代表的短租民宿平台推动了共享住宿的发展，也创造了一种新的旅游住宿风尚。

2020 年的新冠肺炎疫情重创了 Airbnb，为节约成本渡过这个"冬天"，Airbnb 在 2020 年 4 月还从 Silver Lake 和 Sixth Street Partners 等投资机构处筹集 10 亿美元的债务和股权融资。2020 年 5 月，Airbnb 宣布裁掉 25% 的员工，剥离部分资产和投资，聚焦于住宿主业。为安抚作为基本盘的房东群体，Airbnb 设立了 2.5 亿美元的专项基金对他们进行补偿。

Airbnb 最低谷的时候发生在 2020 年第二季度，当季 Airbnb 营收为 3.35 亿美元，较上年同期的 12 亿美元下降 72%。净亏为 5.7 亿美元，较上一季度的净亏损 3.4 亿美元扩大 69%，上年同期为净亏损近 3 亿美元。

实际上，疫情之初，Airbnb 还惹上了一场风波。原因是，美国 CNBC 制作人 Riley de Leon 在推特上发布的一段 Airbnb 联合创始人兼 CEO 布莱恩·切斯基接受采访的视频。切斯基在这段视频中表示，从 3 月开始旅行业务几乎陷入停滞，我们花了 12 年的时间打造了 Airbnb 的业务，在 4 到 6 周的时间里我们几乎失去了这一切。"好像公司里的一切都崩溃了，我们不得不直面深渊，我们不知道它会不会复苏，以及什么时候复苏。"

实际上，这段话后面还有一段话，是"我们所认知的旅行概念结束了。这并不意味着旅行玩完了，只是旅行将不是我们曾经认识的那个样子。现在没有人知道旅行的未来会是什么样"，以及"我认为，旅游业还会回来的，只是需要的时间比我们想象的要长得多，而且情况也会有所不同"。

但一时之间，Airbnb 濒临破产的传闻传得越来越凶猛，此后，Airbnb 表示，网络上引发热议的内容为"断章取义"。

当然，疫情也加快了 Airbnb 上市的步伐。2020 年 12 月 10 日，民宿领域的龙头企业 Airbnb 在美国纳斯达克上市，发行价为每股 68 美元，募集约 37 亿美元。Airbnb 此次融资规模超过了 DoorDash 及云计算服务公司 Snowflake，使得 Airbnb 成为 2020 年美股最大的 IPO。

Airbnb 上市首日收盘价为 144.71 美元，较发行价上涨 112.81%；以收盘价计算，Airbnb 市值高达 864.57 亿美元。此后，Airbnb 市值突破千亿美元。

三个华人在美国送外卖 做出市值数百亿美元的公司

在美团市值突破 2000 亿美元之际，在大洋彼岸，三个华人创办的外卖公司 DoorDash 也于 2020 年 12 月在美国纽交所上市。DoorDash 此次发行 3300 万股,募资高达 33.66 亿美元。

DoorDash 上市首日收盘价为 189.51 美元,较发行价上涨 85.79%;以收盘价计算,DoorDash 市值为 602 亿美元。而 DoorDash 在 2020 年 6 月曾获得一次募资,当时估值才 150 亿美元。

DoorDash 成为美股 2020 年最大的 IPO 之一,其总部位于美国旧金山,是一家外卖快送服务提供商,主要为用户提供外卖预定、快送到家的服务。DoorDash 类似美团外卖、饿了么,由斯坦福大学三个华裔学生 Andy Fang、Stanley Tang、Tony Xu 于 2013 年创立,由孵化器 Y Combinator 支持。

刚开始,DoorDash 只是在小范围内开展外卖配送业务,相比于 Grubhub、Postmates 等竞争对手,最初只能算是小弟,但 DoorDash 后来居上。在 DoorDash 的创始人中,Tony Xu 为 DoorDash 公司 CEO、董事,他年龄最大,36 岁。Andy Fang 为 28 岁,Stanley Tang 最小,仅 27 岁。即 Tony Xu 是 80 后,Andy Fang 和 Stanley Tang 是两个 90 后。

Tony Xu 原名叫徐迅,1985 年出生于南京,5 岁时随家人移居美国,9 岁时为了想要一款任天堂,开始做了第一笔生意——挨家挨户询问是否可以用 10 美元为别人修剪草坪,并在大约一年后可以针对不同的草坪形状收取不同的金额。之后 Tony Xu 考取加州大学伯克利分校,毕业后又去斯坦福读了商学院。在斯坦福读书期间,Tony Xu 结识了 Stanley Tang 和 Andy Fang,2013 年,他们共同创立了 DoorDash。

当初 DoorDash 成立时,Tony Xu 面临着 3 个问题:"客户愿意花 5 美元享受这项服务吗？""餐馆愿意向我们支付一定费用吗？""配送员会满意这个薪水吗？"

Tony Xu 曾说，对 DoorDash 来说，最困难的问题是顾客，因此，DoorDash 的第一次大型业务拓展选在圣何塞（San Jose，加州第三大城市）。他们在帕罗奥图（Palo Alto，硅谷的主要地区）、山景城（Mountain View，硅谷的主要地区）都取得了不错的成绩，顾客希望 DoorDash 接下来能在旧金山或洛杉矶发展。

Tony Xu 在给投资人的信中说，创办 DoorDash 是为帮助妈妈这样的人。"我 5 岁那年，我和我的父母一起移民到美国，去追求美国梦。爸爸来攻读博士学位，妈妈希望她能保留她在中国的医生工作。但美国不承认她的中国医生执照。妈妈每天打三份工，时间长达 12 年，其中一项工作是在本地一家中餐馆做服务员。"

"对于妈妈来说，在餐厅当服务员只是达到目的的一种手段，在将自己的梦想推迟了 10 多年后，她终于积攒了足够多的钱，去追逐自己的梦想。"据 Tony Xu 介绍，他的妈妈后来开设了自己的医疗诊所，并在那里经营了 20 多年。

在美国，有一种说法是印度裔统治硅谷，因为谷歌、微软等大公司的 CEO 都是印度裔，华人则普遍晋升不上去。不过，从 DoorDash、ZOOM 可看出一个现象，那就是新一代华人更适合当老板。越来越多的华人也在美国创业成功。

科创板设立
科技企业新出路

2019年6月13日，科创板正式开板。科创板重点支持新一代信息技术、高端装备、新材料、新能源、节能环保以及生物医药六大高新技术产业和战略性新兴产业。

2019年7月22日，科创板开市，首批25家上市公司大部分是从新三板转板而来，这些企业包括华兴源创、睿创微纳、天准科技、容百科技、杭可科技、光峰科技、澜起科技、中国通号、福光股份、新光光电、中微公司、交控科技、心脉医疗、乐鑫科技、安集科技、方邦股份、瀚川智能、沃尔德、南微医学、天宜上佳、航天宏图、虹软科技、西部超导、铂力特、嘉元科技。

此后，优刻得、金山办公、传音控股等众多企业也在科创板上市，到2020年4月30日，已经有100家企业在科创板上市。

优刻得上市：创始人季昕华曾差点去卖云吞面

2020年1月20日，优刻得在科创板上市，募集资金超过19.44亿元，上市当天市值超过300亿元。

优刻得创始人兼CEO季昕华在上市现场说，上市不代表终点，仅仅是阶段性的成功，希望现在整个公司继续保持专注，做好云计算，同时希望公司文化不要被稀释。

季昕华说："我们是在快速发展的年代，同时是在一个飞速发展的行业里的创业者，我们未来需要持续为行业和客户创造价值，这是我们存在的唯一理由。"

优刻得是一家云计算服务平台，公司自主研发 IaaS、PaaS、大数据流通平台、AI 服务平台等一系列云计算产品，并深入了解企业在不同场景下的业务需求，提供包括公有云、混合云、私有云、专有云在内的综合性行业解决方案。

优刻得坚持不涉足客户的业务，不碰用户数据，只从事基础架构即服务（IaaS）、平台即服务（PaaS）的产品研发与服务，在业务定位上与阿里云、腾讯云等形成差异。

作为一家中立的云计算创业公司，优刻得最初的发展也很困难，因为所有的创业投资者都觉得创业公司做云计算很困难，都不愿意给优刻得资金。季昕华、莫显峰、华琨三个联合创始人曾经为了寻找融资，住 100 多元/天的小旅店，融资也未能成功。在回来的路上，三个人的内心很彷徨，不知道还要不要坚持做下去。

后来季昕华、莫显峰、华琨想通了，认为只要三个人一起努力，不管做什么，都可以把事做起来，所以三人取了一个群名叫"云吞面"——即使做不了云，还可以一起做云吞面，"云吞面"这个群到现在还保留着，一直在交流和沟通。

季昕华记得，当优刻得的第一个客户到来，给公司充值了 1 万多元钱时，整个公司的人都开心得跳了起来——因为团队终于拿到了第一笔客户的钱。但优刻得开展业务的过程并不顺利，原因在于，让客户把他的身家性命全部搬过来，对方也有很多顾虑，优刻得团队只能不断地登门拜访、沟通，然后用更好的产品、更极致的服务说话。

上市前一天晚上，季昕华在致辞中想起这些往事，不禁动容，谈到感谢妻子时，季昕华忍不住落泪，季昕华的妻子也跑向舞台，给他来了一个温馨的拥抱。

金山办公在科创板上市 雷军：WPS 是英雄的梦想

2019 年 11 月 18 日，金山办公软件有限公司（以下简称"金山办公"）在上交所科创板挂牌交易，募资净额 44.59 亿元，金山办公首日开盘股价为 140 元，较发行价上涨 205%，市值超过 600 亿元。金山办公也是雷军系核心板块首家上市的科创板企业。

金山办公最早可追溯到 31 年前。当时计算机在全球快速发展，但中国人还没有自己的中文处理软件。金山创立的初心，就是要把这块硬骨头啃下来。

此后的一年多时间里，24 岁的求伯君（金山软件创始人之一）夜以继日，最终一个人用汇编语言写了 12.2 万行代码，WPS 1.0 横空出世并获得成功，开启了计算机中文办公时代。

金山办公上市前一天，小米 CEO、金山软件㊀董事长雷军发表公开信称，从 1988 年金山软件创办到今天，WPS 走了整整 31 年。"从 1999 年以金山办公为业务主体准备上市算起，到今天，我们足足等了 20 年。WPS 和金山的历程，就是一个坚持梦想并最终取得胜利的励志故事。"

㊀ 金山软件是金山办公的母公司，后来金山软件拆出金山办公、金山云和猎豹移动上市。

"为什么能坚持？因为，WPS 是个英雄的梦想。31 年前，求伯君在深圳的一间酒店闭关几个月写出第一版 WPS 时，就注定了金山的英雄梦想。"

雷军说，英雄都有改变世界、成为中流砥柱的使命担当；英雄都向往历经磨难、浴火重生的史诗历程。金山一直肩扛民族软件大旗，即便是在最艰难的时刻，也从未放弃；誉满天下、独步江湖的成功，"前有微软、后有盗版"的窘迫，移动互联网时代的重铸辉煌，我们都经历过。

金山办公董事长葛珂[一]表示："作为民族软件的代表，WPS 的发展起起伏伏，遭遇了中国版权环境的限制，遭遇了来自跨国巨头的强大挑战，也遭遇了作为民族软件公司在资本、人才等多个维度的艰难处境，不过 WPS 始终坚持在做一件事：把产品做好，坚持程序员文化，坚持技术立业。"

葛珂称："31 年坚持技术立业，不但塑造了 WPS 的业务形态和商业模式，也在很大程度上决定了 WPS 的发展路径和战略取舍。"

曾有很多人劝雷军放弃 WPS

金山办公走到科创板上市这一天并不容易，以至于雷军说，自己的心情无比激动，激动的原因很简单，WPS 到今天为止干了 31 年，以 WPS 为核心业务的上市干了 20 年。当这些真正发生的时候你都不敢相信，等的时间太久以后你都不敢相信这是真的。

[一] 金山办公于 2021 年 3 月发布公告，称葛珂因个人原因辞去公司董事长职务。

相比较创立前七八年的顺风顺水，1995 年至 2000 年是 WPS 历史上的低谷期。1995 年，在从 DOS 向 Windows 的升级过程中 WPS 做得不太顺，导致市场占有率快速下滑，一度错过 5 年黄金时间。简单说，既低估了跨国公司进入后的侵蚀性，也受限于盗版问题的产业大环境。

葛珂接受我采访时说，早年微软进入中国市场带来的最大冲击不单是用免费的"盗版策略"洗用户，更早期 WPS 一统江山时很多人也是不付费的，更重要的原因是跨国公司在海外积累了大量的用户经验、产品经验，包括财力，其在体系上具有优势。现在回头来看当时所谓的竞争，是比较不恰当的描述，媒体当然很喜欢这种中西对抗的选题，但是无论是对于微软还是 WPS 而言，都不足够客观。

"因为标准是别人制定的，舞台的所有规则也是别人制定的，你只是作为整个系统中的组成部分，跟着人家的生态链走，可以做的事情相当有限。"事实上，WPS 在很长一段时间里的核心工程，都是为了兼容 Office 的代码，让 WPS 的套件能够支持打开 Office 的各种文档。

不过，历史的不同跟环境有关，更跟人有关。求伯君和雷军很有韧性，用迂回的方式带领金山生存下来，也保住了 WPS 这个火种。而且，WPS 团队在最困难时都没有离开，秉持坚定不移的信念。葛珂说，金山软件在 1997 年拿到联想的投资后，生存环境有了很大改善。加上雷军本身是天才，责任心很强，WPS 养不住，就用游戏养，用金山毒霸养，用金山词霸养。

到 2003 年 10 月，雷军下决心对 WPS 进行彻底改造。当时金山软件账上只有 3000 万元资金，科技部的 863 项目又给了 800 万元。面对这 3800 万元"余粮"，金山团队重写 WPS。当时这一把押宝赌注是两个：一是兼容，二是免费，最后"赌一把"新品，一干就是 5 年。

2005 年之后，不少用户发现 WPS 与微软 Office 越来越像，并且可以无缝兼容。而金山办公从 2005—2011 年用了 7 年时间才真正成熟，因为兼容性问题很难解决。其实兼容性这个事情并不好做，一位业内人士称，WPS 下定决心全面兼容微软 Office，真的全是脏活、累活，而全球有无数的 Office 文档，及老文档，细节是魔鬼，WPS 下了非常多的苦工。

葛珂说，在这个过程中，一些大型央企和金融机构通过采购支持 WPS，金山办公不断和用户磨合，开用户反馈会，不断调整产品，满足用户的需求。中国的一些大企业还挺有责任心，一方面骂 WPS，一方面用采购经费支持，这是那 7 年虽然收入不是很高但是我们能坚持下来很重要的因素。

同时，WPS 个人版也免费了，金山办公开始用免费积累用户，当时有一个鄙视链——用微软正版的鄙视用微软盗版的，用微软盗版的鄙视用 WPS 的。

当年 Office 的几个重要版本，从 2003—2007 年用了四年时间，从 2007—2011 年用了四年时间，从 2011—2013 年用了两年时间，微软整个 Office 迭代是三四年一个周期，金山办公采取互联网小步快跑的模式，用户会从使用过程当中感知产品的变化，看到产品技术上追平微软的决心。

葛珂表示："用户用鼠标来投票，这 7 年时间看起来默默无闻,看起来卧薪尝胆,但其实程序员内部的心是安定的,我们从零的状态又慢慢回到主流状态。"

进入 2011 年后,WPS 向移动互联网转型。据葛珂介绍:"提早布局让我们踩上了早期安卓爆发的红利。从 2011 年到 2015 年,在没有投入一分钱推广费的情况下,WPS 每年用户的增速都在 300% 左右。而且不仅是在中国,WPS 在全球的用户都在爆炸性增长。"

谈及 WPS 的这一段岁月,雷军对我表示,这么多年,有很多人很多次劝他放弃 WPS,但金山软件能将 WPS 坚持下来,还是与金山的使命息息相关的,这不是一个纯粹的商业决定。比如,当年 WPS 的发展遇到了巨大的瓶颈,需要推倒全部重写,这对当时的金山软件来说是巨大的投资,因为金山软件在筹备上市,对利润的要求也非常高。

雷军说,早期的软件公司,本质上靠的都是个人英雄,比如说求伯君。那是一个个人英雄的时代,只要工程师和程序员足够强,就能形成偶像效应,大家都希望成为明星,自己愿意加入金山也是被求伯君感召的,大家愿意坚持下来,也是要成就一件伟大的事情。今天的互联网公司基本上都是大规模团队作战,个人英雄会越来越少,但金山的英雄色彩还是很浓的,也是因为这个原因,一代代程序员都在传承。

"金山是一个很强的程序员文化的公司,否则,我们的人才早就被其他公司挖光了,为什么还有这么多人在金山?我觉得除了不错的报酬以外,金山还给他们提供了一个愿意成就梦想的环境和文化。"雷军说,这种文化和环境帮金山留住了大量优秀的人才，比如金山办公在科创板上市，兄弟们几十年的长期付出都得到了回报，这可能也不在他们的计划里，但金山办公的这些制度安排使大家觉得无怨无悔，这一点也很重要。

WPS 的团队比金山软件其他团队要更加稳定，这是金山办公能坚持下来的重要原因。雷军说："我认为 WPS 拥有一种独特的文化，就是很安静，大家做事情简单，以把事情做好为原则，而且人比较单纯，绝大部分都是程序员，每一代的负责人都是那种很简单、很纯粹的人。"

据雷军解释，WPS 很多人不想当总裁，就想当程序员。对于他们来说，写程序带来的快乐比当副总裁带来的快乐要多。比如，董波在金山干了二十六七年，都是他主动找雷军，举荐更优秀的人，而且说他们更喜欢写程序。这个氛围就是这样一点点形成的，往往负责人都是当时技术水平最高的，只有技术水平最高才能服众，力求把事情做好的一群人，打造了一种志存高远、脚踏实地的文化。

雷军说："我们选择了一种同样的人，WPS 的技术负责人换了五六拨人，但一直稳定到今天，这是不可思议的，今天来看，无论是葛珂还是章庆元，他们都在金山二三十年了。"

如今，WPS 终于熬过艰难岁月，且向互联网和移动互联网转型，在中国移动互联网办公市场占据领先地位，支持全球 46 种语言，覆盖 220 个国家和地区。

雷军说，金山办公和微软的竞争就是一个以弱胜强的故事，感谢移动互联网，让金山办公在移动互联网上比微软走得更快。谈及金山办公未来的发展时，雷军认为主要有两个方向：

第一，全球化。WPS 今天在全球市场上的月活跃用户已突破一亿人，未来还要进一步推进 WPS 的全球化。

第二，进入企业服务市场。WPS 有很多中小企业客户，但基本上还是在满足员工的个人需求，如何更好地满足企业的需求，是金山办公下一步发展的方向。

改造金山：包产到户与去 KPI

自 2010 年开始，雷军便全身心投入小米创业，但在 2011 年时，金山软件遭遇了巨大危机，这个时候，金山软件董事会一直劝说雷军接手金山，但雷军已经创办小米，觉得自己没有能力同时经营两家公司，所以一直拒绝，后来求伯君等人经常找雷军谈心，谈心的时间已经超过了雷军去管这个公司的时间。

后来小米的几个合伙人商量了一下，说要是这样还不如直接让雷军接管了。不过，这对于雷军来说是一个不小的挑战，怎么在创办小米的同时掌管一家上市公司？而且这家公司已经有很多年的历史了，雷军不可能把全部精力都用在金山软件上。

在这种情况下，雷军对金山软件进行了改造，具体做了以下几件事情：

第一，关停并转。聚焦 WPS、网络游戏和金山毒霸三大核心业务，退出所有无关业务。

第二，包产到户。使事业部子公司化，授权子公司管理层直接决策权，并制定了股权激励计划，同时积极引进外部投资者，并鼓励子公司在合适时机单独上市。

第三，放水养鱼。着眼长期发展，放下短期的业绩压力，坚定推动公司全面转型移动互联网。

第四,腾笼换鸟。聚焦主业后,用腾出的资源重新布局未来十年的新业务,全力投入云服务。

第五,筑巢引凤。人才是把企业做好的根本,采取内部提拔+外部引进的方式,把团队建设当头等大事来抓。

金山云就是在这种背景下做的,雷军说,金山云是靠不怕死冲出来的。"当时我说,我们的业务不能全是过去的业务,不能吃老本,董事长要做面对未来的事情,金山很早期就开始大规模投入云服务,而且不管不顾。"

在金山办公上市半年后,金山云也成功上市了。金山云上市的时机很特殊,是在欧美国家新冠肺炎疫情严重、中概股诚信遭遇严重质疑之下发生的,而且受到了市场热捧。雷军难掩兴奋,称"我们迎来了一个新的里程碑:金山云在纳斯达克上市了!"

雷军对我说,新冠肺炎疫情开始后,他觉得金山云不能上市了,一直非常忐忑不安。但金山云前期与投资人初步沟通的时候,投资人对金山云的成绩高度认可。

"4月底,5月初,决定是否要 IPO 的时候,金山云内部开了很长时间的会,讨论来,讨论去,觉得中概股压力巨大无比,如果金山云能成功上市,对中概股的士气就会有巨大提振。"

雷军指出,真心没想到在路演的过程中,投资者对金山云的反响比我们预期的要好很多,金山云受到了全球投资者极为热烈的反响和欢迎,金山云干得好,也是生逢其时,全球投资者对云服务的认可达到新高度。

在当天的晚宴上,雷军送给金山云 CEO 王育林一公斤金砖,因为雷军跟兄弟们约定,谁做出一个 10 亿美元的上市公司,其个人就送一块一公斤的金砖。

金山云 CEO 王育林对我说,企业跟人一样,一个人是什么样的性格,决定了他后面的路。金山的风格是志存高远、脚踏实地,金山是很有志向的公司,会选择做大的事情,不会被快的事情或急功近利的事情影响。

早年的金山就是做办公软件,这个事情可以一直坚持下去。到了 2012 年,雷军说云计算可以做了。金山做的东西不多,但都是大的事情,而且做得很扎实,厚积薄发,这是金山的风格。

王育林说,金山做办公软件做了 30 年,金山云也做了七八年,只要目标远大、坚定、方向不动摇,一直坚持下去,选择的又是一个大赛道,还是容易出成绩的,但这条路一般人不会走,因为它很苦、很长。

"雷老板比较擅长走这样的路,公司的风格就是这样的。雷总选择的就是大行业,然后苦哈哈,比别人能吃苦,我们也比别人能吃苦,他可以坚持,我们也可以坚持,一路走到最后,就可以出成绩了。"

被使命和梦想所牵引

当前的金山软件已经是一家 30 多年的企业了,算是穿越了不少周期。对于企业如何穿越周期这个问题,雷军的回答是:企业首先要有使命和梦想,在很多关键性时刻,在灵魂被拷问的时候,企业会选择什么往往都是使命决定的。

比如,金山软件在创办的时候,就曾想能否让金山的软件运行在世界的每台电脑上,成为一家世界级的伟大公司,这种梦想使金山在选择时,往往选择了那种有机会成为伟大公司的方向。

此外,对人才和对技术的重视,就像张旋龙找了求伯君,求伯君找了雷军,雷军找了邹涛一样,体现了公司对人才的重视。

最后的层面是利益的分享与传承,金山软件有 30 多年的历史,最早从张旋龙传到求伯君,传到雷军,现在雷军让邹涛做金山软件的 CEO,已经有四个 CEO 了,交接非常平稳,而且公司还在朝着稳定的目标发展。雷军说,30 多年的公司可能都会面临传承问题,金山软件应该算是在传承这个事情上处理得比较好的。

自雷军担任金山软件董事长以来,金山旗下已经有了 4 家上市企业,分别为金山办公、西山居、金山云和猎豹移动。

雷军说,金山办公、西山居和金山云为三驾马车,继续秉承"技术立业"的初心,金山集团将永远年轻,永远闪耀。

华熙生物上市：赵燕成中国玻尿酸女王

2019年11月6日，全球最大的玻尿酸原料生产商华熙生物在科创板上市，本次发行新股4956万股，发行价为每股47.79元，募资23亿元。

实际上，华熙生物曾于2008年在港交所上市。当时，华熙生物已在全球透明质酸行业站稳头部地位。到2017年，面对市场竞争环境的变化，华熙生物迎来转型时刻，开始向产业链下游终端产品市场发力。而限于港交所的法律法规，要做重大的企业调整和战略转型，受到多重约束。

到2017年，不满股价长期低迷表现的华熙生物开始实施战略调整，缩短公司产品。

赵燕出生于1966年7月，通过华熙昕宇持有公司发行前股本总额的65.8632%。本次发行完成后，赵燕仍为公司的实际控制人。赵燕之子王雨梦通过百信利达持有华熙生物少数股份。

据悉，赵燕毕业于华东师范大学和美国福特汉姆大学。1989年创立了华熙国际投资集团，主要发展金融和房产。华熙国际投资集团在长安街核心地段修建了多个地标式建筑，包括华夏银行总部大楼、华熙国际中心（CBD中环世贸中心）、SK大厦等。赵燕还投建北京五棵松体育馆，在五棵松体育馆附近的华熙LIVE近年来正成为北京西边的三里屯。

到2021年2月初，华熙生物市值突破千亿元，华熙生物的对手爱美客在2019年9月上市，市值也突破千亿元。

中芯国际在科创板上市：与台积电纠葛多年

2020年7月16日，中芯国际在科创板上市，发行价为每股27.46元，募集资金超过500亿元。在中芯国际上市过程中，一共有29家大型机构参与了认购，其中，中国信科认购了19.9亿元，国家集成电路产业投资基金二期股份有限公司认购34.99亿元，GIC Private Limited认购30亿元，青岛聚源芯星股权投资合伙企业（有限合伙）认购22亿元；上海复星高科技（集团）有限公司认购5亿元。上述29家机构一共认购231.43亿元。

中芯国际从IPO申请获受理到上市交易仅用了46天的时间。本次发行上市后，中芯国际成为一家在香港联交所和上交所同时挂牌上市的公司。

中芯国际的创始人为张汝京，2000年，将一手创办的世大积体电路公司重要股权卖给"宿敌"台积电后，被迫出走的张汝京单刀直入攻进当时刚刚萌芽的中国大陆半导体市场，谋划晶圆代工厂中芯国际。

当年，张汝京带领数百名工程师团队和技术来到上海，8月就破土动工，成为中芯国际第一任董事长兼CEO。

在成长过程中，中芯国际与台积电一直有很长时间的纠葛，2003年，在中芯国际紧锣密鼓地进行募资、收购和筹备上市的同时，台积电向美国加州联邦地方法院提交诉讼状，起诉中芯国际侵犯专利及窃取商业秘密，要求赔偿10亿美元。

历经两年，中芯国际和台积电于2005年达成庭外和解，根据和解协议，中芯国际赔偿台积电1.75亿美元。同年7月，中芯国际宣布王阳元接替张汝京担任董事长。

此后，台积电向中芯国际发起专利大战，又持续了3年，以中芯国际败诉收场，第二次败诉，作为和解条件之一，张汝京被迫签署竞业协议，离开他一手创办的中芯国际。

不过，中芯国际始终面临内部动荡的问题，2011年，时任CTO的杨士宁与时任CEO的王宁国爆发内斗，两人也都离开中芯国际。到如今，中芯国际已经更换多次董事长和CEO。

在中芯国际科创板上市不到半年之际，中芯国际联合首席执行官梁孟松博士曾被曝出准备离职。事情的起因是，中芯国际称，董事会宣布蒋尚义博士获委任为公司董事会副董事长、第二类执行董事及战略委员会成员。

蒋尚义现年超过70岁，曾任台积电研发副总裁，2013年年底从台积电退休时的职位是共同首席运营官。

但蒋尚义的加盟却引发了梁孟松的不满。梁孟松于2017年11月被中芯国际董事会任命为联合首席执行官，他自言至今已3年多，在这1000多个日子里，自己几乎从未休假，甚至在2019年6月，在生命中最危险的时刻都从来没有放弃。"我来中国大陆本来就不是为了谋取高官厚禄，只是单纯地想为大陆的高端集成电路尽一份心力。"

梁孟松表示自己是在2020年12月9日接到董事长电话告知：蒋尚义将出任公司副董事长一职。"对此，我感到十分错愕与不解，因为我事前对此事毫不知情。我深深地感到已经不再被尊重与被信任。我觉得，你们应该不再需要我在此继续为公司的前景打拼奋斗了。我可以暂时安心地休息片刻。"

"在公司董事会和股东会通过蒋先生提名任职之后，我将正式提出辞呈。但是公司应该对我这3年多的贡献给予全面公正的评价，而我应有接受和申诉的权利。我在此很郑重地告诉大家，我并没有丝毫意图想要影响各位接下来对此人事任命的表决，但是我觉我应该要让大家知道我内心最真切的感受。"

这是中芯国际过去 8 年来又一次陷入内部斗争，让公司出现了不少波折。

为挽留梁孟松，中芯国际下了"本"。2021 年 3 月，中芯国际赠予梁孟松一套价值的 2250 万元的住房，用于居家生活。

2021 年 9 月，中芯国际董事长兼执行董事周子学博士因个人身体原因辞职，随后的 2021 年 11 月，中芯国际称蒋尚义博士因希望有更多时间陪伴家人，辞任公司副董事长职务。梁孟松博士卸任执行董事职务，继续担任公司联合首席执行官。

蒋尚义加盟中芯国际不到一年时间，蒋尚义的离开也意味着蒋尚义和梁孟松在中芯国际的分歧了结。这是继周子学博士辞职后，中芯国际高层的又一变动。

对于不少高科技企业来说，科创板的诞生具有重要的意义，因为科创板采取的是注册制，以信息披露为中心，精简优化现行发行条件，突出重大性原则并强调风险防控。此外，科创板对股票发行上市审核流程做出制度安排，实现受理和审核全流程电子化，全流程重要节点均对社会公开，提高审核效率，减轻企业负担。

科创板的诞生，也说明了国家对科技创新的重视程度，突出国家要扶持高科技产业发展的决心。对于高科技企业来说，也多出了一个上市的好选择。

后　记

两年飞行超 60 万公里去了 20 趟纽约
写下这本上市宝典

从 2017 年 10 月到今天，中国科技公司掀起一场上市浪潮，我有幸在现场参加了大部分企业的上市。从 2017 年 10 月到 2019 年的两年多时间里，我飞行超过 60 万公里，其中，往返美国纽约 20 趟。可以说，我是中国新经济发展的见证者。

其中，2019 年中概股的上市潮相对缓和下来，但我去纽约的频次反而比 2018 年更高了——这一年，我飞行了 37 万公里，去了 11 趟纽约。其原因在于，虽然 2019 年中国的企业在海外上市没有 2018 年那么密集，但都是单个单个地上市。

2019 年更是美国科技公司的上市高潮，这一年，Uber、Lyft、Zoom、Pinterest、Beyond Meat、Slack 等一大批美国独角兽上市，同期，WeWork 遭遇滑铁卢。

2020 年，新冠肺炎疫情肆虐，我的家乡受难。待到国家力挽狂澜，广大医务工作者舍生忘死，全国上下齐心奋战，终于把疫情控制住的时候，国外疫情依旧肆虐，整个世界突然进入了孤岛状态。

中国科技公司的 IPO 在经历了短暂的停歇之后，又从 2020 年 5 月开始重启，金山云、声网、理想汽车、贝壳找房、小鹏汽车、泡泡玛特、快手等企业纷纷上市。

曾经，我以为我的人生就是在家或者在飞行，而这次疫情的爆发让我开始有足够的时间进行思考，我也记录下我的几点心得：

第一，我们曾经认为的糟糕时期，其实是一段相对美好的时期。比如2018年和2019年，虽然中国人口红利逐渐消失，世界进入存量竞争时代，但整个世界还是在向更深入的层面发展，中国经济也从相对的粗放发展阶段进入精细化发展阶段。

第二，这次疫情的爆发像一面照妖镜，也刺破了很多的泡沫。

曾经创造最快上市纪录的瑞幸咖啡于2020年4月自曝财务造假，并在6月29日退市，成为中国从上市到退市最快的公司。蛋壳公寓上市不到一年就"爆雷"。这说明，企业的发展还是要遵循客观逻辑，扎好马步。若一味追求速度，往往欲速则不达。

疫情期间，很多企业倒闭，但除非是那些深受疫情影响的企业，对于很多其他企业来说，疫情并非导致它们倒闭的核心原因，而是导火索。这些企业倒闭或遇到困难的更大原因，往往在于平日就积累了很多危机，正好被疫情所引爆。

第三，这几年，我在很多公司上市现场与很多企业创始人、投资人都一对一地深入聊过。对于很多公司，我在每个季度也会专门做财务报表分析，可以说，上市就是一个企业发展的里程碑，但绝对不是终点。企业在上市后会面临各种各样的问题，比如，在资本市场遭遇做空，或者匆匆上市后又退市的情况非常普遍，这对于企业创始人来说就是一场修炼。

企业的创始人是在跑马拉松比赛，有些人暂时领先了，但不

后 记
两年飞行超 60 万公里 去了 20 趟纽约 写下这本上市宝典

代表着永远领先,有些人暂时落后了,也不代表永远落后。对于创始人来说,就是要始终保持学习的心态,持续努力向前,否则,永远会出现新的玩家赶超或颠覆自己。

很多人能深刻地感受到,从 2019 年至今是中国互联网行业格局发生巨大变化的时间,曾被大家屡屡提及的 BAT 已经逐渐被淡忘,美团、字节跳动、京东、拼多多、快手等大批企业快速崛起,让中国互联网行业前 10 名发生了很大的改变。

也有一些创业者陨落,暴风集团创始人冯鑫的命运就让人感叹不已,曾经在 A 股创造涨停神话,却在上市的荣光中迷失,最终,企业退市,人也深陷囹圄。正所谓"眼见他起高楼,眼见他宴宾客,眼见他楼塌了"。

第四,上市的过程自然少不了 CFO 的参与。这两年很多新上市的公司在上市后不到两年的时间,公司的 CFO 都离职了,这些公司包括 360、映客、微贷网、1 药网、流利说、趣头条、蔚来汽车、虎牙、红黄蓝等。

相比于其他公司高管成员,CFO 普遍和创始人的关系没有那么紧密,更多的是扮演职业经理人的角色,可以换一个公司继续做 CFO,部分 CFO 在不到 3 年的时间内连续送了两家企业上市。比如,声网 CFO 王静波、容联云通讯 CFO 李亦鹏先分别将趣头条、尚德机构送上市,紧接着又分别将声网、容联云通讯送上市。

这些年,作为一个旁观者和亲历者,我见证并记录了一个又一个激动人心的故事。我从 2019 年 5 月正式开始筹备本书,到书稿正式完成,前后也历经了两年时间,中间进行了多次反复的修改,也是凝结了我这些年的心血。希望本书给创业者更多启迪,让大众更加了解这些激动人心的时刻。

最后,非常感谢这么多上市企业负责人、投资人在我写作这本书的过程中给予的无私帮助,也感谢机械工业出版社的编辑们的努力付出。

同时我也特别感谢两个人。一个是我的小学老师潘汉平,他引导我在学习上不断成长。另一个是程苓峰,他是将我带入互联网行业的引路人。人生总得遇贵人。感谢大家。

雷建平

2021 年 9 月 19 日